B. Alan Wallace

MENTE EM EQUILÍBRIO

A Meditação na Ciência, no Budismo e no Cristianismo

Tradução
MÁRIO MOLINA

Editora
Cultrix
SÃO PAULO

Título original: *Mind in the Balance.*

Copyright © 2009 Columbia University Press.

Copyright da edição brasileira © 2011 Editora Pensamento-Cultrix Ltda.

Texto de acordo com as novas regras ortográficas da língua portuguesa.

1ª edição 2012.

Todos os direitos reservados. Nenhuma parte desta obra pode ser reproduzida ou usada de qualquer forma ou por qualquer meio, eletrônico ou mecânico, inclusive fotocópias, gravações ou sistema de armazenamento em banco de dados, sem permissão por escrito, exceto nos casos de trechos curtos citados em resenhas críticas ou artigos de revistas.

A Editora Cultrix não se responsabiliza por eventuais mudanças ocorridas nos endereços convencionais ou eletrônicos citados neste livro.

Coordenação editorial: Denise de C. Rocha Delela e Roseli de S. Ferraz
Preparação de originais: Maria Sylvia Correa
Revisão: Maria Aparecida Andrade Salmeron
Diagramação: Fama Editoração Eletrônica

Dados Internacionais de Catalogação na Publicação (CIP)
(Câmara Brasileira do Livro, SP, Brasil)

Wallace, B. Alan
    Mente em equilíbrio : a meditação na ciência, no budismo e no cristianismo / B. Alan Wallace ; tradução Mário Molina. — São Paulo : Cultrix, 2011.

    Título original: Mind in the balance.
    ISBN 978-85-316-1166-7

    1. Meditação 2. Meditação — Budismo 3. Meditação — Cristianismo I. Título.

11-13839   CDD-158.12

Índices para catálogo sistemático:
1. Meditação 158.12

Direitos de tradução para o Brasil
adquiridos com exclusividade pela
EDITORA PENSAMENTO-CULTRIX LTDA.
Rua Dr. Mário Vicente, 368 — 04270-000 — São Paulo, SP
Fone: (11) 2066-9000 — Fax: (11) 2066-9008
E-mail: atendimento@editoracultrix.com.br
http://www.editoracultrix.com.br
que se reserva a propriedade literária desta tradução.
Foi feito o depósito legal.

Para Sarah, Troy e todos que estão procurando
maior conhecimento e sentido na vida

SUMÁRIO

Prefácio 9

Parte I:

Meditação: Onde começou e como chegou aqui

1. Quem sou eu? 15
2. As origens da contemplação 19
3. A externalização científica da meditação 27
4. Estudos científicos da meditação 41

Parte II:

Meditação na teoria e na prática

5. Prática: Prestando atenção ao sopro de vida 55
6. Teoria: Recobrando nossos sentidos 57
7. Prática: A união de quietude e movimento 64
8. Teoria: Conhecendo e curando a mente 70
9. Prática: Contemplar a luz da consciência 90
10. Teoria: Explorando a natureza da consciência 94
11. Prática: Sondando a natureza do observador 108
12. Teoria: O estado básico da consciência 110
13. Prática: Percepção oscilante 120
14. Teoria: Consciência sem começo ou fim 121
15. Prática: Repousando na serenidade da percepção ... 144
16. Teoria: Universos de ceticismo 145
17. Prática: O vazio da mente 163
18. Teoria: Os mundos participativos do budismo 165
19. Prática: O vazio da matéria 179

20. Teoria: Os mundos participativos da filosofia e da ciência............ 181

21. Prática: Repousando em consciência intemporal......................... 197

22. Teoria: O espaço luminoso da percepção intacta 199

23. Prática: Meditação em ação... 220

24. Teoria: O Universo como um todo... 222

25. O que nos tornaremos? 231

Notas 235

Bibliografia 259

PREFÁCIO

No outono de 2006, minha enteada, Sarah Volland, me escreveu fazendo um pedido. Começou comentando que estava realmente muito feliz com sua vida como um todo, incluindo o nível de prosperidade material. O que ela de fato queria agora era melhorar a qualidade da vida interior e da mente. E me pediu para escrever um livro que orientasse a esse respeito e que ela pudesse posteriormente compartilhar com o filho. Queria um livro que beneficiasse sua família e todos que estivessem à procura de um conhecimento para levar suas vidas a um patamar inteiramente novo.

Ela me fez este pedido não só devido à intimidade que temos, mas devido também à minha familiaridade incomum com métodos orientais e ocidentais de acesso ao conhecimento. Durante os últimos 38 anos, fui abençoado por muitos instrutores pessoais notáveis, incluindo o Dalai-Lama e outros extraordinários contemplativos e mestres da meditação. Ordenado como monge pelo Dalai-Lama, tive 14 anos de formação em monastérios budistas na Índia, no Tibete, no Sri Lanka e na Suíça. Durante esse período vivi como monge e, desde então, dediquei anos à meditação solitária nas montanhas Himalaias, em monastérios budistas, nos desertos e em minha casa da Califórnia. Além disso, recebi uma formação básica em física e filosofia da ciência no Amherst College, obtive meu doutorado em estudos da religião na Universidade de Stanford, depois lecionei durante quatro anos no Departamento de Estudos da Religião da Universidade da Califórnia, em Santa Bárbara. Desde 1990, tenho colaborado com a pesquisa de diversas equipes de cientistas cognitivos em importantes universidades, investigando os efeitos da meditação no equilíbrio mental e emocional e no bem-estar; e fundei o Instituto Santa Bárbara para Estudos da Consciência (Santa Barbara Institute for Consciousness Studies) com o objetivo de promover tal pesquisa. No correr dos anos, traduzi e escrevi inúmeros livros destinados a estudiosos e contemplativos budistas, filósofos e cientistas.

Sarah, porém, me pediu que escrevesse um livro para leitores como ela, algo que discutisse as questões fundamentais sobre a natureza da mente e da existência humana sem usar o jargão técnico do budismo, da ciência e da filosofia. Disse que, quando era mais nova, sempre sentira que havia nascido para fazer alguma coisa realmente grande, significativa, e achava que esses sentimentos eram exclusivos dela. Mas em inúmeras amizades e relacionamentos, ficou espantada ao descobrir que a maioria de seus amigos e colegas mais chegados tiveram estes mesmos sentimentos de estarem aqui para cumprir um objetivo especial. Não muita gente, porém, parece ter descoberto ou cumprido tal objetivo. Ela achou que tinha de haver uma razão para nos sentirmos convocados à grandeza, mesmo que, infelizmente, tais sentimentos se dissipem com a idade sem dar boas respostas às nossas perguntas.

Ela foi cristã durante a maior parte da vida e acha que aprendeu e experimentou coisas realmente incríveis com esta religião. Mas sente que há muito mais a conhecer e descobrir. E sua intuição mais profunda diz que a meditação há de ser a forma mais pura e essencial de prece que pode experimentar. Por esta razão, quer conhecer as formas mais antigas e autênticas de meditação, assim como a história e as origens dessas práticas. Empenhando-se na meditação, espera encontrar respostas às perguntas que todos nós fazemos: Quem sou eu? Somos meramente os papéis que estamos atualmente desempenhando na vida, como pais, cônjuges e membros da sociedade? Ou há muito mais para cada um de nós num nível mais profundo, que não é apenas produto do nosso meio ambiente? Existimos como algo mais que nossos corpos? Se nascemos no pecado e no mal, pode a natureza humana ser transformada de modo a nos tornarmos integralmente bons e nos sentirmos totalmente unidos a Deus?

Conhecendo a extensa colaboração que prestei a vários projetos de pesquisa de cientistas cognitivos, ela também me perguntou o que os neurocientistas que estudaram meditadores notáveis têm a dizer sobre suas realizações. Com base nessas pesquisas, que realizações podemos alcançar no mundo moderno, dado nossos atuais estilos de vida? Que níveis podem existir além disso? Que benefícios obtêm as pessoas comuns que meditam regularmente? Com que problemas elas se deparam e como conseguem superá-los? Um agnóstico pode se beneficiar da meditação? Existe alguma versão compacta de meditação para gente ocupada que desconfie de qualquer religião organizada?

O pedido dela mexeu profundamente comigo e o que tenho para lhe oferecer como resposta é este livro, extraído da sabedoria dos meus muitos instrutores e mentores no Oriente e no Ocidente, incluindo estudiosos e contemplativos budistas e cristãos, bem como filósofos, psicólogos, neurocientistas e físicos. Nada do que tinha escrito antes me proporcionou a alegria que senti ao escrever este livro. Escrevia um capítulo e o enviava para que Sarah desse uma olhada. Ela dava uma lida com olho crítico, pedia com frequência para eu esclarecer pontos difíceis de entender, solicitava material adicional em que eu não tinha pensado, revisão de trechos que não achava de todo claros e supressão de material que julgava irrelevante. Em tudo que escrevi nos últimos 35 anos, jamais tive um editor melhor, que estivesse tão profundamente interessado no material, tão solidário com meus esforços de compartilhar o que tinha aprendido, ainda que se lançando, sem hesitar, à crítica mais severa quando achava meu texto insatisfatório.

Na sequência dos capítulos iniciais sobre as origens da meditação e dos estudos científicos sobre seus benefícios, a Parte 2 apresenta uma sucessão de capítulos casados que põem em foco práticas meditativas e as teorias a elas relacionadas. Os capítulos sobre prática pretendem fornecer uma visão geral de uma trilha gradativa de meditações que são igualmente relevantes para o cristianismo e o budismo, e compatíveis com ambos. Começam com os exercícios mais rudimentares de atenção plena e culminam nas práticas extremamente avançadas destinadas a penetrar na natureza mais íntima da consciência e em sua relação com o mundo em geral. Os leitores interessados em explorar essas práticas podem fazê-lo lendo as instruções e testando-as depois. Quem se aventurar a seguir essa sequência de meditações não deve ter a expectativa de conseguir os resultados de todas elas simplesmente ao fazê-las algumas vezes. Normalmente os benefícios plenos só podem ser obtidos com anos de prática rigorosa sob a orientação de um instrutor qualificado.

Estou profundamente grato a Sarah por seu pedido inicial e pelos esforços incansáveis para me ajudar a corresponder ao melhor de minha capacidade. Tenho também uma dívida de gratidão para com Kimberley Snow, pelas sugestões editoriais, para com Kimberley Snow e Nancy Lynn Kleban pela excelente revisão e para com Fred Cooper, Adam Frank, Ben Shapiro e Pier Luigi Luisi pelo conselho sobre detalhes técnicos. Quero agradecer especialmente a meu amigo e colega Brian Hodel pelo generoso empenho em cuidar do original como um todo. Finalmente, meu sincero agradecimento a Wendy Lochner, editor de religião e filosofia da Columbia University Press, que tem dado tanto apoio ao meu trabalho, e a Leslie Kriesel, assistente de edição, pelo excelente trabalho de preparar todo o original. Espero que nossos esforços conjuntos possam de fato ser úteis às muitas pessoas que estão em busca de conhecimento e que desejam encontrar mais sentido e satisfação na vida.

PARTE 1

MEDITAÇÃO: ONDE COMEÇOU E COMO CHEGOU AQUI

A meditação é um dos segredos mais bem guardados da humanidade. Se seres de outra galáxia resolvessem nos estudar mais detidamente — lendo nossos livros de história, vendo nossos filmes, explorando a Internet —, só conseguiriam uma compreensão muito superficial do assunto. Deduziriam a mesma coisa em que a maioria de nós acredita acerca da meditação: é uma boa técnica de relaxamento para aliviar a tensão e funciona como terapia secundária para certas enfermidades. Ah, sim, certas religiões (hinduísmo, budismo e algumas outras) a utilizam como parte do culto. E não há mais nada a dizer!

O que não se revela é o papel da meditação como instrumento de precisão para explorar cientificamente a consciência e o Universo — isto é, usando métodos empíricos similares àqueles inerentes ao método científico. Desde tempos antigos, meditadores de diferentes comunidades contemplativas, de um lado a outro do globo, têm explorado e comunicado sistematicamente suas descobertas sobre a realidade interior e as conexões com fenômenos exteriores. Sim, eles também descobriram que a meditação ajudava a pessoa a alcançar um estilo de vida calmo, sereno, e tinha efeitos positivos sobre a saúde mental e física. Mas estes eram apenas benefícios secundários de uma busca primária.

Se alguns desses contemplativos deliberadamente mantiveram suas descobertas em segredo, a principal razão de as verdadeiras origens da meditação permanecerem ainda hoje ocultas do público se deriva do modo tosco como definimos "religião". Em geral, imaginamos a religião como mera atitude baseada na fé na autoridade ("Jesus, Maomé ou Moisés disseram 'x', por isso acredito em 'x') e somos negligentes ao confundir os que acreditam nas revelações das autoridades religiosas sem questioná-las com "grupos religiosos" que questionam e exploram os fenômenos espirituais na esperança de confirmá-los e experimentá-los diretamente. Há uma enorme diferença entre os dois. Quando os examinamos com cuidado, percebemos que encarar esses dois tipos de praticantes "religiosos" como idênticos tem tanto sentido quanto dizer que o Sol é o mesmo que a Lua porque ambos estão no espaço.

Este livro apresenta uma concepção multicultural de meditação — como meio de melhorar o estilo de vida da pessoa; meio de alcançar profundos *insights* sobre a natureza da mente e da consciência, resultando num bem--estar sem precedentes; e como base para um genuíno altruísmo e compaixão. A Parte 1 descreve em linhas gerais a história e o desenvolvimento da meditação, demonstrando seus principais objetivos e métodos e como isso difere da religião puramente baseada na fé. Se essa diferença não for compreendida e levada em conta, será difícil discernir a importância e o enorme potencial da contemplação para a cura do nosso mundo conturbado e dividido.

1

QUEM SOU EU?

Na antiga história dos cegos e do elefante,[1] um rei reunia um grupo de homens que haviam nascido cegos, mandava que examinassem um elefante e depois descrevessem o que encontrassem. Um deles apalpou a cabeça, enquanto outros tocavam individualmente nas presas, na tromba, nas patas e no lombo. Dependendo da parte do elefante que cada um havia tocado, os cegos, um a um, foram descrevendo o elefante como sendo parecido com um pote, uma relha de arado, uma corda, uma pilastra e um muro. Ao ouvirem os diferentes relatos que faziam entre si, começaram de imediato a discutir sobre quem tinha razão e a brigar, recorrendo alguns à violência.

É a história que me vem à lembrança quando reflito sobre a variedade de respostas, sempre conflitantes, dadas para a antiquíssima pergunta: quem sou eu? Teólogos, filósofos e cientistas vêm tentando há séculos respondê-la, mas só raramente chegaram a um acordo. Por quê? Será que o viés particular de cada um embaçou o quadro? Será que suas respostas relativas, suas fontes preferidas de consulta e métodos de investigação criaram uma barreira à compreensão?

Nós, seres humanos, já tivemos bastante tempo para refletir sobre nossa identidade. A Bíblia diz que o homem foi criado à imagem de Deus. Se é verdade, isto deve ser uma coisa boa, pois a Bíblia insiste que Deus é bom e que sua criação é boa. Mas há muitos judeus e cristãos que enfatizam a natureza má do homem e nossa necessidade de olhar além de nós mesmos — para Deus ou Jesus — em busca de salvação para corrupções inatas. Existe abundância evidente através de toda a história e no mundo de hoje para sustentar a afirmação de que os seres humanos são essencialmente maus. Não há, porém, como negar que existe também muita coisa boa no mundo. Então o que é mais básico, o bem ou o mal? Ou somos simplesmente uma mistura dos dois? Os teólogos vêm debatendo há séculos essas questões, sem que haja alguma conclusão à vista.

Os biólogos nos dizem que os seres humanos evoluíram lentamente, por um processo de seleção natural, dos primeiros primatas. De uma geração a outra, as espécies que estão agora vivas se adaptaram gradualmente a seus ambientes em transformação para poderem continuar a sobreviver e procriar. Se um indivíduo sobrevive tempo suficiente para ter descendentes, é um sucesso evolutivo. Se não, independentemente do que fez no decorrer de sua vida, é um fracasso biológico. Assim, do ponto de vista de um biólogo, seres humanos são animais levando a vida sob a influência de seus genes, instintos e emoções com o objetivo primeiro de *sobreviver e procriar*. As palavras "bom" e "mau" nada significam em termos científicos, exceto até o ponto em que se referem à nossa capacidade de permanecermos vivos e fazermos bebês.

Quando os psiquiatras, começando com Sigmund Freud, trataram da questão da natureza humana, também enfatizaram nossas pulsões primitivas para o sexo e a dominação dos outros. Seus pontos de vista se articulam intimamente com os dos biólogos e psicólogos evolucionistas: embora nosso pensamento consciente possa parecer bastante civilizado e às vezes até mesmo altruísta, nossos impulsos subconscientes são sombrios, egoístas e brutais. Mas os cientistas cognitivos não estão completamente de acordo com relação a este ponto. Nos últimos dez anos, surgiu a chamada "psicologia positiva", que se concentra no florescimento humano e na virtude. É um campo novo de pesquisa científica, ainda não respaldado por grande e rigorosa evidência empírica. Mas esses psicólogos estão levantando questões importantes e expandindo os horizontes de sua área, que tem se concentrado nos últimos sessenta anos quase exclusivamente nos mentalmente enfermos, nos que sofreram dano cerebral e nas pessoas com saúde mental normal. Só recentemente eles começaram a explorar os mais altos potenciais da mente humana.

Durante boa parte da primeira metade do século XX, a psicologia acadêmica nos Estados Unidos foi dominada pelo behaviorismo, que insistia em estudar a natureza humana através unicamente do exame do comportamento animal e humano. Os cientistas behavioristas faziam questão de evitar a introspecção — a exploração direta de nossas mentes e experiência pessoal. Depois, nos anos 60, quando o behaviorismo começou a declinar, surgiu a psicologia cognitiva, parecendo levar mais a sério a experiência subjetiva. Mas foi também a época em que a tecnologia de computação estava em alta e logo os pesquisadores da área estavam comparando a mente a um computador.

Durante as últimas décadas do século XX, avanços na tecnologia permitiram que as ciências do cérebro progredissem como nunca e, desde então, muitos neurocientistas chegaram à conclusão de que a mente é realmente o cérebro ou que a mente é o que o cérebro faz. Alegam que toda a nossa experiência pessoal consiste de funções cerebrais, influenciadas pelo resto do corpo, pelo DNA, dieta, comportamento e meio ambiente. Em última análise, os seres humanos são robôs biologicamente programados, o que implica que, no essencial, não temos mais livre-arbítrio que quaisquer outros autômatos. Nossos programas são simplesmente mais complexos que aqueles das máquinas feitas pelo homem. Mas nem todos os neurocientistas concordam. Alguns estão agora explorando os efeitos dos pensamentos e do comportamento no cérebro. Como geralmente consideram a mente uma propriedade emergente do cérebro, o que estão dizendo é que certas funções do cérebro influenciam outras funções. Por ora, contudo, não há um consenso claro sobre as implicações da pesquisa conduzida até aqui.

Talvez alguém tenha reparado que, em todas essas abordagens, algo crucial foi deixado de lado: nossa experiência pessoal do que é ser uma criatura humana. Contemplativos no Oriente e no Ocidente, porém, exploraram a natureza da mente, da consciência e a identidade humana, e creio que iluminaram dimensões da realidade que continuam em grande parte inexploradas no mundo moderno. A religião se tornou tão dependente da doutrina, e a ciência, tão materialista, que métodos contemplativos de investigação costumam ser esquecidos. No mundo moderno, a meditação, quando praticada, é muitas vezes usada apenas para aliviar o stress e superar outros problemas físicos e psicológicos. Mas a meditação pode também oferecer algumas das percepções mais profundas que somos capazes de alcançar sobre a natureza e a identidade humanas.

Levando-se em consideração o senso individual de quem somos, a maioria de nós se identifica fortemente com os papéis que desempenha na vida cotidiana, por exemplo, pai ou mãe, cônjuge, filho, estudante ou pessoa de uma certa profissão. Tais papéis são importantes e nos definem em nossas inter-relações na sociedade. Mas fora nossas relações específicas com outras pessoas e os tipos de atividades de que nos ocupamos com regularidade, o que é deixado de lado? Quem somos nós quando ficamos em silêncio em casa, nada fazendo além de estarmos presentes?

Vamos abordar esta questão de forma prática nos lançando a uma espécie de expedição para as fronteiras da mente. Gosto particularmente da palavra "expedição" devido às suas raízes. Ela deriva da palavra latina *expeditio*, composta da sílaba *ex*, que tem a conotação de "sair" ou "soltar-se", e *ped*, que significa "pés". Assim, "expedição" tem a conotação de nos livrar de um lugar onde nossos pés estão atolados. No tipo de expedição que tenho em mente, primeiro reconhecemos que estamos atolados em velhos sulcos que não levam a parte alguma e então damos passos para nos libertarmos deles.

Estamos vivendo num mundo frenético em que a maioria de nós pensa que, se não está *fazendo alguma coisa*, mesmo que seja ver televisão, está perdendo tempo. Estamos tão presos às nossas atividades, relacionamentos, pensamentos e emoções que achamos que isso é que há para nós. Vamos tirar uma pequena folga. Procure um lugar tranquilo em sua casa e uma poltrona confortável para se sentar por 10 minutos. Sem pensar deliberadamente em nada, veja se consegue simplesmente ter consciência do seu corpo e mente. Fique em silêncio e, sem reagir, deixe as sensações do corpo, os pensamentos e as emoções chegarem à sua consciência.

Tique-taque, tique-taque...

Você consegue de fato ficar mentalmente em silêncio quando quer ou sua mente vomita obsessivamente um pensamento após outro? Quando os pensamentos surgem, consegue simplesmente observá-los ou se vê compulsivamente preso neles, a atenção aprisionada em cada imagem mental e desejo? Está sua mente realmente sob seu controle ou o está controlando, fazendo-o confundir seus pensamentos sobre o mundo com a experiência imediata do seu corpo, mente e ambiente? Uma mente calma e clara pode ser de grande utilidade, mas turbulenta e fora de controle pode causar grande dano a nós mesmos e aos outros. Assim, a primeira tarefa no caminho da contemplação é aproveitar o enorme poder da mente e fazê-lo prestar bons serviços.

2

AS ORIGENS DA CONTEMPLAÇÃO

CONTEMPLAÇÃO NO OCIDENTE

Durante todo este livro, vou me referir a teorias e práticas de contemplação que se originaram essencialmente da antiga filosofia grega, do cristianismo e do budismo. Como veremos, embora cada uma dessas tradições tenha características únicas, há semelhanças importantes. A palavra "contemplação" deriva do latim *contemplatio*, que corresponde ao grego *theoria*. Ambos os termos se referem a um total zelo por revelar, esclarecer e tornar manifesta a natureza da realidade. Hoje em dia, "contemplação" geralmente significa pensar sobre alguma coisa.* Mas os sentidos originais de "contemplação" e "teoria" estavam relacionados a uma percepção direta da realidade, não pelos cinco sentidos físicos ou pelo pensamento, mas pela percepção mental.[1] Por exemplo, ao observar diretamente os próprios pensamentos, imagens mentais e sonhos, você está usando a percepção mental, que pode ser refinada e estendida através da prática da contemplação. Como então a meditação se relaciona com a contemplação? A palavra sânscrita *bhava-*

---

* O autor se refere à palavra *"contemplation"* que, em inglês, tem o sentido de "reflexão" mais nítido do que em português. (N. do T.)

na corresponde à nossa palavra "meditação" e significa literalmente "cultivo". Meditar significa cultivar uma compreensão da realidade, um senso de genuíno bem-estar e virtude. Assim, *meditação* é um processo gradual de treinamento da mente e leva ao objetivo da *contemplação*, onde se ganha discernimento sobre a natureza da realidade.

Na tradição grega, a prática da meditação pode ser encontrada pelo menos já em Pitágoras (c.582-507 a.C.). Ele foi influenciado pela religião órfica e seus mistérios, que se concentravam em libertar a mente das impurezas e revelar seus recursos mais profundos. Pitágoras foi o primeiro a se chamar de *filósofo*, "alguém que ama a sabedoria", rejeitando humildemente o termo *sophos* ou "homem sábio". E em suas longas viagens através da região mediterrânea e além, ele de fato procurou sabedoria, compreensão.

Em cerca de 525 a.C., após uma busca de muitos anos, Pitágoras mudou-se da ilha grega de Samos para a cidade de Crotone, no sul da Itália. Lá fundou uma sociedade filosófica religiosa, onde formava homens e mulheres para levar uma vida bem equilibrada de corpo e de espírito vivendo numa comunidade de confiante comunismo. Para purificar as almas, exigia-se que mantivessem elevados padrões éticos, praticassem exercícios físicos, mantivessem o celibato, seguissem uma dieta vegetariana e se empenhassem em demorados períodos de silêncio e em vários tipos de abstinência. A educação formal consistia de uma formação em música, matemática, astronomia e meditação. Como nenhum dos textos de Pitágoras sobreviveu, sabemos pouco sobre os diferentes tipos de meditação que ele e seus seguidores ensinaram e praticaram.

Pitágoras é talvez mais célebre pelo teorema de Pitágoras, que diz respeito aos comprimentos relativos dos três lados de um triângulo retângulo. Como o teorema já fora formulado no século VIII a.C., na Índia,[2] é possível que, em suas muitas viagens, Pitágoras tenha absorvido este e outros módulos de conhecimento, especialmente os relativos à meditação, de fontes indianas. Ele é igualmente bem conhecido por sua crença na reencarnação, segundo a qual a alma é imortal e renasce em corpos tanto humanos quanto animais. Segundo a lenda, Pitágoras alegava ser capaz de recordar até vinte de suas vidas passadas e das vidas passadas de outras pessoas. Mas não temos meios de saber se suas supostas memórias eram precisas, e se eram, se ele nasceu com esta capacidade ou alcançou-a através da meditação. Uma das citações atribuídas a Pitágoras é: "Aprenda a ficar em silêncio... Deixe sua mente calma ouvir e absorver", e um interesse básico desta tradição meditativa era estar atento à "harmonia das esferas", o que combinava temas da música, matemática e astronomia. Ele acreditava que a vida mais elevada é aquela devotada à *contemplação apaixonada, solidária,* que produz uma espécie de êxtase saído da percepção direta da natureza da realidade.

As possíveis origens indianas do teorema de Pitágoras e sua crença na reencarnação têm levado alguns historiadores a concluir que Pitágoras pode ter sido influenciado por ideias da Índia, transmitidas através da Pérsia e do Egito. Devemos a maior parte do que sabemos sobre os pitagóricos a Aristóteles (384-322 a.C.). Segundo Aristóteles, os pitagóricos foram os primeiros a promover o estudo da matemática e para eles todas as coisas da natureza eram modeladas segundo números. Realmente os números eram as primeiras coisas no conjunto da natureza e tudo permeavam. Eles concebiam os números em termos de diferentes configurações de unidades no espaço e, com base nisto, concluíram que os elementos dos números eram os elementos de todas as coisas. Segundo Aristóteles, "os pitagóricos também acreditam num único tipo de número — o matemático; dizem, porém, que dele se formam não substâncias distintas, mas substâncias sensíveis. Pois constroem o Universo inteiro de números — não, porém, números consistindo de unidades asbtratas; eles supõem que as unidades tenham magnitude espacial".[3]

Foi dito que Pitágoras teria admirado o judaísmo, no qual Deus é visto como o único governante supremo do Universo, sobre o qual impõe suas leis divinas. Segundo o historiador judeu Flávio Josefo (37-c.100 d.C.), a seita judaica chamada de essênios também admirava os ensinamentos de Pitágoras, pois seguia um modo de vida que tinha por modelo a sociedade fundada por ele.[4] Membros dessa seita viveram na Judeia de meados do século II a.C. até o ano 70 d.C., quando foram destruídos pelos romanos. Como os primeiros pitagóricos, os essênios se isolavam da sociedade dominante, viviam de forma muito frugal, compartilhavam a propriedade comunal e acreditavam que Deus seria mais bem cultuado se purificassem a mente em vez de lhe oferecerem sacrifícios de animais. Embora o celibato não fizesse parte da tradição hebraica, os essênios se esquivavam do casamento (que representava uma ameaça para a vida comunitária), mas não o condenavam por princípio. Praticavam banhos rituais em água fria, ou batismo, e acreditavam num ministério da cura em que o poder vinha através das mãos. Criticando severamente as normas éticas das sociedades judaica e romana de seu tempo, acreditavam que o reino de Deus viria em breve e seria anunciado por uma guerra cataclísmica entre o justo e o pecador.

Desde o século XIX, estudiosos especularam sobre a possível ligação entre os essênios e João Batista, bem como entre eles e Jesus, o que sugeriria que práticas e crenças pitagóricas influenciaram a primitiva tradição cristã. Na verdade, o estilo de vida e os ensinamentos de João Batista eram notavelmente semelhantes aos dos essênios. Levando uma vida celibatária, usando roupas feitas de pelo de camelo e sobrevivendo com uma dieta ascética de gafanhotos e mel silvestre, ele pregava no deserto da Judeia: "Arrependei-vos, pois o reino dos céus está próximo". Como os essênios, batizava outras pessoas como uma limpeza ritual de suas impurezas e pecados. Quando abordado por fariseus e saduceus, foi extremamente crítico, chamando-os de raça de víboras.[5]

Destacando-se entre os judeus que procuraram João para serem batizados, estava Jesus de Nazaré, que o colocou acima de todos os profetas anteriores a ele, dizendo: "Entre os que nasceram de mulher, não surgiu ninguém maior do que João Batista; contudo, mesmo o menor no reino dos céus é maior que ele".[6] Já que foi batizado por João, podemos presumir que Jesus aceitava seus ensinamentos e, imediatamente após o batismo, Jesus partiu para o deserto, onde jejuou e rezou por quarenta dias, durante os quais superou as tentações do demônio. Quando emergiu dessa solidão no deserto, começou a pregar uma mensagem comum aos essênios e a João Batista: "Arrependei-vos, porque o reino dos céus está próximo".[7]

Mesmo se Flávio Josefo estava correto ao afirmar que os essênios seguiam um modo de vida ensinado aos gregos por Pitágoras, é difícil saber até que ponto os essênios adotaram crenças pitagóricas, como a reencarnação, embora sem dúvida alguma também acreditassem na imortalidade da alma. É notável, porém, que Jesus tenha declarado que João Batista era o profeta Elias.[8] O que aparentemente não sobressaltou seus ouvintes, pois muitos judeus já acreditavam que os profetas podiam reencarnar ou serem "ressuscitados". Segundo a Bíblia, enquanto ainda vivo, Elias foi apanhado por uma carruagem de fogo com cavalos de fogo e levado para o céu num redemoinho.[9] O Novo Testamento declarou que João estava imbuído do "espírito e poder" de Elias, o que poderia facilmente ser interpretado como indicação de que era uma reencarnação de Elias. Mas os teólogos têm interpretado esses trechos de diferentes maneiras.

Ensinamentos dos pitagóricos, por meio de Sócrates (c.470-399 a.C.) e Platão (c.427-347 a.C.), foram finalmente assimilados pela escola filosófica do neoplatonismo, que foi fundada por Plotino (c.205-270). Nascido no Egito, Plotino mergulhou durante nove anos no pensamento grego em Alexandria, associando-se depois a uma expedição à Pérsia, na esperança de estudar os escritos filosóficos dos persas e indianos. A aventura militar, porém, fracassou e ele nunca chegou a seu destino. Plotino acreditava que era possível atingir a perfeição e a felicidade humanas neste mundo, o que poderia ser alcançado através da prática da contemplação. O objetivo era alcançar a união em êxtase com o Todo, que ele ensinava ser a realidade última, transcendendo todas as palavras e conceitos. As Enéadas, sua famosa obra, foi compilada, organizada e editada por Porfírio (c.232-305 — também conhecido por sua Vida de Pitágoras), que relatou que Plotino alcançou essa união divina quatro vezes durante os seis anos em que estudou com ele. A contemplação é o "fio" singular que une o Todo a todas as coisas criadas, que emergem dele, e pela prática da contemplação a pessoa passa a conhecer a fonte do seu próprio ser. Como Pitágoras e Sócrates, Plotino acreditava que as almas individuais reencarnam, experimentando os resultados de seu comportamento ético e antiético de uma existência para outra até finalmente ficarem totalmente purificadas, encontrando a mais completa felicidade nascida da contemplação.

No decorrer dos séculos, os escritos de Plotino inspiraram cristãos, judeus, muçulmanos, bem como filósofos e contemplativos gnósticos, sendo Orígenes (c.185-254) um dos pensadores mais influentes. Nascido em Alexandria, Orígenes foi considerado o maior teólogo cristão de seu tempo. Ele também acreditava que a alma evolui espiritualmente de uma existência para outra, até que finalmente avança para o conhecimento (gnosis) de Deus por meio da contemplação (theoria). Desde o século III, aproximadamente, os contemplativos cristãos começaram a se dedicar à vida solitária, meditativa, na parte egípcia do deserto do Saara. Muitos se refugiaram ali após fugir do caos e da perseguição do Império Romano. Esses primitivos eremitas do deserto, conhecidos como Pais do Deserto, formaram comunidades nas periferias de centros populacionais, longe o suficiente para ficar a salvo da vigilância imperial, mas ainda suficientemente perto para ter acesso à civilização.[10]

Embora quase todos os primeiros Pais do Deserto fossem analfabetos, Evagrius do Ponto (345-399) foi um estudioso clássico de educação muito elevada e um dos primeiros Pais do Deserto a começar a registrar e sistematizar seus ensinamentos orais. Evagrius era um sólido defensor de Orígenes e adotou os pontos de vista sobre a reencarnação das almas humanas e sua perfeição final em união com Deus. Um de seus principais discípulos, João Cassiano (c.360-433), adaptou as obras de Evagrius para seus estudantes ocidentais e fundou a abadia de São Vítor, um complexo com dois monastérios, um para homens e outro para mulheres, no sul da França. Foi uma das primeiras instituições do gênero no Ocidente e serviu como modelo para o desenvolvimento posterior da vida monacal cristã.

CONTEMPLAÇÃO NO ORIENTE

Os traços mais antigos de uma cultura meditativa no mundo se encontram na civilização do vale do Indo, que se estendia do que é hoje o Paquistão ao vale do Ganges, na Índia, e alcançou seu apogeu durante o período de 3000 a 2500 a.C. Foram preservados milhares de sinais dessa civilização, gravados em moldes de argila, contendo alguns dos mais antigos registros escritos do mundo. Alguns desses sinais descrevem yogues sentados em clássicas posturas meditativas.

É surpreendente o pequeno número de referências literárias à meditação antes da época de Gautama, o Buda (c.563-483 a.C.), que foi um contemporâneo de Pitágoras. Mas está claro que já havia uma tradição muito rica e diversificada de contemplação, na qual ele mergulhou assim que deixou o lar palaciano, aos 29 anos de idade. Dedicou-se a uma vida de busca contemplativa para escapar do ciclo de nascimento, morte e renascimento, portanto, a crença na reencarnação parece ter sido comum em seu tempo.

Seu primeiro instrutor de meditação foi Alara Kalama, que era versado em *samadhi* ou estado meditativo em que a atenção é retirada dos sentidos físicos, os pensamentos são acalmados e a pessoa experimenta uma extraordinária beatitude e serenidade. Desde que, segundo relatos budistas, o tipo de meditação que Kalama ensinava pode levar ao conhecimento direto, confiável, de vidas passadas, vemos que os meditadores avançados encaravam a reencarnação não como questão de crença religiosa, mas como verdade empiricamente verificável.

Segundo os primeiros registros budistas, Gautama rapidamente atingiu o *samadhi* extremamente sublime e refinado ensinado por Alara Kalama, em que sua mente penetrava numa dimensão informe da existência desprovida de todo o conteúdo, exceto uma experiência de puro nada. Mas isto não satisfez suas aspirações de liberação do ciclo da existência e ele saiu à procura de um contemplativo ainda mais perfeito chamado Uddaka Ramaputta, sob cuja orientação atingiu um *samadhi* ainda mais sutil. Mas Gautama reconheceu que apenas esses estados de absorção meditativa não o faziam atingir sua meta do "estado supremo de paz sublime" graças a um conhecimento da realidade como ela é. Pois ele descobriu que, após emergir da meditação e ingressar no mundo cotidiano, a pessoa continuaria sujeita ao sofrimento e a suas causas subjacentes. Quando reconheceu que atingir esses estados não chegava à raiz do problema, Gautama passou anos atormentando o corpo com práticas ascéticas, incluindo jejum. O objetivo era alcançar a libertação com uma espécie de domínio da mente sobre a matéria. O resultado final, porém, foi que o corpo começou a definhar, e as faculdades mentais ficaram prejudicadas. Ele então percebeu que atingir o *samadhi* não era o objetivo supremo, embora esses estados refinados de consciência pudessem ser usados para investigar, através da meditação, a natureza do sofrimento e suas causas.

Entre os grandes mestres religiosos de toda a história, o Buda é o único que desencoraja a crença de que algo é verdadeiro simplesmente porque muita gente diz que é ou porque está baseado numa tradição de longa data, na autoridade das escrituras, na voz corrente, na especulação ou na reverência por um mestre. Sem dúvida a pessoa deve, procurando fazer o melhor possível, testar através de sua própria experiência o que os outros defendem e julgar por si mesma. É evidente, então, que isto é precisamente o que Buda fez com relação às opiniões favoráveis à reencarnação que predominavam em sua época.[11] Nos mais antigos registros da narrativa de sua conquista da iluminação, ele descreve como, com a mente concentrada, purificada, maleável e calma, alcançou o "conhecimento direto" da natureza da consciência e das raízes do sofrimento.[12] Seu primeiro conhecimento direto foi o das circunstâncias específicas de seus muitos milhares de vidas anteriores no transcurso de inúmeras eras de contração e expansão do mundo. Seu segundo conhecimento direto foi a observação contemplativa da sucessão de vidas de outros seres, verificando as relações entre as ações e os efeitos à medida que eles se concluíam em vidas subsequentes. E o terceiro conhecimento direto na noite de sua iluminação foi a percepção das Quatro Nobres Verdades: "Tive conhecimento direto, como é realmente o conhecimento, de que 'Isto é sofrimento', de que 'Isto é a origem do sofrimento', de que 'Isto é a cessação do sofrimento' e de que 'Isto é o caminho que leva à cessação do sofrimento'". Foi neste ponto que Gautama se tornou um buda, "alguém que despertou", com a mente completamente liberta de todas as aflições e obscurecimentos. Nessa percepção do Nirvana, ele encontrou o estado supremo de paz sublime que estivera procurando e dedicou os restantes 45 anos de sua vida a encaminhar outras pessoas para tal liberdade do sofrimento. Por essa razão, passou a ser conhecido como o "Grande Médico", que mostrava como atingir o verdadeiro bem-estar purificando a mente de aflições, cultivando a virtude e conquistando um discernimento contemplativo sobre a natureza da realidade.

Nesse exame muito breve das origens da meditação na filosofia grega, no cristianismo e no budismo, encontramos uma série de temas e percepções comuns. Mas a orientação da prática meditativa é diferente em cada tradição, assim como as interpretações da experiência contemplativa. Os pitagóricos acreditavam num Universo ordenado e, embora provavelmente aceitassem o clássico politeísmo grego, acreditavam numa divindade superior a todas as outras. Para eles, a meditação estava intimamente relacionada à música, à matemática e à astronomia. Para os cristãos, estava concentrada na união com o único Deus supremo e, para os budistas, que compartilhavam a crença indiana na existência de muitos deuses, a meditação atendia ao objetivo de alcançar a libertação do ciclo da existência. Mas no início e no desenvolvimento posterior de cada uma dessas tradições, é evidente que a meditação desempenhou um papel vital.

3

A EXTERNALIZAÇÃO CIENTÍFICA DA MEDITAÇÃO

Embora a contemplação se encontre na raiz das religiões, da filosofia e da ciência ocidentais, ela praticamente não desempenha papel algum na ciência atual. Isso não é resultado de um declínio gradual, como no cristianismo, podendo mesmo remontar às origens da ciência moderna no século XVII. Nessa época, o mundo sobrenatural — consistindo de Deus e outras entidades espirituais, como o demônio e anjos, céu e inferno — devia ser aceito com base na autoridade da Bíblia. Os teólogos estavam encarregados de compreender este domínio da realidade e as opiniões deles eram aceitas como artigos de fé. A alma humana podia ser encarada como espiritual no sentido de que vinha de Deus e tinha livre-arbítrio, sendo independente do corpo e do ambiente físico. Mas era também natural no sentido de que governava o corpo e era influenciada pelos sentidos físicos. Assim, os aspectos espirituais da alma deviam ser aceitos como artigos de *fé*, na medida em que procediam da autoridade divina, e os aspectos naturais eram explicados por filósofos que confiavam principalmente em seus poderes de *raciocínio*. Os cientistas tinham a tarefa de compreender o terceiro domínio da realidade — o mundo externo da matéria e das forças naturais — com base em observações diretas e experimentos.

A origem da palavra "meditação" pode ser identificada na raiz verbal indo-europeia *"med"*, que significa "considerar" ou "medir". Como vimos, no cristianismo primitivo, a meditação era um meio experiencial de adquirir discernimento direto, contemplativo, sobre a natureza da realidade. Mas na escolástica medieval e na filosofia moderna, a meditação foi reduzida a considerações racionais, introspectivas. Tendo em vista compreender o universo externo da matéria, a ciência elaborou suas próprias "meditações" sob a forma de medições de processos físicos que podem ser confirmadas por todos os observadores competentes.

Todos os grandes pioneiros da ciência no século XVII eram cristãos devotos e suas investigações sobre o mundo da natureza podem ser vistas como uma tentativa mística de fundir a compreensão do mundo natural por parte do homem com a compreensão de Deus. Os contemplativos cristãos desde a época de Agostinho tinham perseguido esse mesmo objetivo e presumido que ele não podia ser realizado nesta vida, apenas no céu. Quando, na Europa, a investigação contemplativa de olhar-voltado-para-dentro diminuiu, os cientistas conceberam novos métodos de investigação de olhar-voltado-para-fora, que, esperavam, pudesse levar à compreensão divina nesta vida.

Entre esses inovadores, nenhum foi mais influente que Galileu Galilei (1564-1642). Quando criança, Galileu visitou um monastério da ordem camaldulense, que combinava a vida solitária do eremita com a vida severa do monge. Foi atraído para esse estilo de vida e quis ingressar na ordem, mas não teria a permissão do pai, que não podia se dar ao luxo de alimentar no filho uma vocação religiosa que não gerasse renda. Obedecendo à vontade do pai, Galileu entrou na Universidade de Pisa para estudar medicina, mas logo se voltou para a matemática e a ciência. De um modo geral, desprezava a filosofia escolástica, que via como nada além de um conservadorismo arraigado, que desconfiava de ideias inovadoras e novos métodos de pesquisa.

Coube em grande parte a Galileu a responsabilidade de lançar as fundações do "método científico" para estudar o mundo material: observações sofisticadas, rigorosas, quantitativas de entidades físicas, combinadas com a análise matemática dos dados observados. A motivação por trás de sua pesquisa era compreender a natureza da criação de Deus da própria perspectiva de Deus, transcendendo as limitações e ilusões dos sentidos humanos. Isto podia ser feito, ele propôs, pelo uso do raciocínio matemático, pois acreditava que a matemática era a própria linguagem de Deus. Essa interpretação teísta do papel central da matemática na natureza fora defendida séculos antes pelos pitagóricos.

Embora Galileu deixasse de bom grado as questões sobrenaturais nas mãos da Igreja, insistia que o estudo científico do mundo natural tinha de prosseguir de forma livre e independente da autoridade da Bíblia e do pensamento grego. Ao dar esse passo revolucionário, reverteu a hierarquia escolástica medieval do conhecimento. A observação empírica, que os filósofos costumavam classificar como a forma mais baixa de conhecimento, foi elevada ao nível mais alto. A razão era importante para interpretar as descobertas empíricas e a autoridade da tradição só era aceita enquanto não fosse contestada pela observação rigorosa ou o raciocínio seguro. Que enorme mudança!

Galileu abandonou a ênfase aristotélica em compreender *por que* as coisas são do jeito que são e se concentrou em exaustivas observações e medidas de *como* os objetos celestes e terrestres se movem. Os filósofos escolásticos de sua época aceitavam de modo não crítico a visão de Aristóteles de que os corpos celestes eram inalteráveis e se moviam em círculos perfeitos, com a Terra no centro. Em 1609, Galileu criou um telescópio com o poder de mostrar imagens vinte vezes ampliadas e, com este novo instrumento, descobriu quatro luas de Júpiter (que giravam em torno de Júpiter, não da Terra), crateras na Lua, manchas solares (mostrando que os corpos celestes não eram imutáveis) e as fases de Vênus, indicando que ele girava em torno do Sol, não da Terra. Outros astrônomos com instrumentos inferiores se queixaram de não serem capazes de confirmar todas essas observações. Como resultado, alguns deles questionaram sua validade, enquanto outros chegaram a ponto de afirmar que eram ilusões de ótica criadas pelas lentes de Galileu.

Os astrônomos medievais estavam há muito familiarizados com a natureza enganosa das aparições de corpos celestes, especialmente quando se tratava do aparente movimento dos planetas. De acordo com o antigo pensamento grego, presumiam que a Lua, o Sol, os planetas e as estrelas giravam todos em círculos perfeitos ao redor da Terra. Durante uma mesma noite, viam-se os planetas movendo-se pelo céu de leste para oeste, mas se observados de uma noite para outra, eles geralmente pareciam se mover de oeste para leste contra as estrelas ao fundo. Ocasionalmente, no entanto, o movimento de um planeta pareceria reverter a direção e, durante um curto período, ele se moveria de leste para oeste contra as constelações do fundo. A reversão é conhecida como "movimento retrógrado". Para explicar essas aparições enganosas de modo a fazê-las concordar com o pensamento grego, os primeiros astrônomos conceberam um complicado sistema abstrato de epiciclos, por meio do qual os planetas se moviam ao redor de pequenas trilhas circulares que, por sua vez, descreviam órbitas circulares mais largas ao redor da Terra. Este, eles acreditavam, era o movimento real, objetivo, dos planetas em contraste com as aparências falsas, subjetivas, de seu movimento retrógrado. Toda essa teoria estava baseada em falsos pressupostos e foi apenas com o uso do telescópio, concentrado nas aparições enganosas de corpos celestes, que a ciência da astronomia pôde progredir.

Quando Galileu apresentou pela primeira vez as descobertas feitas através de seu telescópio, provando a teoria de Copérnico de que a Terra girava ao redor do Sol, não foi a Igreja que o atacou. De fato, padres e bispos jesuítas e dominicanos ficaram fascinados com as novas perspectivas que o telescópio abria e organizaram encontros opulentos com Galileu em Roma, celebrando suas novas descobertas. Padre Clavius, que era o líder indiscutível da astronomia jesuíta, a princípio não aceitou as descobertas. Mas assim que obtiveram seus próprios telescópios, ele e seus colegas confirmaram todas as observações de Galileu. Quem finalmente colocou a Igreja em conflito com Galileu foram os consultores acadêmicos leigos, que insistiram que Roma tinha o dever de deter Galileu, pois se o deixassem fora de controle ele destruiria todo o sistema universitário ao minar as crenças aristotélicas em que estava baseado. Esses filósofos escolásticos recusavam-se até mesmo a olhar por um telescópio, pois insistiam de forma inflexível que tudo que fosse visto através das lentes que contrariasse suas crenças tinha de ser ilusão de ótica.

As descobertas de Galileu usando o telescópio transformaram a controvérsia sobre os movimentos relativos do Sol e da Terra. De debate intelectual, passou a ser uma questão que podia ser decidida com base em evidências. Ele se orgulhava de ter sido o primeiro a construir um telescópio adequado e a apontá-lo para o céu, mas valorizava mais que tudo seu gênio em fazer observações cuidadosas de uma ampla gama de entidades físicas, compreendendo o comportamento de suas partes e descrevendo estas em termos de proporções matemáticas.[1]

Enquanto Galileu é encarado como o pai da ciência moderna pelo papel que desempenhou na criação do método científico de investigação, o filósofo, matemático e cientista francês René Descartes (1596-1650) foi denominado pai da filosofia moderna por apresentar a moldura conceitual dentro da qual a pesquisa científica seria conduzida. Depois de obter um diploma em direito conforme o desejo do pai, Descartes abandonou a vida acadêmica e decidiu não procurar nenhum outro conhecimento além daquele que pudesse encontrar dentro de si mesmo ou, então, no "grande livro do mundo".[2] Aos 20 anos de idade, enquanto viajava pela Alemanha pensando em usar a matemática para resolver problemas de física, teve uma visão num sonho através da qual "descobriu os alicerces de uma ciência maravilhosa". Isto se tornou um ponto essencial na experiência do jovem Descartes e ele dedicou o resto de sua vida a investigar a relação entre a matemática e a natureza.

A base da ciência de Descartes foi a proposição de que os objetos têm dois tipos de propriedades. Como *substâncias que se estendem no espaço*, todos os objetos físicos têm comprimento, altura, largura, amplitude, localização, duração e número, e, por meio dessas *propriedades primárias*, podem ser compreendidos em termos matemáticos. Os objetos têm ainda o que é chamado de *propriedades secundárias*, como cor, som, gosto, cheiro, calor e frio. Ele acreditava que essas propriedades não existem objetivamente nos objetos físicos em si, sendo antes propriedades de nossa percepção do mundo ao redor. Quando "clara e nitidamente percebidas", ele concluía que as propriedades objetivas, primárias, podiam ser conhecidas sem sombra de dúvida. Ao contrário, comentou Descartes, quando se tratava de propriedades secundárias, "elas são encontradas em meu pensamento de forma tão obscura e confusa que fico sem saber sequer se são verdadeiras ou falsas, apenas aparentes, isto é, se as ideias que faço dessas propriedades são realmente ideias de coisas reais ou se representam para mim apenas [ideias] que não podem existir".[3]

Descartes sugeriu que a distinção entre propriedades primárias e secundárias da matéria é necessária para evitar que tiremos falsas conclusões sobre a natureza da realidade. Ele estava refutando, especificamente, a suposição comumente conhecida como "realismo ingênuo", que todos nós trazemos da infância — a ideia de que cores, sons, cheiros, gostos e sensações táteis existem no mundo objetivo, independentemente de nossas percepções.[4] Concluía: "Pode ser demonstrado que peso, cor e todas as outras propriedades semelhantes que são percebidas na matéria física podem ser retiradas dela deixando intacta a matéria em si. De onde se segue que sua natureza não depende de nenhuma delas".[5] O mundo objetivo, na visão de Descartes, é realmente sem cor, sem odor, sem sabor e assim por diante. A refutação do realismo ingênuo está de acordo com todas as descobertas científicas subsequentes e continua sendo parte integrante da visão científica da natureza como um todo. Embora se acredite que partículas elementares, átomos, moléculas, campos eletromagnéticos e ondas existam independentemente de qualquer observador, as *imagens visuais* que percebemos do mundo ao nosso redor não estão lá. Como o neurologista Antonio Damasio comenta: "Não há imagem do objeto sendo transferida do objeto para a retina e da retina para o cérebro".[6] Tais imagens, não importa o que sejam, existem apenas em nossa mente.

A palavra "ciência" se origina da raiz verbal indo-europeia *sker*, que significa "cortar" ou "separar" e, sob a orientação de Descartes, a ciência moderna começou a traçar uma fronteira nítida, separando o mundo objetivo do universo físico dos mundos subjetivos da experiência pessoal dos indivíduos. Ao fazer esta separação absoluta entre o mundo físico objetivo e o mundo subjetivo da mente, Descartes, com efeito, passou o mundo material para cientistas e deixou o mundo subjetivo para filósofos e teólogos. Desde o tempo de Galileu e Descartes, gerações de físicos e biólogos seguiram essa distinção e conseguiram extraordinário progresso na medida e na compreensão de realidades objetivas, físicas, quantificáveis. De fato, nas últimas décadas do século XIX, muitos físicos acreditavam que sua compreensão do mundo físico estava completa e perfeita em todos os aspectos principais. Mas a compreensão filosófica das realidades mentais — incluindo pensamentos, imagens mentais, emoções, desejos, dramas e a própria consciência — não fizera progresso comparável. Os cientistas tinham descoberto métodos eficientes com os quais "meditar" ou medir coisas físicas objetivas, mas os filósofos não tinham conseguido conceber métodos para observar de maneira rigorosa eventos mentais subjetivos.

William James (1842-1910), o grande pioneiro americano da psicologia, sentiu que a compreensão científica da mente em seu tempo estava praticamente tão pouco desenvolvida quanto a física antes de Galileu.[7] Desde 1600, ele observou, os cientistas tinham concebido métodos para investigar o mundo externo que podiam ser submetidos à análise matemática. Desse modo, questões há muito discutidas por filósofos foram finalmente resolvidas pelos métodos empíricos da ciência. Quanto mais a ciência progredia, menor o número de problemas nas mãos dos filósofos.[8]

A carreira de William James fornece numerosos exemplos que, se seguidos seriamente, poderiam ter levado a psicologia ocidental a uma compreensão mais completa e equilibrada da mente do que a que temos hoje. Depois de receber, na juventude, educação nos Estados Unidos e na Europa, em 1861 James se matriculou na Laurence Scientific School, em Harvard e, três anos mais tarde, ingressou na Faculdade de Medicina de Harvard, onde se graduou em 1869. Em parte devido ao determinismo biológico em que foi doutrinado durante os estudos médicos, começou a experimentar surtos repetidos de depressão severa, que mais tarde descreveu como quedas numa profunda crise... de espiritualidade, de ser, de sentido e de vontade. Mas em 1870, teve a revelação de que o livre-arbítrio, afinal, não era ilusão e que podia usar sua vontade para se livrar da depressão. Concluiu que não era um mero autômato governado pelos processos biológicos em seu corpo e fez do acreditar no livre-arbítrio seu primeiro ato de livre-arbítrio.

James começou a ensinar anatomia e fisiologia em Harvard em 1873. Dois anos mais tarde passou a ensinar psicologia e criou em Harvard o primeiro laboratório para o estudo científico da mente. Definiu psicologia como "a Ciência da Vida Mental, tanto de seus fenômenos quanto de suas condições. Os fenômenos são as coisas que chamamos de sensações, desejos, cognições, raciocínios, decisões e assim por diante".[9] Enquanto os físicos estudavam coisas físicas que eram acessíveis a todos os observadores competentes, os psicólogos deviam examinar processos mentais subjetivamente experimentados e as relações deles com seus objetos, com o cérebro e com o resto do mundo. Mas experiências mentais são coisas particulares e inacessíveis à observação direta pelas ferramentas da ciência. Então James propôs que a psicologia deveria usar fundamentalmente a introspecção para estudar os processos mentais.[10] Contudo, a observação direta dos estados e processos mentais da pessoa, ele argumentou, deve ser complementada pela pesquisa comparativa, como o estudo do comportamento animal e a ciência experimental do cérebro.

Enquanto James se concentrava na observação introspectiva da experiência mental *consciente*, o neurologista austríaco Sigmund Freud (1856-1939) ficou bem conhecido pelas teorias sobre a mente *inconsciente*. Seu trabalho pioneiro foi crucial para a criação da escola psicanalítica de psicologia, na qual o terapeuta procura descobrir conexões entre os componentes inconscientes dos processos mentais dos pacientes. Com base nos relatos verbais feitos pelos pacientes de suas experiências subjetivas no estado desperto e no sonho, Freud procurou sondar os mecanismos ocultos da mente.

No início do século XX, nem os psicólogos acadêmicos nem os psicanalistas tinham conseguido elaborar métodos rigorosos de observar diretamente os processos mentais. Assim, após não mais de trinta anos, a introspecção foi em grande parte abandonada como meio de investigar de forma científica a mente. Houve duas razões principais para isso.[11] Uma delas era que pesquisadores, trabalhando em laboratórios diferentes, tinham muita dificuldade em reproduzir as descobertas uns dos outros, pois os pacientes que praticavam a introspecção tendiam a "perceber" o que os pesquisadores esperavam que experimentassem. Não esqueçamos que também os psicólogos não conseguiram um progresso significativo no refino de sua própria introspecção e não a praticavam muito, pelo menos no exercício de sua condição profissional. Sem dúvida faziam seus pacientes experimentais examinar as próprias mentes, mas sem um treinamento sólido, rigoroso, que os capacitasse a fazer observações precisas, confiáveis. Assim, embora os cientistas usassem explicitamente a introspecção em suas pesquisas, deixavam-na nas mãos de amadores. A introspecção nunca se desenvolveu além do nível de uma "psicologia folclórica".

A segunda razão fundamental pela qual a introspecção foi rejeitada pela comunidade científica foi que ela ia contra o veio da pesquisa científica nos trezentos anos anteriores, que tinha se concentrado de forma consistente em realidades objetivas, físicas, quantitativas. Nas décadas iniciais do século XX, as ciências naturais tinham se mostrado tão bem-sucedidas — especialmente quando comparadas com a religião e a filosofia — que um número crescente de pessoas identificavam o mundo natural com o mundo físico. Em outras palavras, as únicas coisas que consideravam real eram as coisas que os cientistas podiam medir: isto é, entidades e processos físicos. Qualquer outra coisa era considerada "sobrenatural" e, portanto, não existente — ou pelo menos irrelevante para a pesquisa científica.

Com a rejeição do uso científico da introspecção, a psicologia acadêmica no mundo de língua inglesa deslocou-se para o behaviorismo, que fez tudo que podia para eliminar referências a estados e processos subjetivamente experimentados.[12] John B. Watson (1878-1958), um dos pioneiros do behaviorismo americano, declarou que a psicologia não devia ser mais a ciência da vida mental, como William James a tinha definido. Como "um ramo experimental puramente objetivo da ciência natural", dizia ele, a psicologia "jamais deveria usar os termos consciência, estados mentais, mente, essência, introspectivamente verificável, imaginário e assim por diante".[13] Este tabu contra a experiência subjetiva foi motivado, em parte, pela associação da mente (ou alma) com religião e, em parte, pela natureza aparentemente não física dos eventos mentais.[14] A desconfiança dos cientistas diante de qualquer coisa religiosa é bastante compreensível, pois para eles a religião exige uma crença inquestionável na autoridade. A ciência, pelo contrário, coloca sua prioridade básica no conhecimento experimental.

Eis o atrito. Pois a evidência experimental, para ser encarada como evidência empírica, tinha de ser verificável — acessível a inúmeros observadores competentes. Mas os processos mentais só podem ser observados internamente. Não podem ser detectados por nenhum observador externo ou por nenhum dos instrumentos da ciência, que são concebidos para medir todos os tipos conhecidos de realidades físicas. Consequentemente, os psicólogos se encontraram num dilema: deviam perseverar no espírito do empirismo, que estivera na raiz do progresso científico nos últimos trezentos anos? Ou deviam se colar à observação de objetos físicos, externos, o domínio da realidade onde a ciência desfrutara tanto progresso desde a época de Galileu? Optaram pelo segundo foco, mais estreito. Os behavioristas preferiram estudar o comportamento humano e não quaisquer misteriosas entidades interiores, espirituais, mentais, que não pareciam ter propriedades físicas próprias.[15]

O behaviorismo, pelo menos como foi desenvolvido na psicologia da pesquisa acadêmica, preocupava-se basicamente em encontrar meios eficientes de compreender a mente humana por meio do comportamento, em vez de inferir conclusões sobre a natureza real dos processos mentais. Era como tentar compreender a anatomia e a fisiologia humanas sem jamais executar autópsias — que eram proibidas na medicina medieval. A maioria dos behavioristas tinha bastante consciência dos estados mentais, mas achava que a psicologia se desenvolveria mais depressa e com menos digressões se deixasse a introspecção de lado por algum tempo. Contudo, behavioristas mais radicais, começando com Watson, deram um passo adicional ao declarar que os processos mentais, em geral, e a consciência, em particular, não existiam absolutamente — simplesmente porque não tinham propriedades físicas![16] Era um caso nítido de rejeição, em que um compromisso ideológico com o materialismo invalidava a evidência experimental que não estivesse de acordo com uma crença. Pior ainda, os behavioristas identificaram o comportamento com os próprios processos psicológicos. Os robôs exibem um comportamento, mas não estão conscientes e não têm experiências subjetivas. Os homens também exibem um comportamento; por mais escrupulosa, no entanto, que seja sua avaliação, o comportamento físico por si mesmo não fornece evidência sequer da existência das realidades mentais que todos nós vivenciamos. A afirmação de que a experiência subjetiva pode ser reduzida a um comportamento objetivo não passa de desonestidade intelectual ou de profunda confusão.

Em 1960, as limitações de ignorar os processos mentais estavam se tornando cada vez mais nítidas para os psicólogos acadêmicos. O novo campo da psicologia cognitiva começou a encarar a experiência subjetiva com maior seriedade e, desde a ascensão da neurociência cognitiva nas últimas décadas do século XX, muita atenção tem sido dada aos processos cerebrais relacionados com a experiência subjetiva. Foi feito grande progresso na identificação de partes e funções específicas do cérebro que são necessárias para a visão, para os demais sentidos físicos e para processos mentais específicos, como a memória, a emoção e a imaginação. Trata-se de um meio perfeitamente legítimo de investigar a experiência mental indiretamente, pois se apoia no vigor de quatrocentos anos de pesquisa científica sobre as realidades físicas. Mas a verdadeira natureza dos processos mentais em si permanece tão misteriosa quanto antes.

Que ligação existe entre processos mentais e cerebrais — entre nossas experiências subjetivas e nosso "hardware" físico? É puramente *causal*, com os processos cerebrais gerando experiência subjetiva? Ou os processos mentais e neurais são realmente a mesma coisa, observada do interior e do exterior? Christof Koch, que trabalha com pesquisa de ponta sobre correlatos neurais da consciência, comenta a questão: "As características dos estados cerebrais e dos estados fenomenais parecem muito diferentes para serem completamente redutíveis uma à outra. Desconfio que a conexão é mais complexa do que tradicionalmente se imagina. Por ora, é melhor manter a mente aberta com relação a este assunto e se concentrar em identificar os correlatos da consciência no cérebro".[17] Como neurocientista com experiência profissional, naturalmente ele se apoia naquilo que pratica, a saber, o estudo do cérebro. Mas nunca se aprendeu nada sobre a verdadeira natureza da experiência subjetiva estudando apenas o cérebro. Quando observamos objetivamente estados cerebrais, eles não exibem nenhuma das características dos estados mentais, e quando observamos subjetivamente estados mentais, eles não exibem nenhuma das características de atividade cerebral.

Muitos neurocientistas acreditam que os processos mentais se originam no cérebro como propriedades emergentes. Uma propriedade emergente surge de uma grande configuração de componentes, mas não está presente em nenhuma dessas partes individualmente. Por exemplo, uma molécula individual de H_2O em temperatura ambiente não é fluida. Mas um grande conjunto de moléculas de água mostra a propriedade da fluidez. A fluidez é uma propriedade física bem-compreendida, que é facilmente medida com os instrumentos da tecnologia. Da mesma maneira, muitas propriedades emergentes de entidades físicas são elas próprias físicas e podem ser medidas, como fluxo sanguíneo e mudanças elétricas e químicas dentro do cérebro. Os processos mentais, ao contrário, não possuem propriedades físicas e não podem ser, sob qualquer forma, objetivamente medidos. Já que são radicalmente diferentes de quaisquer outras propriedades emergentes que surgem no mundo físico, parece haver pouca justificativa para encará-los como propriedades emergentes de qualquer entidade física.

Alguns neurocientistas, contudo, negligenciam esses problemas e talvez inadvertidamente deixem a questão obscura ao declarar simplesmente que os processos mentais são a mesma coisa que suas bases neurais.[18] É uma hipótese plausível, mas nunca foi demonstrada de modo científico. Portanto, é intelectualmente desonesto defender isto como conclusão científica; no presente não é nada mais que uma opinião não verificada. Existe aqui um perigo de verdadeira degeneração da ciência em pseudociência. Uma das características da pseudociência é que ela tenta provar *que* uma hipótese é verdadeira, em vez de investigar *se* é verdadeira. A pressuposição de que a hipótese é verdadeira e só precisa ser posta à prova substitui a abertura mental que caracteriza o método científico. Assim, muitos neurocientistas adotaram exatamente essa abordagem pseudocientífica tentando provar *que*, não *se* as experiências subjetivas podem ser plenamente compreendidas sob a ótica de processos físicos dentro do cérebro.[19] Lembremos que, na Europa do século XVII, era crença generalizada que a alma tinha atributos tanto sobrenaturais quanto naturais. Em sua insistência em compreender a mente humana como uma entidade puramente *natural*, os cientistas a trataram como se ela devesse ser *física*, embora ela não apresente atributos físicos e não possa ser detectada por qualquer instrumento físico. É um problema central para todo o estudo científico da mente, que ainda tem de ser resolvido.

Os psicólogos continuam a estudar a mente indiretamente, questionando pessoas conscientes e observando seu comportamento. Desse modo, investigam diretamente os *efeitos* físicos de processos mentais. E os neurocientistas estudam a mente indiretamente, explorando as bases neurais da experiência subjetiva. Dessa maneira, investigam diretamente os *correlatos* físicos de eventos mentais, que podem ser *causas* ou *efeitos*. As disciplinas combinadas da psicologia e da neurociência são agora conhecidas como ciência cognitiva. Se os pesquisadores deste campo limitassem suas pesquisas ao estudo do comportamento e do cérebro, não teriam sequer ideia da existência da experiência subjetiva. O único meio de os experimentadores poderem ter certeza de que existem estados mentais é experimentá-los em si mesmos. Isso prova o valor da insistência de William James de que a introspecção seja plenamente incorporada ao estudo científico da mente.

Os cientistas cognitivos nunca conceberam quaisquer meios sofisticados para examinar os próprios eventos mentais. Deixam tais observações para pessoas pagas (geralmente estudantes ainda não formados) que não têm formação profissional na observação ou descrição de processos mentais. Deixando a introspecção na mão de amadores, os cientistas fazem com que a observação direta da mente continue no nível da psicologia folclórica. Com relação a isso, coloquemos a ciência cognitiva no contexto das outras ciências naturais. Físicos experimentais são profissionalmente treinados para observar processos físicos, e biólogos são profissionalmente treinados para observar processos biológicos. *Os cientistas cognitivos assumiram o desafio de compreender os processos mentais, mas ao contrário de todos os outros cientistas naturais não recebem formação profissional na observação das realidades que compreendem sua área de pesquisa.*

Isso não significa que as ciências cognitivas não tenham aprendido muito sobre a mente. De fato, psicólogos e neurocientistas aprenderam muito sobre uma ampla gama de processos mentais (alguns deles inacessíveis à introspecção) e seus correspondentes estados cerebrais. E têm havido muitas aplicações valiosas de seu conhecimento no diagnóstico e tratamento das doenças mentais. Os neurocientistas têm substituído medidas objetivas do cérebro por reflexões sobre seus correspondentes processos mentais subjetivos. Essa abordagem tem produzido grandes *insights* sobre as bases neurais da mente, mas muito pouca compreensão sobre a verdadeira natureza e origens da consciência e de todos os outros processos mentais subjetivos.

Durante o século passado, o fato de os cientistas cognitivos não terem conseguido conceber nenhum meio rigoroso de observar diretamente realidades mentais levou-os à conclusão similar de que a introspecção não pode ser usada como método científico de investigação. Essa crença, que continua a ser amplamente sustentada por psicólogos e neurocientistas, ainda justifica a exploração da mente por meio de comportamento e atividade cerebral. Mas ao minar o valor da introspecção, ela implicitamente apoia a suposição de que os processos mentais realmente nada mais são que processos cerebrais encarados de uma perspectiva subjetiva. A implicação é que processos cerebrais são reais, mas processos mentais são ilusórios.

Agora, porém, com a facilidade de transporte e comunicação globais, temos um acesso muito maior que em qualquer outra época a todas as civilizações do mundo. Em consequência, um número rapidamente crescente de cientistas cognitivos estão mostrando forte interesse pessoal e profissional em tradições contemplativas anteriormente desconhecidas, juntamente com aquelas desenvolvidas no Ocidente. Por conseguinte, a secular rejeição científica da meditação pode em breve ser coisa do passado.

4

ESTUDOS CIENTÍFICOS DA MEDITAÇÃO

São nossos estados mentais e comportamento determinados inteiramente por influências físicas, como atividade cerebral e genes, ou podemos melhorar nossa sensação de bem-estar por meio de nossos próprios esforços, incluindo a meditação? Essa é uma questão fundamental, subjacente a todos os estudos científicos da meditação. Lembremos que William James entrou numa depressão profunda, suicida, parcialmente em reação à crença — que era predominante em meados do século XIX — de que os seres humanos são meros fantoches jogados de um lado para o outro por processos bioquímicos do corpo. Ele conseguiu sair dessa situação ao reconhecer que a evidência científica que apoia essa hipótese reducionista não era conclusiva. A pesquisa dos últimos poucos anos tornou esta visão robótica da natureza humana ainda mais duvidosa.

Um dos campos mais fascinantes da pesquisa neurocientífica nos dias de hoje diz respeito à neuroplasticidade ou à capacidade que têm os neurônios do cérebro de mudar em resposta à experiência. O que isso significa para nós, em nossa vida diária, é que podemos realmente mudar o cérebro alterando nossos pensamentos, atitudes e comportamento. A pesquisa aponta o cérebro como um órgão em mudança contínua, que responde estruturalmente não apenas às demandas do ambiente externo, mas também a estados gerados internamente, incluindo aspectos da consciência. Num experimento pioneiro, neurocientistas da Faculdade de Medicina de Harvard fizeram um grupo de voluntários praticarem diariamente um exercício de piano durante uma semana, enquanto outro grupo apenas imaginava que estivesse fazendo o exercício, mexendo os dedos e tocando as notas mentalmente. No final da semana, o córtex motor, que é a região do cérebro que controla os movimentos dos dedos, tinha se tornado mais largo nos verdadeiros executantes, o que era o resultado esperado — mas a mesma mudança tinha também ocorrido no cérebro dos executantes virtuais! Imaginar que tinham tocado piano levara a mudanças físicas mensuráveis no cérebro. Era demais para a velha máxima: "Não é real, está só na sua cabeça!".

Pesquisadores do Salk Institute for Biological Studies em La Jolla, Califórnia, mostraram que o cérebro adulto pode mudar sua estrutura, suas conexões e, portanto, suas funções — uma aptidão para a mudança que os cientistas durante muito tempo acreditaram que era perdida no início da infância. Isso significa que podemos voluntariamente transformar nossa mente e cérebro ao longo de toda a nossa existência, escolhendo nosso ambiente, nosso estilo de vida e os tipos de atividade mental em que nos ocupamos. Um dos modos de a neuroplasticidade ocorrer é através da neurogênese ou geração de novas células cerebrais e, ainda mais importante, de novas conexões de sinapses. Um cérebro humano saudável contém cerca de 100 bilhões de células nervosas ou neurônios. Cada neurônio tem longas projeções filamentosas chamadas axônios e dendrites, que transmitem informação sob a forma de pulsos elétricos. As dendrites levam sinais para os neurônios e os axônios levam sinais para outras células. A junção entre um axônio e uma dendrite é chamada sinapse, sendo a informação transmitida através das sinapses por mensageiros químicos chamados neurotransmissores. A neurogênese aumenta as conexões entre sinapses e isto, mais que apenas a geração de novas células cerebrais, tem um impacto real sobre o modo como nossa mente trabalha.

A neurogênese nos capacita a fazer novas conexões para reconhecer uma novidade; de outro modo, as conexões anteriormente estabelecidas podem fazer com que vejamos inclusive coisas novas de um modo antigo, obsoleto. Essa capacidade de criar novas conexões declina em geral com a idade, mas pode ser intensificada se vivermos num "ambiente enriquecido", onde encontremos coisas interessantes, novas e desafiadoras para fazer e experimentar. Tal ambiente enriquecido pode também incluir o mundo de nossa imaginação e todas as atividades que realizamos com a mente. A meditação, portanto, pode ser um dos meios mais eficientes de rejuvenescer o cérebro e a mente.

Descobertas recentes de cientistas da Universidade McGill, em Montreal, desafiam a visão de que os seres humanos são escravos de seus genes, de seus neurotransmissores e da rede elétrica do cérebro. O novo campo que esses pesquisadores estão explorando é a epigenética, o estudo de mudanças funcionais no genoma que não envolvem alterações no sequenciamento de DNA dos próprios genes. Os genes podem estar muito ativos, pouco ativos ou adormecidos. A extensão de sua atividade é determinada pelo ambiente químico e isso é influenciado, entre outras coisas, pelo cuidado dos pais. Fatores ambientais podem levar à produção de proteínas chamadas fatores de transcrição, que determinam como os genes influenciam o resto do organismo humano. O gene é constituído de dois segmentos: um produz proteínas e o outro é um ponto regulador que liga e desliga o gene. Os fatores de transcrição interagem com o segundo. Estudos de animais e humanos mostraram que carinhos maternos adequados e baixos níveis de stress são importantes para produzir níveis apropriados das substâncias químicas cerebrais necessárias à saúde e ao equilíbrio emocionais.[1] Os genes que herdamos de nossos ancestrais, influenciados por milhões de anos de seleção natural, não determinam inevitavelmente nossas personalidades, aptidões ou caráter. Pelo contrário, nosso comportamento físico e mental pode influenciar se nossos genes ficarão muito ativos, pouco ativos ou adormecidos. Por exemplo, uma criança pode ter uma predisposição genética para o transtorno do déficit de atenção com hiperatividade (TDAH), mas com treinamento da atenção, a atividade dos genes relevantes pode ser reduzida ou detida.

O stress prejudica a neurogênese, mas certos tipos de atividades a promovem e é aí que a meditação pode desempenhar um papel-chave. Até recentemente, a maioria dos estudos científicos de meditação eram considerados "ciência marginal". Essa área, contudo, começou a atrair atenção pública no final dos anos 60, quando médicos da Faculdade de Medicina de Harvard e da Universidade da Califórnia em Irvine descobriram que um grupo que praticava Meditação Transcendental (MT) mostrava uma diminuição no stress e na ansiedade, relacionado a um consumo mais baixo de oxigênio e a um ritmo respiratório mais lento. Essa meditação compreende a concentração por 20 minutos ou mais num mantra recitado mentalmente com o objetivo de transcender o estado normal de consciência. Os pesquisadores teorizaram que duas atividades — repetição, como na recitação de uma palavra ou prece, e a desatenção deliberada a pensamentos concorrentes — levavam a uma "resposta de relaxamento".[2] Como resultado de estudos similares durante várias décadas, esse tipo de meditação é agora um tratamento recomendado para a hipertensão, arritmias cardíacas, dor crônica, insônia e os efeitos colaterais da terapia do câncer e da AIDS.[3]

A meditação está se tornando extremamente popular como coadjuvante nas terapias médicas convencionais para o tratamento de uma ampla variedade de doenças crônicas, incluindo o câncer, hipertensão e psoríase.[4] Pesquisadores da Escola de Medicina de Yale estudaram recentemente os efeitos da meditação para melhorar a qualidade de vida de pacientes que estão morrendo de AIDS. Eles reconheceram que, mesmo nos casos de doença terminal, a qualidade de vida continua sendo importante, assim como a qualidade e a serenidade da morte da pessoa. No California Pacific Medical Center em San Francisco, o ZHP, Zen Hospice Project [Projeto Zen de Cuidados Paliativos], foi idealizado para descobrir como a permanência junto a residentes terminais afetava o bem-estar dos voluntários do centro e para compreender o papel da prática espiritual na atenuação do medo da morte. Nesse projeto, tem sido oferecido um programa de treinamento de 40 horas para orientar os voluntários, com ênfase na compaixão, na serenidade de espírito, na atenção plena e na prática do cuidado à cabeceira do doente. Entre os efeitos deste treinamento, constatou-se um sentimento mais forte de compaixão e uma diminuição do medo da morte.

Num estudo relacionado, pesquisadores confirmaram os efeitos benéficos de uma meditação de atenção plena, praticada com regularidade, entre os cuidadores de um abrigo zen.[5] Atenção plena, nesse contexto, é compreendida como um estado em que a pessoa está extremamente consciente da realidade do momento presente e concentrada nela, aceitando-a e apreciando-a, sem se ver enredada por pensamentos sobre a situação ou por reações emocionais a ela.[6] Com a meditação de atenção plena, ensinou-se aos cuidadores do abrigo a concentrar a atenção na respiração e a reparar como os pensamentos, emoções e sensações apareciam e iam embora. Quando eles percebiam que tinham se perdido nos conteúdos da mente — pensamentos, emoções e o tagarelar mental interior —, eram encorajados a redirecionar suavemente a atenção para a respiração até que o nível de concentração fosse estabilizado.

Com o passar do tempo, os participantes desse estudo descobriram que ia ficando mais fácil fazer a atenção voltar ao momento presente. Ao praticar, durante todo o dia, a meditação em ação, prestavam atenção ao que estavam fazendo e por quê. A atenção plena não era vivenciada como presa ao passado, ao futuro ou ao "agora", mas como um relaxamento na imediaticidade do que estivesse acontecendo. Como meio de treinamento da mente, aplicaram a atenção plena às tarefas cotidianas do seu serviço: cozinhar, lavar para os residentes, alimentar, fazer companhia a eles, ouvir. Os benefícios que experimentavam, como resultado dessa prática, incluíam um senso de inseparabilidade entre cuidadores e residentes, pois encontravam tranquilidade enquanto se ocupavam de suas atividades, deixando de querer que as coisas fossem diferentes, de temer o que pudesse acontecer e mantendo um foco claro por entre as emoções.

Começando a trabalhar no fim da década de 1970, Jon Kabat-Zinn, pesquisador da Clínica de Redução do Stress do Centro Médico da Universidade de Massachusetts, desenvolveu um programa de Redução do Stress Baseado na Atenção Plena (MBSR*), que agora está sendo ensinado em mais de 250 clínicas mundo afora. Como Kabat-Zinn assinalou, em 1990, num encontro com o Dalai-Lama sobre atenção plena, emoções e saúde, o stress agrava os sintomas de todas as doenças conhecidas, do resfriado comum ao câncer.[7] Assim, aliviar o stress com meditação pode potencialmente ter um impacto enorme em nosso bem-estar físico e psicológico. Por exemplo, pesquisadores da Universidade de Toronto mostraram que a meditação pode impedir a recaída em depressão de pacientes com um histórico de transtornos recorrentes do temperamento e outros estudos sus-

---

* Iniciais da sigla em inglês: *Mindfulness-Based Stress Reduction*. (N. do T.)

tentam essa descoberta.[8] Um número rapidamente crescente de estudos da meditação em pesquisas importantes de universidades mundo afora estão demonstrando seus benefícios para um conjunto cada vez mais amplo de problemas psicológicos e físicos.[9] Descobriu-se que mesmo breves períodos de meditação no decorrer do dia são mais repousantes e saudáveis para o corpo e a mente do que tirar cochilos.

Num desses estudos, Kabat-Zinn juntou-se a Richard Davidson, que chefia o Laboratório W. M. Keck para o Mapeamento Funcional do Cérebro da Universidade de Wisconsin, em Madison. Davidson começou a estudar a relação entre as emoções, o cérebro e a meditação nos anos 70. Kabat-Zinn e Davidson recentemente conduziram um estudo sobre os efeitos de oito semanas de treinamento básico em meditação de atenção plena em um grupo de trabalhadores altamente estressados de uma firma de biotecnologia do Wisconsin. Os resultados preliminares revelaram que aqueles que receberam o treinamento mostraram uma maior ativação do lobo pré-frontal esquerdo, tanto em repouso como quando expostos a desafios emocionais. A maior ativação dessa área do cérebro está associada a emoções positivas e stress reduzido, juntamente com melhorias no sistema imunológico.[10]

Desde então, Davidson e sua equipe têm estudado contemplativos budistas tibetanos altamente avançados que passaram por um treinamento meditativo de até 60 mil horas. Quando os pesquisadores conectaram esses monges a sensores de eletroencefalograma, encontraram um aumento impressionante de ondas gama geradas pelo cérebro como um todo e atividade neural intensificada no córtex pré-frontal esquerdo, uma área correlacionada ao relato de sensações de felicidade. Embora não esteja inteiramente claro como se pode interpretar esses dados em termos de experiência humana, eles de fato sugerem que tal treinamento mental desencadeia mecanismos integradores no cérebro e pode induzir mudanças neurais a curto e a longo prazos.[11]

Outro estudo feito por pesquisadores da Universidade de Harvard no Hospital Geral de Massachusetts[12] sugere que a meditação a longo prazo pode aumentar a espessura do córtex, que é a camada externa do cérebro.

Usando medidas MRI*, eles descobriram que meditação envolvendo atenção concentrada nos estados e processos mentais da pessoa levava a um engrossamento das regiões do cérebro associadas à atenção, à introspecção e ao processamento sensorial. Diferenças na espessura cortical pré-frontal eram extremamente pronunciadas nos participantes mais velhos, sugerindo que a meditação podia compensar a deterioração da atenção e do foco na observação do ambiente relacionados com a idade.[13]

Psicólogos da Universidade do Oregon estiveram investigando a possibilidade de treinar crianças novas para reforçar a atenção executiva — a capacidade de regular nossas respostas psicológicas e comportamentais, particularmente em situações de conflito. Quando nossas emoções são fortemente provocadas, nossa capacidade de atenção executiva permite que nos mantenhamos concentrados no que é importante, sem nos deixarmos levar por pensamentos e memórias compulsivas. Esse aspecto da atenção sofre um desenvolvimento particularmente rápido entre os 2 e 7 anos de idade, mas se acredita que continue a se desenvolver até o início da idade adulta. Num estudo recente, foi dado treinamento a crianças entre os 4 e 6 anos de idade (o grupo ideal para estudar esses efeitos de treinamento) destinado a reforçar a atenção executiva.[14] O estudo mostrou, pela primeira vez, que aptidões de atenção executiva podem ser exercitadas em crianças novas, o que pode potencialmente levar a melhores tipos de tratamento para crianças com problemas de atenção e outros problemas comportamentais. Os pesquisadores também acreditam que o efeito do treinamento da atenção pode se estender a habilidades mais gerais, como as medidas por testes de inteligência. Em outras palavras, aumentar sua capacidade de atenção pode também ajudar a aumentar seu QI.

Um dos estudos mais importantes sobre os efeitos da meditação na atenção foi recentemente conduzido pela neurocientista Amishi Jha e dois de seus colegas na Universidade da Pensilvânia. Eles compararam os efeitos de grupos de meditadores empenhados em dois tipos de treinamento de atenção plena. O primeiro grupo consistia de principiantes em meditação que participavam de um curso de redução do stress baseada na atenção

---

* Sigla de *magnetic resonance imaging*, imagens por ressonância magnética. (N. do T.)

plena com oito semanas de duração, envolvendo apenas 30 minutos por dia de concentração na respiração, fazendo a atenção retornar gentilmente ao objeto sempre que ela se desviava. Um segundo grupo compreendia meditadores experientes participando de um retiro de um mês para a prática intensiva de meditação de atenção plena, o que faziam de 10 a 12 horas por dia. Um terceiro grupo consistia de pessoas que jamais tinham meditado nem recebido nenhum tipo de treinamento. Na conclusão dos respectivos cursos de treinamento, descobriu-se que o primeiro grupo era mais capaz de concentrar sua atenção no objeto meditativo que o segundo e terceiro grupos, enquanto o segundo grupo era mais competente que o primeiro e o terceiro grupos para adquirir plena consciência do ambiente.[15]

Embora o treinamento da atenção não deixe de ser um fator essencial para provocar mudanças psicológicas positivas, outros aspectos da mente, como desejos, atitudes e emoções, também precisam ser levados em conta.[16] No outono do ano 2000, o Dalai-Lama se encontrou com um grupo de psicólogos cognitivos para explorar o tema das emoções destrutivas a partir das perspectivas científica e budista.[17] Tive o privilégio de servir como um dos intérpretes nesse encontro. Após vários dias de fascinante diálogo abordando disciplinas e culturas, o Dalai-Lama comentou que, por mais úteis que fossem essas discussões, era mais importante que aplicássemos nosso conhecimento e experiência coletivos de maneira a que eles trouxessem um benefício prático para o mundo. Um dos participantes, Paul Ekman, professor emérito de psicologia da Universidade da Califórnia em San Francisco, querendo se mostrar à altura do desafio, deu início ao desenvolvimento do programa Cultivando o Equilíbrio Emocional (CEB*). Tanto ele quanto o Dalai-Lama pediram que eu me associasse a esse projeto de pesquisa desde o começo. Paul e eu preparamos um programa de treinamento de oito semanas, incluindo intervenções psicológicas e meditações de tradição budista. Esse treinamento integrado incluía práticas para reforçar a atenção executiva, a atenção plena e o cultivo da empatia, do afeto e da compaixão. Em 2003, organizamos um estudo piloto e desde então, sob a direção de Margaret Kemeny, outra psicóloga da UCSF, realizamos dois experimentos

---

* Iniciais da sigla em inglês: *Cultivating Emotional Balance*. (N. do T.)

clínicos em que oferecemos esse treinamento a grupos de professores de escola primária. Recomendamos que todos os participantes meditassem ao menos 25 minutos por dia e eles foram também instruídos sobre como "temperar cada dia" com atenção plena, o que implicava disseminar momentos de meditação durante todo o dia, por exemplo, enquanto a pessoa estivesse parada num sinal vermelho, esperando numa fila, entre a leitura de mensagens de e-mail e assim por diante.

Descobrimos que a participação no treinamento CEB estava associada a significativas e, em muitos casos, espetaculares reduções na depressão, na ansiedade crônica, nas emoções negativas (como irritação, frustração e hostilidade) e no pensamento compulsivo. Do lado positivo, esse treinamento resultou em incrementos significativos nas emoções positivas (como a paciência, a empatia, a afeição e a compaixão), na atenção plena, na atenção a outros e num sono mais reparador. Esses benefícios psicológicos foram observados no final do treinamento e cinco meses mais tarde ainda estavam presentes.

Sob a ótica do sistema nervoso dos participantes, eles experimentavam, como resultado do treinamento, menos "desgaste" quando confrontados com uma situação emocionalmente penosa e retornavam ao equilíbrio com mais rapidez, assim que o episódio se encerrava. As respostas hormonais também mudaram para melhor. O cortisol, com frequência mencionado como o "hormônio do stress" básico, é um hormônio esteroide produzido na glândula suprarrenal em resposta ao stress. É necessário para manter processos fisiológicos normais durante períodos de stress, mas níveis excessivamente altos de cortisol na corrente sanguínea podem levar a uma *performance* cognitiva deteriorada, função suprimida da tireoide, desequilíbrios de açúcar no sangue, como a hiperglicemia, decréscimo da densidade óssea e do tecido muscular, e elevada pressão sanguínea. Evidência recente sugere que níveis excessivamente baixos de cortisol podem ser associados à depressão e ao colapso nervoso, assim como ao risco de doenças inflamatórias. Participantes do treinamento CEB mostraram uma recuperação mais rápida da atividade do cortisol, o que indica que seus sistemas de cortisol podem ter respondido de forma mais flexível a situações de transtorno emocional. Em suma, esse treinamento reforçou a capacidade de os professores primários se recuperarem em termos psicológicos, vegetativos e hormonais de transtornos emocionais. Dada a natureza altamente estressante de sua profissão, parece provável que o treinamento mental que os ajudou possa ajudar praticamente todos que estão tentando enfrentar as dificuldades da vida moderna.

Um dos aspectos mais interessantes da psique humana é o que Ekman chama de período refratário. Geralmente acontece logo após alguma experiência emocionalmente perturbadora e deixa claro que, durante o tempo de sua duração, "nosso pensamento não consegue incorporar informação que não conserve, justifique ou se ajuste à emoção que estamos sentindo" e isso "deforma o modo como vemos o mundo e a nós mesmos".[18] Por exemplo, se alguém ficou furioso com um colega no trabalho, só conseguirá, durante o período refratário, concentrar sua atenção naqueles aspectos da personalidade e do comportamento dele que sustentem os seus atuais sentimentos de hostilidade. Mesmo que a pessoa se recorde de algum comportamento neutro ou mesmo positivo por parte dele, não poderá deixar de vê-lo sob uma luz negativa, podendo ficar, durante algum tempo, cego para todas as suas virtudes.

Com relação ao período refratário, a meditação se torna uma espécie de "painel de instrumentos para as emoções", capacitando a pessoa a conferir os medidores e concluir objetivamente se está prestes a superaquecer, para que não seja apanhada de surpresa quando sua mente começar a ferver. A base neural dessas reações emocionais é o sistema límbico, que é conectado ao córtex pré-frontal. Agindo sobre o córtex pré-frontal, a meditação pode ajudar a restaurar nosso equilíbrio emocional quando ficamos transtornados pelo medo ou pela raiva. Para a maioria de nós, passa-se apenas um quarto de segundo entre o evento desencadeador e a resposta da amígdala ou centro do medo. Nessa fração de segundo, nossas emoções têm tempo de fazer submergir nosso julgamento e elas frequentemente o fazem.[19] A meditação — que traz crescente sensibilidade a tais reações — nos proporciona a oportunidade de quebrar essa nítida reação em cadeia, permitindo que reconheçamos "a centelha antes da chama". Desse modo podemos começar a fazer opções mais informadas sobre as emoções a que devemos dar vazão e as que não devemos deixar que se manifestem.

O treinamento da meditação também pode ser útil para ampliar uma vasta coleção de outras virtudes humanas, incluindo a qualidade simples da bondade. Durante o encontro com o Dalai-Lama em 2000, Paul Ekman teve a oportunidade de passar alguns minutos numa conversa cara a cara com ele. "Ele segurou minhas mãos enquanto conversávamos", Ekman recordou, "e fui tomado de um sentimento de generosidade e uma sensação única na totalidade do corpo, que não tenho palavras para descrever." Depois de lutar contra o rancor e a cólera durante a maior parte da vida adulta, Ekman diz agora que compreende o que é realmente ter disposição para estar alegre e otimista quase todo dia. Aos 72 anos de idade, ele comentou recentemente: "Se eu tivesse uns trinta anos a menos, assumiria como tarefa científica tentar explicar o que aconteceu naquele dia". Ele está ávido por saber como o Dalai-Lama curou-o literalmente de uma hora para a outra do temperamento explosivo que o mantivera durante anos na psicanálise. Com esse objetivo em mente, entrevistou recentemente outras oito pessoas que passaram por transformações semelhantes depois de um encontro com o Dalai-Lama.[20]

Tive meu primeiro encontro particular com o Dalai-Lama no outono de 1971, quando estava morando em Dharamsala, na Índia. Esse primeiro encontro teve um impacto profundo sobre mim, que foi reforçado oito anos mais tarde, quando tive a oportunidade de servir como seu intérprete num giro de conferências pela Europa, pouco antes de sua primeira visita aos Estados Unidos. Percebi que estar dia após dia em sua presença era como habitar numa esfera de generosidade, que trazia com ela uma sensação de serenidade e bem-estar que eu jamais havia vivenciado antes. Quem quer que tenha encontrado pessoas tão extraordinárias não pode deixar de perguntar: elas nascem assim ou será que os excepcionais atributos de sabedoria e compaixão podem ser cultivados com treinamento? Ao refletir sobre sua vida, o Dalai-Lama deixou bem claro que sua prática espiritual, incluindo meditação diária durante mais de cinquenta anos, transformou-lhe a mente de forma profunda, sob muitos e benéficos aspectos.[21] Todo ano ele viaja pelo mundo, ensinando práticas meditativas que se apoiam em 2500 anos de experiência da tradição budista, assim como em sua própria experiência pessoal.

Um número de cientistas cognitivos que cresce rapidamente, em especial os que estão apenas no início da carreira, vêm expressando interesse em combinar os métodos científicos da psicologia e da neurociência com as abordagens contemplativas do budismo e outras tradições. Desejam explorar a mente de múltiplas perspectivas. Desde 2003, o Instituto Mente e Vida (Mind and Life Institute), que tem patrocinado encontros sobre budismo e ciência com o Dalai-Lama desde 1987, vem realizando seminários de verão, com uma semana de duração, assistidos por estudantes graduados e pós-graduados nas ciências da mente e humanidades. Durante esses seminários intensivos, veteranos pesquisadores compartilham as descobertas de suas pesquisas mais recentes sobre meditação, enquanto estudiosos e contemplativos budistas ensinam doutrina budista e meditação a todos os participantes. Desse modo, está emergindo uma nova geração de "cientistas contemplativos", pessoas com treinamento profissional tanto nas ciências cognitivas quanto na teoria e prática da meditação.

Seguindo parâmetros semelhantes, no inverno de 2007, o Instituto Santa Bárbara para Estudos da Consciência começou a realizar uma série de retiros de meditação especificamente para cientistas com pesquisas nos campos da psicologia e da neurociência. Durante o século XIX, as ciências da mente procuraram se distanciar de qualquer coisa associada à religião ou mesmo à filosofia. Mas agora, cientistas da área estão mostrando uma abertura e uma curiosidade sem precedentes para aprender mais sobre os benefícios fisiológicos e psicológicos da meditação e para explorar uma possível importância na investigação da natureza da mente a partir de dentro.

Isso pode assinalar um momento realmente decisivo na história da ciência, que durante seus primeiros quatrocentos anos fixou a atenção exclusivamente no mundo objetivo, físico. No futuro, o foco unificado da pesquisa científica objetiva, dirigida para fora, e da pesquisa contemplativa, dirigida para dentro, com certeza trará um aprofundamento sem precedentes de nossa compreensão da natureza e dos potenciais da consciência.

PARTE 2

MEDITAÇÃO NA TEORIA E NA PRÁTICA

Em minha introdução à Parte 1, fiz a afirmação um tanto arrojada de que a meditação é muito mais que uma forma agradável de relaxamento ou um tipo de terapia contra o stress — que através da meditação podemos penetrar nos segredos mais profundos do eu e de sua relação com o Universo. Agora, na Parte 2, vou descrever algumas dentre a enorme variedade de teorias meditativas e suas respectivas práticas. Não devíamos nos espantar com o fato de a meditação ter sido aplicada em tantas áreas da investigação humana e com tão grande sutileza. Afinal, a ciência ocidental existe há apenas quatro séculos, mas a meditação tem andado por aqui há pelo menos quatro milênios. Embora tenha se originado em civilizações antigas que não tinham impressoras, há uma enorme literatura sobre contemplação, frequentemente sustentando uma tradição oral que tem sido transmitida há mais de cem gerações.

Como para a maioria dos leitores esse material é novo, vou apresentá-lo gradualmente — mas não apenas descrevendo as formas meditativas. Você chegará a uma compreensão muito mais profunda, e talvez veja alguma importância na meditação para a sua vida, se fizer algum esforço para testar as práticas que precedem cada discussão teórica. Naturalmente, essas técnicas requerem esforço e dedicação para dar frutos. Nisso não são diferentes de qualquer outra habilidade que você quisesse desenvolver e dominar. Não obstante, creio que se ocupar com essas práticas — mesmo que brevemente — vai pelo menos dar uma ideia de sua profundidade e potencial.

53

[PRÁTICA]

PRESTANDO ATENÇÃO AO SOPRO DE VIDA

Procure um lugar tranquilo, onde possa ficar sozinho, sem ser incomodado. Diminua a luz e procure um canto confortável para se sentar por 25 minutos — numa poltrona ou, se você se sente confortável, de pernas cruzadas numa almofada. Você também pode se deitar de costas na sua cama, por exemplo, com a cabeça apoiada num travesseiro, as pernas retas, os braços estendidos ao lado do corpo, palma das mãos para cima, e os olhos fechados ou parcialmente abertos. Seja qual for a posição, procure deixar as costas retas e sentir-se fisicamente bem.

Agora concentre a atenção no seu corpo, experimentando as sensações da sola dos pés até o topo da cabeça, tanto dentro do corpo quanto em suas superfícies. Esteja totalmente presente em seu corpo; se notar algumas áreas que parecem tensas, sopre nelas (pelo menos em sua imaginação) e, ao expirar, elimine essa tensão. Fique consciente das sensações nos músculos do rosto — o maxilar e o queixo, a boca e a testa — e relaxe-os, deixando o rosto relaxado como o de um bebê que adormeceu depressa. Fique especialmente consciente dos olhos. Os poetas nos dizem que os olhos são janelas da alma. Quando estamos aborrecidos, os olhos costumam parecer duros e perfurantes, como se estivessem saltando das órbitas. Não apenas nossos estados mentais influenciam os olhos, mas podemos também influenciar a mente tornando os olhos mais brandos. Deixe-os ficar suaves e relaxados, sem nenhuma contração entre as sobrancelhas ou na testa. Descontraia todo o seu corpo.

Durante todo este período de 25 minutos, com exceção do movimento natural da respiração, deixe o corpo ficar o mais imóvel possível. Isso ajudará a estabilizar sua mente e o tornará capaz de concentrar a atenção de forma mais contínua. Se estiver sentado numa cadeira ou de pernas cruzadas, erga ligeiramente o esterno e mantenha os músculos abdominais descontraídos e relaxados, para que, ao inspirar, tenha a sensação do ar descendo direto para a barriga. Se sua respiração for superficial, você sentirá apenas o abdômen se expandir. Se inspirar mais profundamente, primeiro o abdômen, depois o diafragma se expandirão. E se sua respiração for realmente muito profunda, primeiro a barriga, depois o diafragma e finalmente o peito se expandirão. Tente dar três respirações lentas, profundas, experimentando as sensações da respiração por todo o corpo, inalando quase o máximo que puder, depois soltando o ar sem esforço.

Volte, então, à respiração normal, natural, concentrando-se plenamente nas sensações de respirar, onde quer que elas surjam no corpo. Respire o mais naturalmente possível, como se estivesse profundamente adormecido. A cada expiração, imagine que está liberando o excesso de tensão do seu corpo e se livrando de qualquer apego a pensamentos involuntários que tenham surgido em sua mente. Continue relaxando por todo o final da expiração até que a inspiração flua espontaneamente como um movimento de onda.

Enquanto fica atento ao ritmo suave de sua respiração, poderá ouvir o cachorro do vizinho latindo, os barulhos do tráfego ou a voz de outras pessoas. Tome nota do que chega aos seus cinco sentidos físicos, momento após momento, e deixe rolar. Repare também no que passa por sua mente, incluindo pensamentos e emoções que surgem como resposta a estímulos do ambiente. Cada vez que sua atenção ficar presa a estímulos sensoriais ou a pensamentos e memórias, solte o ar, liberte a mente dessas preocupações e retorne suavemente à sua respiração. Deixe a atenção permanecer dentro do campo de sensações do seu corpo e deixe o mundo e as atividades da mente fluírem sem impedimentos ao seu redor, sem tentar controlá-los ou influenciá-los de alguma maneira.

[TE**O**RIA]

RECOBRANDO NOSSOS SENTIDOS

Um dos enganos mais persistentes é a convicção de que a fonte de nossa insatisfação se encontra fora de nós mesmos. Independentemente de quem somos, achamos que o mundo está num estado tão deprimente devido ao comportamento de gente que não é como nós. Políticos liberais têm certeza de que os conservadores devem levar a culpa dos problemas do mundo, enquanto os conservadores estão não menos convencidos de que são parte da solução. Ativistas políticos censuram os politicamente apáticos que não se consideram responsáveis pelas políticas do governo, enquanto o público em geral censura o governo por seus infortúnios e encara as contribuições financeiras para a governança do país onde nasceram como "fardo fiscal". Crentes religiosos criticam as pessoas que pertencem a outras seitas dentro de sua própria religião, assim como os seguidores de outras religiões e os não crentes. E os ateus, agarrados tenazmente ao próprio credo materialista, atribuem os males do mundo aos crentes religiosos. Cada um de nós está convencido de que Deus ou pelo menos a verdade e a integridade estão do seu lado.

Esta delusão* ubíqua predomina tanto no nível local quanto numa escala internacional. Se encontramos problemas em nossa cidade natal ou nas

---

* A delusão, um conceito usado pelos budistas no Ocidente e disseminado na filosofia por Wittgenstein, se refere a um engano puramente cognitivo (como quando atribuímos um caráter tridimensional ao desenho de um cubo), não à crença (como a ilusão) em algo que não existe em contraposição a algo que existe. Corresponde aproximadamente ao termo sânscri-

vizinhanças, acreditamos que outras pessoas devem ser responsabilizadas. Cerca da metade dos casamentos nos Estados Unidos acabam em divórcio e, na maioria dos casos, cada parceiro dirá que o culpado é o outro. Mesmo quando admitimos que nossa conduta não tem sido de todo perfeita, concluímos facilmente que a outra pessoa nos levou a isso. Se *eles*, antes de mais nada, tivessem se comportado melhor, *nós* não teríamos nos extraviado! O mesmo se aplica quando há discórdia entre pais e filhos — há sempre outra pessoa na raiz do problema.

Aqui está uma solução hipotética e eu o convido a imaginar como ela poderia dar certo. Feche os olhos e imagine que todos os habitantes da Terra que estão contribuindo para a miséria do mundo são de repente transportados para a Lua. Na antiga Índia, algumas pessoas achavam que a alma daqueles que não tinham alcançado a libertação do ciclo de renascimento migravam para a Lua, onde eram recebidos pelos ancestrais. Assim, há um antigo precedente para a ideia. Ao imaginar essa limpeza do planeta-mãe de todos os malfeitores, procure não deixar nenhum de fora. Quando tiver terminado, abra os olhos e olhe em volta.

Bem-vindo à "lixeira maluca!" Enquanto você estava mandando todas as pessoas de sua lista negra para a Lua, pode ter certeza de que alguém fazia o mesmo com você. Acabamos transportando todos os 6,5 bilhões de pessoas da Terra para a Lua. E se você olhar através de um telescópio de novo para a Terra, poderá ver todas as espécies não humanas dando uma festa global — graças a Deus a terra natal deles está finalmente livre da praga cancerosa conhecida como gênero humano! Sem nossa interferência, a ecosfera rapidamente começa a recuperar seu equilíbrio e fica cada vez mais parecida com um Jardim do Éden. E a Lua parece uma colônia penal superpovoada ao extremo, árida e estéril. Como disse o filósofo Jean-Paul Sartre numa máxima famosa: "O inferno são os outros".

Todos nós tendemos a pensar que as outras pessoas são o problema e que nós somos parte da solução. Mas isso simplesmente não se encaixa. Não há dúvida de que os outros fazem coisas que contribuem para a miséria e o sofrimento do mundo e seria ótimo se eles reconhecessem que

---

to *avidya*, que tem o sentido literal de "não visão", "cegueira" (vemos a tridimensionalidade do cubo, mas ficamos "cegos" para a mera existência das linhas sobre o papel). (N. do T.)

têm hábitos errados. Mas não vamos prender a respiração esperando que se emendem. Pelo menos nos pequenos cantos que ocupamos no mundo, podemos começar assumindo responsabilidades pelo nosso comportamento — para criar um futuro melhor para nós e para os que estão mais próximos de nós.

Podemos começar restaurando o equilíbrio de nossos corpos e mentes, e a prática anterior de atenção plena na respiração pode ser um grande passo nessa direção. Quando o gênero humano deixa de perturbar o equilíbrio da natureza com sua ganância e seus equívocos, a ecosfera se cura a si própria. O solo recupera a fertilidade, as massas de água se purificam, o problema do aquecimento global se resolve, a atmosfera fica livre de todos os tipos de poluentes, e a camada de ozônio se regenera. No nível micro, cada um de nós rompe o equilíbrio de seu corpo-mente sempre que sucumbe aos transtornos emocionais provocados pela insegurança, pelo medo, pela ânsia, pela hostilidade ou estupidez. Essa turbulência emocional afeta adversamente nosso cérebro, nosso sistema imunológico, nossos hormônios e o sistema nervoso como um todo. Quando concedemos uma atenção plena ao ritmo de nossa respiração, podemos ver como ela é interrompida e comprimida por pensamentos e emoções perturbadores, o que por sua vez tira o resto do corpo do equilíbrio. Nossa ecologia pessoal sai dos eixos.

O resultado desse desequilíbrio mente-corpo é a sensação de estarmos física e emocionalmente estressados — pulamos de um lado para o outro entre a hiperatividade psicológica e a exaustão. Esses sintomas são mensagens que nossos corpos mortificados estão nos enviando, mas frequentemente reagimos recorrendo a drogas, álcool, trabalho, diversão, comida, sono e mil outros meios de entorpecer a dor. Como não gostamos das mensagens recebidas do corpo, amordaçamos os mensageiros.

A atenção plena na respiração não é uma panaceia, mas sem dúvida nos coloca em contato com a realidade local de nossa respiração. A respiração é nossa mais constante fonte de sustento — o contínuo fluxo e refluxo do corpo com o ambiente natural — e quando perturbamos seu ritmo, obstruímos esta linha de suprimento. Mas pela atenção plena, voltada passivamente para a respiração, podemos restaurar gradualmente o ritmo e o volume do ar que o corpo precisa a cada momento e nossa vitalidade retornará. Isso acontece naturalmente quando conseguimos ter uma boa noite de sono, quando a respiração flui sem interferência de pensamentos e emoções perturbadores. Inversamente, quando passamos uma noite mal dormida, entremeada de sonhos desagradáveis, tendemos a nos sentir exaustos de manhã. Nossa respiração teve pouca chance de restaurar o equilíbrio de nosso corpo e mente. Com treinamento, podemos aprender a ajustar a respiração a seu ritmo natural durante o estado de vigília e sentir muito menos desgaste físico e mental.

A mais antiga literatura indiana sobre contemplação sugere que a primeira dentre todas as práticas meditativas foi concentrar a atenção na sílaba sagrada "Om", juntamente com a atenção na respiração. A atenção plena na respiração já era bem conhecida na época de Buda e, segundo o próprio relato feito por ele, sua iluminação teve lugar enquanto estava empenhado nessa prática. As instruções que deu eram simples. Sem querer controlar ou alterar, sob qualquer forma, a respiração, comece simplesmente observando a extensão de cada inalação e exalação. À medida que sua mente começa a se acalmar, o volume do ar gradualmente diminui e você notará que a inspiração e expiração se tornam relativamente curtas. À medida que o tempo passa, você concentra sua atenção de maneira cada vez mais contínua na respiração durante toda a inalação e exalação. Finalmente, o ritmo da respiração se torna cada vez mais brando, enquanto todo o corpo é acalmado.

Desde que Buda começou a ensinar esse exercício, uma centena de gerações de contemplativos budistas, de uma ponta à outra da Ásia, redescobriram seus benefícios para produzir não apenas calma e serenidade interiores, mas também uma sensação interior de felicidade. Quando essa prática é desenvolvida e cultivada, as emoções negativas surgem com muito menos frequência e, quando surgem, tendem a abrandar sem perturbar a mente como faziam antes. Esses resultados indicam que a mente tem uma capacidade extraordinária de curar a si própria quando lhe dão uma chance. Exatamente como um ferimento sara quando é mantido limpo e um osso quebrado torna a colar quando é bem encaixado, nossas feridas psicológicas curam quando a atenção é firmemente colocada na respiração, sem se dispersar em pensamentos de desejo ou hostilidade.

Para ajudar a estabilizar a atenção na respiração e diminuir os pensamentos dispersos, muitos meditadores budistas contam mentalmente as respirações. Outros procuram o mesmo efeito recitando as duas sílabas *"budo"* (uma variação da palavra "buda") a cada inspiração e expiração. E na tradição budista tibetana uma prática comum é recitar as três sílabas *"Om Ah Hum"* (pronunciadas *"oum-ah-rung"*), uma sílaba durante a inalação, a pausa no fim da inspiração e a terceira na exalação. *"Om"* simboliza o corpo, *"Ah"* simboliza a fala e *"Hum"* simboliza a mente. Acredita-se que a recitação mental dessas sílabas por toda a respiração purifique o corpo, a fala e a mente. Todas essas técnicas são adaptações das instruções originais dadas por Buda para equilibrar e acalmar o corpo e a mente com atenção plena na respiração.

A respiração também ocupa um lugar central no pensamento judeu e cristão, começando com o Livro do Gênesis, que declara que Deus criou o homem com a poeira do chão e respirou em suas narinas o sopro de vida (Gênesis 2,7). No Novo Testamento, diz-se que o sopro de Jesus tem uma qualidade divina, pois quando sopra em seus apóstolos, ele diz: "Recebei o Espírito Santo" (João 20,22). O monge grego e teólogo Máximo, o Confessor (580-662) declarou simplesmente: "Deus é sopro".[1]

A meditação sobre a respiração tem sido importante para os cristãos já desde o século IV. Segundo dizem, Evagrius do Ponto se aproximou do famoso monge e eremita Macário, o Velho (300-391) e pediu-lhe uma palavra para seu sustento. Macário respondeu que ele devia prender a corda da âncora de sua mente à rocha de Jesus Cristo e devia repetir a "prece de Jesus" a cada respiração: "Senhor Jesus, tende piedade de mim". Esse pode ser o primeiro registro da recitação da prece de Jesus conjugada com a atenção plena na respiração.[2]

Essa prática foi mais tarde desenvolvida na tradição contemplativa ortodoxa grega durante a era medieval. Por exemplo, São Simão, o Novo Teólogo (949-1022), ensinava um método de atenção plena na respiração em que o ar é suavemente controlado para que diminua gradualmente de velocidade, o que ajuda a acalmar a mente.[3] O contemplativo grego São Gregório Palamas (1296-1359) também encorajava meditadores noviços a voltar a consciência para dentro com a ajuda da respiração. Ele desenvolveu o tema como se segue:

> Como o intelecto daqueles que tomaram recentemente a trilha espiritual torna continuamente a se dispersar assim que é concentrado, eles preci-

sam ficar continuamente trazendo-o de volta; pois em sua inexperiência não têm consciência que de todas as coisas esta é a mais difícil de observar e a mais volátil. É por isso que alguns mestres lhes recomendam prestar atenção à exalação e inalação de sua respiração e a prendê-la um pouco, para que, enquanto a estiverem guardando, também o intelecto possa ser mantido sob controle.[4]

Segundo São Gregório, a atenção plena na respiração, especialmente quando combinada com a calma física e mental, resulta naturalmente no retardamento da respiração e ele chamou o auge do processo de "concentração unificada". Os que se tornam peritos nesta prática, diz ele, "deixam os poderes de suas almas livres de qualquer forma transitória, fugaz e misturada de conhecimento, livres de todo tipo de percepção-sensação e, em geral, de cada ato corpóreo que estiver sob nosso controle, e, até onde consigam, até mesmo dos que não estão inteiramente sob nosso controle, como a respiração".[5] Em outras palavras, concentrar a mente de maneira profunda nessa prática puxa nossa consciência para dentro, desembaraçando-a de todos os tipos de atividade corpórea, da experiência sensorial de nosso ambiente e até mesmo de pensamentos. É um momento para olhar profundamente dentro de nosso ser, em vez de permanecermos na superfície, nos mantendo ocupados apenas pelo prazer de nos mantermos ocupados.

As implicações profundamente espirituais dessa prática foram assinaladas pelo renomado contemplativo espanhol São João da Cruz (1542-91), que escreveu: "A alma que é unida e transformada em Deus respira Deus em Deus com o mesmo divino sopro com que Deus, enquanto nela, sopra-a em si mesmo".[6] Essas palavras expressam a presença íntima de Deus em cada ser humano por meio da respiração, um tema que aparece na teologia cristã mais primitiva. O objetivo mais profundo da prática cristã da atenção plena na respiração, portanto, é nos tornar conscientes da presença dinâmica de Deus em nosso próprio ser.

Começar uma prática meditativa é como plantar a pequenina muda de uma árvore. Se ela vai criar raízes profundas, atingir a altura máxima e ficar saudável durante muitos anos vai depender do tipo de solo em que é plantada e da nutrição que recebe. Nosso modo de observar a realidade, nossos valores e prioridades, assim como nosso meio de vida são o solo que dá suporte à nossa meditação. Se são eficientes e prestam um bom apoio, a meditação florescerá a longo prazo e poderá enriquecer imensamente nossa vida. Caso contrário, nossas incursões pela meditação serão muito provavelmente breves ou, na melhor das hipóteses, esporádicas e superficiais.

A meditação no início da tradição cristã era fortemente respaldada pela declaração bíblica de que os seres humanos são criados à *imagem* de Deus (Gênesis 1,27), e desde muito cedo contemplativos cristãos se dedicaram à sua prática de modo a viver à *semelhança* de Deus, isto é, tirando o máximo proveito de suas aptidões de modo a tentar se igualar à perfeição dele. Quanto ao mais alto de todos os valores cristãos, ao perguntarem a Jesus qual era o maior dos mandamentos, ele respondeu: "'Amarás ao Senhor teu Deus com todo o teu coração, com toda a tua alma e com todo o teu pensamento.' Este é o primeiro e o maior dos mandamentos. O segundo é semelhante a esse: 'Amarás o teu próximo como a ti mesmo.' Desses dois mandamentos dependem toda a Lei e os Profetas" (Mateus 22,37-40).

No cristianismo primitivo, o *amor* de Deus significava a vontade sincera de *conhecer* a Deus, caracterizado como a "luz imutável", e só com a percepção vivida dessa última realidade poderia a pessoa encontrar a genuína felicidade. Acreditava-se que o conhecimento de Deus resultasse numa "alegria doadora da verdade", que, por sua vez, levava à "vida perfeita". Então, no nível mais profundo, a única coisa que realmente precisamos saber é: como podemos encontrar esta verdade que nos tornará felizes?

Embora o ideal mais antigo do budismo fosse escapar do ciclo de renascimento, surgiu na Índia, por volta do início da era cristã, um novo movimento budista conhecido como *mahayana* ou o "grande veículo". Defensores desta tradição julgavam a meta da libertação individual limitada demais e promoveram o "ideal bodhisattva" de se esforçar por atingir o estado mais elevado possível de despertar espiritual, de modo a libertar todos os seres do sofrimento e levar cada um a um estado duradouro de alegria intemporal. Durante incontáveis existências antes de sua iluminação, Gautama (mais tarde conhecido como Buda) levou a vida de um bodhisattva, servindo de exemplo para todos que vieram depois dele. A premissa fundamental subjacente ao modo de vida bodhisattva é que todos os seres têm o potencial para alcançar a perfeição da iluminação e nosso desafio é realizar esse potencial em nossa vida diária. Só nos integrando por completo aos ideais de genuínas felicidade, verdade e virtude, podemos descobrir plenamente o sentido da vida.

[PRÁTICA]

A UNIÃO DE QUIETUDE E MOVIMENTO

Coloque seu corpo numa postura confortável, quer sentado numa cadeira, sentado de pernas cruzadas ou deitado de costas. Comece por "acomodar o corpo em seu estado natural",[1] para que ele fique imbuído de três qualidades. A primeira qualidade é uma sensação física de relaxamento, descontração e conforto, que deve persistir do início ao fim desta sessão de 25 minutos. Em si, a prática meditativa já é suficientemente desafiadora, por isso é importante que você não se obrigue a um indevido desconforto físico. Em segundo lugar, deixe seu corpo ficar o mais quieto possível, evitando qualquer movimento desnecessário, como mexer as mãos e arranhar. Mexa-se apenas se as pernas ou as costas começarem a doer. Terceiro: assuma uma postura de vigília. Se estiver sentado reto, mantenha as costas eretas e erga ligeiramente o esterno para que possa respirar sem esforço em seu abdômen. Se estiver deitado de costas, endireite o corpo, com os braços estendidos a cerca de trinta graus do tronco. Deixe os olhos ficarem parcialmente abertos, mas mantenha o olhar vago.

Agora "coloque sua fala em um estado natural", que é simplesmente o silêncio, e ao mesmo tempo coloque a respiração no ritmo natural, como você fez na primeira meditação. A cada exalação, liberte qualquer tensão residual do seu corpo e continue relaxando, continue assim até o final da expiração, até a inspiração fluir de modo natural e espontâneo. Respire tão descontraído quanto se estivesse profundamente adormecido, mas mantenha uma consciência clara das sensações da respiração de um extremo a outro do seu corpo através de todo o curso do ciclo respiratório. Nesse ponto, como exercício preliminar, você pode deliberadamente acalmar sua mente durante alguns minutos contando as respirações, com uma breve contagem bem no final de cada inalação. Alternativamente, você pode recitar mentalmente "Jesus", a versão abreviada da prece de Jesus ou as três sílabas *"Om Ah Hum"* a cada respiração.

Durante a inspiração preste bastante atenção às sensações da respiração onde quer que elas surjam em seu corpo e, durante a expiração, libere quaisquer pensamentos involuntários que possam ter surgido. Simplesmente deixe-os ir, como se fossem folhas sopradas pela brisa de sua exalação. Do mesmo modo, se sua atenção é captada por impressões visuais ou sons do ambiente, deixe-os passar, sem tentar suprimi-los, e volte a prestar atenção ao campo de sensações do seu corpo. Você pode contar 21 respirações para ajudar a estabilizar a mente.

Agora passe ao exercício principal desta sessão, que se chama "pôr a mente em seu estado natural". No estágio preliminar, você retirou sua atenção do ambiente e praticou a atenção plena na respiração dentro da área do seu corpo. Agora transfira a atenção do seu corpo para a área da sua mente, onde você entrará em contato com imagens mentais, pensamentos, emoções, desejos, memórias e fantasias. Você vivenciará ainda impressões visuais, sons e sensações táteis, mas concentre seu interesse e atenção apenas na mente. Para ajudá-lo a identificar esta esfera de experiência, gere deliberadamente uma imagem mental, que pode ser mundana, como uma maçã ou uma laranja, ou sagrada, como Jesus ou Buda. Concentre sua atenção nessa imagem até ela desaparecer. Você colocou agora sua atenção no domínio da mente. Conserve-a lá e espere até a próxima imagem mental surgir por conta própria. Assim que ela aparecer, simplesmente constate sua existência, sem querer apossar-se dela ou afastá-la.

Empenhar-se nesta prática é como ocupar um lugar na primeira fila do teatro de sua mente. Você não é o diretor, que tenta controlar quem aparece no palco ou o que fazem lá. Nem é o ator que sobe no palco e desempenha vários papéis. É um observador atento, mas vê tudo passivamente, sem interagir com as coisas, pessoas e eventos que ocorrem no palco. E você nunca sabe o que virá. Quando executar pela primeira vez este exercício, talvez descubra que sua mente fica repentinamente vazia. Seja paciente e continue observando. Depois de algum tempo, não poderão deixar de surgir imagens e, quando isso acontecer, simplesmente as observe, sem se deixar capturar ou identificar com elas. Esteja simplesmente presente diante delas, acompanhando cada movimento delas, observando como aparecem, como se movem, como se transformam com o correr do tempo e finalmente desaparecem.

Procure ficar consciente também de pensamentos discursivos ou tagarelice mental. Você pode começar gerando intencionalmente um pensamento comum, como "isto é a mente", ou recitando mentalmente um mantra ou uma prece, como a prece de Jesus. À medida que esse pensamento surge, observe-o de perto e note como desaparece, se todo de uma vez ou se dissolvendo gradualmente. Assim que ele se for, mantenha a atenção focada exatamente onde ele estava, pois você está agora observando o espaço da mente e é onde o próximo evento mental ocorrerá.

Depois de ter se familiarizado com a observação de imagens mentais e pensamentos (primeiro criando-os intencionalmente, depois deixando-os surgir de livre e espontânea vontade), continue observando o espaço de sua mente e qualquer coisa que surja dentro dele. Este espaço mental não está localizado em nenhuma região física específica e não tem um centro, uma periferia, um tamanho ou bordas. Quando você começa a observar pensamentos e imagens, talvez descubra que eles desaparecem assim que repara neles. Seja paciente e relaxe mais profundamente. Então começará a descobrir um lugar de tranquilidade dentro do movimento de sua mente. Quando começamos este exercício, a mente normalmente agitada é como uma bola de neve que acabou de ser sacudida, gerando uma rajada de memórias e fantasias em redemoinho, que emergem e desaparecem com rapidez. Pôr a mente em seu estado natural implica deixar todas essas atividades mentais surgirem sem inibi-las, controlá-las ou modificá-las.

Na vida diária, surgem muitos tipos de pensamentos, emoções, desejos e, quando nossa atenção está voltada para fora, concentrada no mundo à nossa volta, nossas experiências sensoriais frequentemente obscurecem nossa vida interior, assim como a luz do sol ofusca as estrelas durante o dia. As atividades mentais, porém, continuam subconscientemente, mesmo quando não estamos prestando atenção nelas, e exercem uma influência poderosa em nossa vida. Neste exercício, abrimos a caixa de Pandora da mente e concentramos toda a atenção no que emerge desse espaço interior. Quando os pensamentos surgem, você será repetidamente, imediatamente varrido por eles e sua atenção será carregada para os referentes de tais pensamentos. Por exemplo, se surge a lembrança de um encontro pessoal acontecido de manhã, sua atenção será concentrada nas pessoas e circunstâncias envolvidas. Isso é chamado de devaneio. Nesse exercício, observe os pensamentos e imagens dessa memória como acontecimentos em si — ocorrendo aqui e agora no espaço de sua mente —, sem deixar a atenção ser transportada para o passado. Do mesmo modo, quando surgirem fantasias, preocupações ou expectativas acerca do futuro, simplesmente constate a presença delas no momento atual.

A mente está continuamente em movimento, mas no meio da agitação de pensamentos e imagens existe um espaço sereno de consciência em que você pode descansar no momento presente, sem ser arremessado através do espaço e tempo pelos conteúdos dela. Trata-se da união de quietude e movimento. Não importa os eventos que surjam em sua mente — agradáveis ou desagradáveis, brandos ou severos, bons ou ruins, demorados ou breves —, simplesmente deixe-os fluir. Observe-os sem distração e sem se agarrar mentalmente a eles, afastá-los, identificar-se com eles ou preferir que continuem ou desapareçam. Deixe sua consciência ser tão neutra quanto o espaço e tão clara quanto um espelho bem polido. Você está observando a face de sua própria mente, com todas as manchas, cicatrizes e traços de beleza. É um caminho direto para o autoconhecimento.

Talvez às vezes você se sinta jogado no espaço e fora de foco. Quando isso acontecer, reanime sua consciência tornando a se concentrar no exercício, treinando lucidamente sua atenção no espaço da mente e de seus conteúdos. Você pode estar perifericamente consciente de sua respiração e, neste caso, deixe a inspiração ser uma ocasião para se concentrar de forma mais decidida em sua mente. Em outros momentos, você pode descobrir que foi distraído e se deixou levar pelos conteúdos da mente. É como se o espaço da consciência tivesse sucumbido ante o tamanho dos pensamentos e memórias. Assim que notar que está distraído, libere seu corpo e mente e afrouxe o aperto sobre os pensamentos que capturaram sua atenção. O que não significa expelir os próprios pensamentos. Pelo contrário, deixe-os continuar por conta própria pelo tempo que quiserem persistir. Mas livre-se do empenho em se identificar com eles. É especialmente fácil fazer isto durante a exalação, uma ocasião natural para relaxar.

O tipo de consciência que estamos trazendo à mente é penetrante e inteligente, mas não julga. Não estamos avaliando se um pensamento é melhor ou pior que outro. Você pode achar às vezes que está compulsivamente se engajando num tipo de comentário interno, como se fosse o diretor tentando controlar o que está acontecendo ou pelo menos um crítico julgando o desempenho de cada um dos atores. Dê um tempo e simplesmente observe, sem comentários, o que está acontecendo no palco de sua mente. E se mesmo assim surgirem julgamentos internos, limite-se a observá-los; eles também são conteúdos da mente e, portanto, seguirão o caminho dos outros.

À medida que você continuar pondo a mente em seu estado natural, a quantidade de pensamentos e imagens vai gradualmente diminuir. Vez por outra, você pode nem se dar conta de quaisquer conteúdos. Quando isso acontecer, observe com atenção o ambiente do espaço vazio em que pensamentos e imagens aparecem. Tente reparar se é um puro nada ou se existem algumas características próprias. Ao fazê-lo, talvez comece a detectar eventos mentais muito sutis que anteriormente tinham lhe passado despercebidos. Como eram muito sutis, escapuliam sob o radar da consciência ordinária. Mas agora que a nitidez e acuidade de sua atenção estão intensificadas, você pode se tornar consciente de processos mentais que anteriormente tinham estado trancados dentro do subconsciente. Alguns podem persistir durante segundos de cada vez, mal cruzando o limiar da consciência devido à sua delicadeza; outros podem esvoaçar pelo espaço de sua mente por apenas uma fração de segundo. À medida que sua atenção plena for se tornando cada vez mais contínua, você pode começar a detectar esses microeventos.

Você agora partiu numa formidável expedição ao explorar os recessos ocultos de sua mente. Memórias há muito esquecidas emergirão inesperadamente, estranhas fantasias podem assombrá-lo e os pensamentos e desejos mais bizarros podem dar um salto e pegá-lo de surpresa. Sejam quais forem os pensamentos e imagens que surjam, tome apenas conhecimento deles, reconhecendo que são apenas aparências para a mente. Observe-os sem ser sugado por eles. Passiva, mas vigilantemente, deixe-os brotar do espaço de sua mente e deixe que tornem a se dissolver nesse espaço. Como reflexos num espelho, esses pensamentos e imagens não podem por si só prejudicá-lo ou ajudá-lo. São tão insubstanciais quanto miragens e arco-íris, embora tenham uma realidade própria, visto que interagem de forma causal entre si mesmos e com seu corpo. Quando encontrar o luminoso, tranquilo espaço de consciência em que os movimentos da mente ocorrem, você começará a descobrir uma liberdade interior e um lugar de repouso, mesmo quando as tempestades de emoções e desejos turbulentos varrerem este domínio interior.

[T E O R I A] 8

CONHECENDO E CURANDO A MENTE

AS ORIGENS DO MAL E DO SOFRIMENTO

Segundo o relato bíblico, o sofrimento começou com o pecado original de Adão e Eva, e todas as gerações subsequentes do gênero humano ficaram marcadas, como se por um gene espiritual defeituoso. A presença do mal no mundo pode, portanto, não remontar a Deus, pois embora ele tenha aberto a possibilidade de sua ocorrência concedendo livre-arbítrio a suas criaturas, não é responsável pelo que livremente escolhemos fazer. A Bíblia declara que Deus selecionou o povo de Israel para manter uma relação especial com ele, mas nem assim Deus impediu que enfrentassem inúmeras calamidades naturais, como fome, seca e pestilência. Os teólogos lutaram durante milênios para entender isso. Alguns propuseram que Deus estava irritado com o povo pecador, desobediente, e infligiu-lhes sofrimento pelo valor redentor do sofrimento — para despertar humildade, fazer superar o orgulho e testar a fé. Outros sugeriram que os desígnios de Deus são misteriosos demais para serem compreendidos por meros mortais, mas isto sugere que Deus pode mutilar, atormentar e assassinar à vontade, sem ser considerado responsável.

Na tradição cristã, São Paulo declarou que Deus concedeu aos seres humanos domínio sobre suas mentes depravadas e, por nosso livre-arbítrio, preferimos "nos encher de todo tipo de perversidade, maldade, de cobiça e depravação".[1] Com relação à nossa natureza humana inata, São Paulo insistia que nenhum de nós é justo, mas se tivermos fé em Jesus Cristo, a bondade de Deus pode fluir para nós e através de nós. Deus, então, recompensa ou pune cada pessoa, tanto judeu quanto gentio, de acordo com o que fizemos. Aos que se dedicam à virtude, ele concede vida eterna, mas os que são egoístas, rejeitam a verdade e seguem o mal conhecerão a indignação e a cólera de Deus.[2]

O filósofo grego Epicuro (341-270 a.C.) foi um dos primeiros pensadores ocidentais a rejeitar a crença na imortalidade da alma, bem como na recompensa e punição divinas no outro mundo. Refutou respostas teístas com relação às origens do mal e do sofrimento no mundo com o argumento: Deus está disposto a evitar o mal, mas não é capaz? Então é impotente. Ele é capaz, mas não está disposto? Então é malévolo. É ao mesmo tempo capaz e está disposto? De onde, então, vem o mal? Em sua visão, todos os acontecimentos do mundo estão, em última instância, baseados nos movimentos e interações de átomos movendo-se num espaço vazio.

Uma opinião muito semelhante fora proposta quatro séculos antes pelo filósofo indiano Charvaka. Como Epicuro, ele acreditava que tudo consiste dos elementos físicos básicos da natureza. Os seres humanos, então, são simplesmente organismos físicos e a mente é uma propriedade emergente de configurações específicas daqueles elementos que desaparecem na morte. Charvaka ensinava que a vida ideal tem o prazer como sua meta e ele deve ser obtido pela acumulação de riqueza e a busca de divertimentos sensuais e intelectuais. A ética é simplesmente aquilo que as pessoas decidem que é, pois não há nada que seja objetivamente certo ou errado.[3]

Desde então essas crenças têm sido amplamente adotadas pelos ateus. Freud, por exemplo, chamou a atenção para três fontes de sofrimento: "o poder superior da natureza, a debilidade de nossos corpos e a inadequação das normas que regulam as relações mútuas dos seres humanos na família, no Estado e na sociedade".[4] Para combater o sofrimento causado pelos desastres naturais e pela doença, aconselhou ele, devemos confiar na ciência, "passando ao ataque contra a natureza e submetendo-a à vontade humana".[5] Mas devido à nossa "própria constituição física", temos uma aptidão muito limitada para a virtude ou a felicidade, por isso devemos nos satisfazer com apenas um grau moderado de equilíbrio mental e bem-estar.[6]

Um elemento-chave do relato bíblico das origens do mal e do sofrimento é a liberdade da nossa vontade, dada por Deus, pois sem isto Deus fica parecendo um ser malévolo que criou o gênero humano só para sofrer, sem assumir responsabilidade alguma por seu papel em nossa miséria. Muitos biólogos contemporâneos afirmam não apenas que Deus não existe, mas também que o livre-arbítrio é uma ilusão, pois todas as ações humanas são causadas unicamente por eventos neurobiológicos, que operam conforme as leis da física e da química.[7] É uma versão corrente do atomismo de Epicuro. Mas não há consenso sobre esse ponto, pois outros neurocientistas mostraram que estudos do cérebro e da vontade não forneceram evidência suficiente para comprovar ou refutar a existência do livre-arbítrio.[8]

Os neurocientistas têm identificado claramente regiões do cérebro mais intimamente relacionadas com as emoções. A amígdala, que é parte do sistema límbico localizado no meio do cérebro, está muito associada ao medo, raiva, tristeza e nojo. Mas outras emoções, como culpa e constrangimento, estão ligadas à atividade neural em outras partes do cérebro e o córtex frontal, que está intimamente relacionado a aptidões de raciocínio, está também intimamente relacionado às emoções. Quando essa área é danificada, nossa capacidade de sentir emoções de qualquer tipo pode ser bastante prejudicada. Com base nessas percepções neurocientíficas, a indústria farmacêutica fez grande progresso ao desenvolver um amplo conjunto de drogas destinadas a desativar os processos neurobiológicos que regulam a dor física e o sofrimento mental. A maioria dessas drogas, porém, nada fazem para erradicar a causa subjacente de sofrimento e em muitos casos acabam levando, a longo prazo, à dependência, o que pode ser uma bênção duvidosa ou uma maldição. Esta dependência pode facilmente fazer com que não nos interessemos mais em procurar e tratar das causas primárias do sofrimento.

Hoje um dos tipos mais difundidos de sofrimento mental é a depressão e, apesar das inúmeras drogas que foram criadas para tratar de seus sintomas, estima-se que 4 milhões de americanos sofram de uma depressão resistente a intervenções químicas. Mesmo quando os medicamentos antidepressivos são eficientes, tem sido mostrado que 50 a 75% de sua eficácia se deve ao efeito placebo, isto é, à simples fé na eficiência do tratamento. Tal fé provoca alterações no cérebro diferentes das associadas ao medicamento antidepressivo, mas essas alterações não deixam de aliviar o tormento da depressão.[9] Também se comprovou que o poder da fé ou crença alivia o sofrimento físico, na medida em que produz alterações físicas em áreas do cérebro associadas ao desconforto. Embora o poder da fé, conhecido como efeito placebo, possa produzir benefícios para a saúde, o "efeito nocebo" pode levar a um resultado oposto. Quando as pessoas acham que vão sentir alguma coisa dolorosa ou aflitiva, isso é justamente o que acontece. Também nesse caso os pensamentos, emoções e crenças provocam efeitos físicos no cérebro, mas a natureza dessas interações causais mente-corpo está longe de ser clara.

O que é evidente é que a mente humana desempenha um papel preponderante nas origens do mal e do sofrimento. Santo Agostinho declarou que as duas causas primárias do sofrimento são "o amor pelas coisas fúteis e nocivas" e "a profundidade da ignorância".[10] A tradição budista também identifica desejo e ignorância como as causas que estão na raiz do mal e do sofrimento. Embora os contemplativos cristãos e budistas certamente tenham ideias diferentes sobre a natureza exata dessas causas, em princípio seus diagnósticos da fonte do sofrimento convergem para o funcionamento da mente humana. Com relação às origens do bem e do mal, da alegria e da dor, o Buda declarava: "Todas as coisas são precedidas pela mente, emanam da mente e consistem da mente".[11] Dada a primazia do papel da mente na busca de genuína felicidade e sentido, ela merece a mais cuidadosa observação, que pode ser feita por uma prática contemplativa sistemática.

OBSERVANDO A MENTE

Dentro do contexto bíblico, a prática de observar com serenidade a mente pode ser compreendida em relação com o terceiro mandamento: "Guarde o Sábado, para mantê-lo santo". Agostinho declarou que esse mandamento nos encoraja a cultivar uma serenidade do coração e uma tranquilidade da mente. "Isto é santidade", ele escreveu, "porque aqui está o Espírito de Deus. Isto é o que significa um verdadeiro dia santo, serenidade e descanso... nos é oferecido um tipo de Sábado no coração." Ele continua explicando que é como se Deus estivesse dizendo: "'Deixem de ser tão inquietos, acalmem o tumulto de suas mentes. Livrem-se das fantasias ociosas que esvoaçam de um lado para o outro na cabeça'. Deus está dizendo: 'Ficai quietos e reconhecei que eu sou Deus' (Salmos 46)".[12]

Essa prática meditativa foi sem dúvida ensinada por Evagrius do Ponto, que orientava o aspirante a contemplativo: "Que mantenha vigilância cuidadosa sobre os pensamentos. Que observe a intensidade deles, seus períodos de declínio e acompanhe seus altos e baixos. Que preste bastante atenção na complexidade dos pensamentos, em sua periodicidade, nos demônios que os causam, na ordem de sua sucessão e na natureza de suas associações".[13] Com relação à consciência imparcial de pensamentos e sensações, Evagrius ensinava os alunos a observar serenamente pensamentos e sensações, sem se deixar imergir neles.[14] Os ortodoxos gregos contemplativos preservaram essa tradição de construir uma autoconsciência observando a mente, onde cultivamos faculdades de vigilância (nepsis) e discernimento (diakrisis), que nos capacitam a distinguir entre bons e maus pensamentos.[15] Como escreve com eloquência o estudioso contemporâneo Martin Laird, essa prática continua a existir até os dias de hoje entre contemplativos cristãos: "Pode ser um tanto doloroso quando material reprimido vem à consciência; é o que Thomas Keating chamou 'a descarga do inconsciente'.[16] Mas esta é a essência da integração liberadora: deixar entrar na consciência o que era anteriormente mantido fora da consciência. Até podermos ver isto, não entenderemos que algo extremamente vasto e sagrado já existe dentro de nós, nesta terra silenciosa que surge mais profunda que os padrões mentais obsessivos".[17]

O budismo também possui uma tradição extensa e altamente desenvolvida de observar a mente. Um método que Buda ensinava para enfrentar a distração era concentrar a atenção em algum objeto de valor, depois eliminar esse objeto e simplesmente ficar interiormente focado e descontraído, sem empenhar-se ativamente em qualquer pensamento ou indagação ativa.[18] Um praticante habilidoso, dizia ele, concentra e purifica a mente compreendendo claramente suas características, e sem essa penetrante lucidez a mente não é concentrada nem purificada.[19]

O exercício de pôr a mente em seu estado natural foi especialmente enfatizado na tradição mahayana, à medida que ela gradualmente se disseminava da Índia para o Nepal e o Tibete. Maitripa, por exemplo, o contemplativo budista nepalês do século XI, ensinava o exercício de observar firmemente quaisquer pensamentos virtuosos e não virtuosos que surgissem na mente, sem desejo ou aversão. Dessa maneira, ele declarou, os pensamentos cessam por conta própria e uma consciência clara, vazia, desponta nitidamente sem nenhum outro objeto que ela própria.[20] Panchen Lozang Chökyi Gyaltsen (1570-1662), tutor do quinto Dalai-Lama do Tibete, explicou esta prática como se segue:

> Sem suprimir os pensamentos que surjam, não importa de que tipo, identifique de onde emergem e no que se dissolvem; e permaneça focado enquanto observa a natureza deles. Fazendo isso, finalmente o movimento dos pensamentos cessa e há serenidade... Cada vez que você observar a natureza dos pensamentos que surgem, eles sumirão por si mesmos, depois do que uma vacuidade aparece. Do mesmo modo, se também examinar a mente quando ela ficar sem movimento, verá uma vacuidade nítida, viva, sem sombras, sem diferença alguma entre o estado anterior e este. Isso é bem conhecido entre meditadores e é chamado de "união da quietude e do movimento".[21]

Essa prática é adotada há longo tempo pela escola da Grande Perfeição (Dzogchen) do budismo tibetano, que se concentra em sondar a natureza da consciência. Düdjom Lingpa (1835-1904), um dos maiores contemplativos da tradição no século XIX, escreveu que esse tipo de meditação é especialmente adequado para pessoas com corpos estressados e mentes agitadas, grosseiras.[22] O que parece caracterizar praticamente todos no mundo moderno! "Tais pessoas", ele escreveu, "deviam relaxar e deixar os pensamentos ser como são, observando-os continuamente com decidida concentração e cuidadosa introspecção."[23] Desse modo, os movimentos dos pensamentos não cessam, mas quando não nos perdemos neles como de hábito, os pensamentos são iluminados pela consciência atenta. Ele continuava: "Empenhando-se sempre, continuamente neste exercício, durante e entre sessões de meditação, finalmente todos os pensamentos grosseiros e sutis se acalmarão na extensão vazia da natureza essencial de sua mente. Você ficará tranquilo, num estado de não flutuação, onde sentirá a alegria como o calor de um fogo, a clareza como a aurora e a não conceitualidade como um oceano não agitado por ondas".[24] Sua descrição desta prática é tão lúcida que merece ser citada por inteiro:

Aparências e consciência se tornam simultâneas, por isso os eventos parecem ser dispensados logo que são testemunhados. Assim, emergência e dispensa são simultâneas. Assim que as coisas emergem de um espaço próprio, são devolvidas a esse espaço próprio, como o relâmpago que se lança do céu e nele desaparece. Como isto aparece olhando-se de dentro, é chamado liberação na extensão. Tudo é de fato a unificação, o foco idêntico e preciso da atenção plena e das aparências. Depois de todas as visões experienciais agradáveis e desagradáveis terem se dissolvido no espaço absoluto, a consciência descansa em sua própria claridade radiante, sem mácula. Não importam os pensamentos e memórias que surjam, não se apegue a essas experiências; não as modifique nem as julgue, mas deixe que perambulem de um lado para outro. Quando se faz isso, o esforço de apreensão nítida, firme — como no caso de pensamentos apreendidos por rigorosa atenção plena —, desaparece por conta própria. Esse esforço deixa a mente insaciada empenhada compulsivamente em buscar objetos mentais. Às vezes, sentindo-se insatisfeito como se estivesse lhe faltando alguma coisa, você também pode se engajar compulsivamente em muita atividade mental envolvendo concentração rigorosa e assim por diante. É nesta fase que a consciência acaba descansando em seu próprio estado, a atenção plena emerge e, como há menos apego a experiências, a consciência se acomoda em um estado natural próprio, não modificado. Assim, você chega a um estado de atenção plena naturalmente estabelecido. Essa experiência é calmante e branda, com uma consciência clara, límpida, que não é beneficiada nem prejudicada por pensamentos; e você experimenta uma notável sensação de tranquilidade sem precisar modificar, rejeitar ou adotar nada.[25]

Embora os relatos cristão e budista dessa prática tenham muito em comum, parece haver diferenças significativas nos pressupostos subjacentes e nas interpretações dos benefícios de uma tal meditação. Santo Agostinho expressou o ponto de vista de muitos cristãos com sua afirmação de que a alma não pode ser feliz graças a uma virtude própria, porque ela tem de olhar "para fora de si mesma" em busca da perfeição, que só pode ser encontrada no imutável, que é Deus.[26] Contemplativos mais tardios nas tradições católica romana e ortodoxa grega também enfatizaram que os benefícios da meditação não se devem aos esforços da pessoa, mas dependem inteiramente da graça.[27] O eu é descrito como um mísero pecador cuja natureza corrupta requer intervenção externa, divina, para ser salva.

A tradição budista, ao contrário, sempre declarou que a mente não é inerentemente corrompida ou atormentada, e que a libertação pode ser atingida pelo esforço da pessoa. Esse ponto foi defendido com clareza pelo próprio Buda, pouco antes de ele passar ao Nirvana, quando disse aos discípulos: "Sejam ilhas em si mesmos, sejam um refúgio para si mesmos, não tomem para si mesmos nenhum outro refúgio".[28] Por mais que a mente possa ser habitualmente poluída por emoções e pensamentos penosos, sua natureza essencial é pura e luminosa, por isso a mente é capaz de se curar sem nenhuma intervenção externa de um poder mais alto.

Na superfície, essa parece ser uma diferença fundamental entre o cristianismo e o budismo, mas vamos nos aprofundar um pouco mais. Quando questionamos se devemos procurar a felicidade e a libertação fora de nós mesmos é importante perguntar: quais são as fronteiras do eu? Até onde me identifico com meu corpo, ele tem a pele para separá-lo do exterior. Posso também me identificar com minhas atividades mentais, incluindo pensamentos, imagens mentais, emoções, intenções, desejos, memórias, fantasias e sonhos. Sem dúvida os benefícios de pôr a mente em seu estado natural não resultam do fato de "eu" fazer algo com relação à mente. Na realidade estou simplesmente observando eventos surgirem e passarem na mente, sem tentar alterar nenhum deles. Assim, os benefícios dessa prática não são criados por mim como pensador, mas ocorrem de forma espontânea à medida que a mente gradualmente se acomoda a seu calmo, luminoso estado fundamental. Se encaro esse espaço de pureza interna como situado fora de mim ou pertencente a Deus, os benefícios dessa prática podem ser atribuídos à graça. Mas se vejo esse espaço como uma dimensão mais profunda do meu próprio ser, não preciso olhar para fora de mim mesmo em busca de libertação. Então, quem traça as fronteiras entre o que está dentro e fora do eu? Acredito que somos nós, assim como definimos todas as demais palavras de nosso vocabulário e desse modo fixamos as fronteiras dos referentes dessas palavras.

Descartes é mais conhecido por sua afirmação: "Penso, logo existo", sugerindo uma visão "egocêntrica" dos pensamentos e outras atividades mentais.[29] Em nossa prática, contudo, desafiamos a suposição de que somos os agentes responsáveis pela geração de cada pensamento, imagem, desejo e emoção que surgem em nossa mente. Qualquer um que se aventure a praticar esse método de observar a mente logo descobre que muitos processos mentais surgem espontaneamente, sem nenhuma participação ativa da pessoa. A pessoa é simplesmente um observador isento, que testemunha passivamente os eventos surgirem e passarem dentro do espaço de sua mente, reconhecendo que muitos pensamentos brotam sem um pensador.[30] Esses eventos mentais são encarados como fenômenos naturais que emergem a cada momento com base em causas físicas e psicológicas anteriores. Além disso, ao observar cuidadosamente a mente dessa maneira, deixamos de presumir de forma compulsiva que nossos pensamentos e imagens mentais de pessoas e acontecimentos representam-nos de maneira exata e completa, já que eles existiriam independentemente de nossa perspectiva e experiência. É verdadeiramente libertador.

Todas as grandes revoluções nas ciências físicas e da vida foram baseadas na observação direta, meticulosa, dos fenômenos sob investigação. A prática de pôr a mente em um estado natural possibilita a observação desapaixonada, "objetiva", dos fenômenos mentais, incluindo toda a coleção de estados e eventos mentais subjetivamente experimentados. Para se qualificar como método rigoroso de pesquisa científica, essa observação deve estar livre de desvios subjetivos relacionados a suposições pessoais, emoções, desejos e medos, exatamente como qualquer outro tipo de observação científica. De mais a mais, essa prática é objetiva, no sentido de que o ego foi consideravelmente removido do quadro, visto que nos esforçamos ao máximo para colocar de lado nossos preconceitos e pontos de vista tendenciosos.

Pôr a mente em seu estado natural não é apenas um meio eficiente de conhecer a mente, mas também tem grande potencial para curá-la. Já sabemos que o corpo tem uma notável capacidade para sarar. Quer sofra um arranhão, a fratura de um osso ou seja atacado por bactérias e vírus nocivos, o corpo tem uma espantosa capacidade de reparar suas feridas e se purificar de agentes prejudiciais do meio ambiente. Mas para que isso aconteça, ele precisa com frequência de ajuda, como manter um ferimento limpo e enfaixado, encanar um osso quebrado ou remover cirurgicamente o tecido contaminado. O corpo e a mente são tão intimamente conectados que é razoável formular a hipótese de que a mente também tenha uma grande capacidade de se curar. O problema é que quando a mente é machucada — por trauma de um desastre natural, conflito social ou doença, pelo abuso de outras pessoas ou mesmo por nosso próprio comportamento prejudicial —, frequentemente deixamos as feridas infeccionarem. A mente agita obsessivamente memórias do passado ou especulações sobre o futuro, enquanto nós compulsivamente nos fixamos e remexemos nelas de um modo que agrava nossas atribulações mentais. Os psicólogos chamam isso de tendência à ruminação, o que é uma maneira de as feridas mentais infeccionarem, obstruindo a capacidade natural de cura da mente.

Em nossa prática a pessoa "remove cirurgicamente" os hábitos mentais de: 1) achar que os pensamentos e imagens que experimenta existem fora de sua mente; 2) responder compulsivamente a esses eventos mentais com desejo ardente ou aversão, como se eles fossem em si mesmos e por si mesmos inerentemente agradáveis ou desagradáveis; e 3) identificar-se com eles como se fosse ela o agente independente que os criou, encarando-os como intrinsecamente "seus" apenas porque só ela os experimenta. Os cientistas primam pela compreensão de fenômenos naturais que podem ser examinados repetidamente por múltiplos observadores. Mas fenômenos que são específicos de um momento particular (e, portanto, não repetíveis) e de um determinado indivíduo (como seus pensamentos) não são menos reais. Além disso, o simples fato de alguma coisa ser observada apenas por um indivíduo não a torna necessariamente sua. Por exemplo, ao desfrutar sozinho um belo pôr do sol, não podemos reivindicá-lo como nosso. Simplesmente estávamos no lugar certo na hora certa para presenciá-lo. O mesmo se aplica a toda experiência subjetiva. Não pode ser diretamente observada por mais ninguém, mas isso não a torna em nada menos real que eventos públicos, nem sugere que sejamos pessoalmente responsáveis por tudo que testemunhamos ao observar o espaço de nossa mente.

Esta transição de uma visão egocêntrica para uma visão naturalista de fenômenos mentais pode ser esplêndida de tão liberadora. Pois nesse processo de observar com cuidado eventos mentais sem distração e sem apego, começamos a ver como a mente pode se curar. Limpamos as feridas da mente e — quer atribuamos isso à graça de um ser sobrenatural ou à faculdade natural da percepção — muitos nós da mente começam a se desatar sozinhos. Essa prática não é sugerida como uma panaceia ou um substituto para a terapia administrada profissionalmente. Às vezes, a intervenção externa é necessária. Mas parece haver grande potencial para combinar nossa prática com essa intervenção de modo a capacitarmos pessoas com problemas psicológicos a entrar mais plenamente numa parceria com seus terapeutas a fim de restaurar e incrementar a saúde mental. Essa terapia "transcultural" é um campo novo da pesquisa clínica, e em rápido crescimento, que traz grande promessa para o futuro.[31]

ATENÇÃO PLENA E INTROSPECÇÃO

O objetivo da prática de pôr a mente em seu estado natural é cultivar uma sensação cada vez mais profunda de bem-estar físico e mental, tranquilidade e vigilância. Consegue-se isso usando e refinando as duas faculdades mentais de atenção plena e introspecção. Como mencionado num capítulo anterior, os psicólogos, de uns tempos para cá, vêm estudando os efeitos da atenção plena, definida como "uma espécie de percepção centrada no presente que não elabora, não julga, e na qual cada pensamento, sensação ou sentimento que surge no campo da atenção é reconhecido e aceito como é".[32] Trata-se de uma boa descrição do tipo de percepção que trazemos para essa prática, embora não seja realmente equivalente ao significado de atenção plena como ele é apresentado na tradição budista. Na linguagem páli, em que os ensinamentos do Buda foram registrados pela primeira vez, o termo que traduzimos como "atenção plena" é *sati*, que o Buda definiu como a capacidade "de lembrar, de conservar na memória o que foi dito e feito muito tempo atrás".[33] Então o sentido budista original de atenção plena é lembrança, que é o oposto de esquecimento. Quando aplicamos atenção plena à observação da mente, "lembramos" nossa atenção a cada momento, enquanto observamos o fluxo presente de eventos que surgem e passam, sem sucumbir ao esquecimento.

Na literatura budista, talvez a primeira tentativa de explicar plenamente o sentido de *sati* esteja num diálogo entre Menander I (século II a.C.), um rei indo-grego do Noroeste da Índia, e Nagasena, um sábio budista que tinha sido formado pelo monge budista grego Dhammarakkhita. Quando questionado pelo rei sobre a natureza da atenção plena, Nagasena respondeu que ela tinha tanto a característica de "fazer lembrar" quanto a característica de "se apoderar". Explicou mais adiante: "A atenção plena, quando surge, faz lembrar tendências sadias e nocivas, com falhas e perfeitas, ordinárias e refinadas, turvas e puras, juntamente com seus equivalentes... A atenção plena, quando surge, segue as trajetórias de tendências benéficas e prejudiciais: estas tendências são benéficas, aquelas são prejudiciais; estas tendências são úteis, aquelas são inúteis".[34]

O tema foi de novo retomado por Budagosa, um estudioso budista indiano do século V, o comentador mais autorizado da tradição theravada do budismo, preservada hoje em dia sobretudo no Sudeste asiático. Em sua obra clássica, *O Caminho da Purificação* (Visuddhimagga), ele começa a explicar esse tópico comentando que é por meio da atenção plena que somos capazes de recordar coisas ou eventos do passado. Ela tem a característica, Budagosa escreve, da "não oscilação", visto que a mente está intimamente comprometida com o objeto escolhido de atenção. Tem a propriedade de "não perder", indicando que a atenção plena nos capacita a manter nossa atenção sem esquecimento. Ela se manifesta em estar "de guarda" ou estar "frente a frente com o objeto", indicando que "a corda da atenção plena" prende a atenção ao objeto escolhido com firmeza, seja um objeto simples relativamente estável ou um *continuum* de eventos. Sua base está "registrando fortemente", sugerindo sua característica penetrante. Em suma, ele comenta que a atenção plena deve ser vista como uma estaca, devido ao fato de estar fixada no objeto, e como um guarda dos portões, porque ela guarda as portas da percepção.[35]

Embora empenhados na prática de pôr a mente em seu estado natural, não tentamos alterar nenhum de seus conteúdos, mas simplesmente observar tudo que surgir com decidida atenção plena. No decorrer de nossa vida diária, porém, a atenção plena pode desempenhar um papel mais ativo, como sugerido por Nagasena e Budagosa, ajudando a cultivar estados mentais saudáveis e a abrandar os nocivos. Assim como um guarda dos portões impede a entrada na cidade dos que não têm esse direito, a atenção plena e bem estabelecida impede o surgimento de associações e reações nocivas aos sentidos físicos. Muitos tratados budistas descrevem a atenção plena como o único fator que guarda a mente[36] ou como uma faculdade mental que exerce influência controladora sobre pensamentos e intenções.[37] Assim, é incorreto presumir que a atenção plena seja sempre passiva.

No contexto budista de meditação, atenção plena tem a conotação de contemplação, no sentido de "ver" ou "observar intimamente". Evidentemente, isso combina muito bem com a *contemplatio* latina e a *theoria* grega, que também significam "contemplar" e "observar". Como os pitagóricos e a tradição contemplativa cristã, o Buda enfatiza a importância da atenção plena para todos os tipos de meditação, porque a atenção plena constitui a condição essencial para a "contemplação" e o "conhecimento".[38]

Quando se está pondo a mente em seu estado natural, o objeto da atenção plena é o espaço da mente e quaisquer atividades mentais que surjam aí. Para esta prática ser eficiente, porém, também precisamos aplicar e refinar outra faculdade mental, a introspecção. Na tradição budista, a introspecção é definida como o exame repetido do estado do corpo e mente da pessoa e é encarada como uma espécie de inteligência penetrante.[39] A compreensão budista da atenção plena e da introspecção, portanto, tem uma forte semelhança com a compreensão cristã de vigilância e discernimento.

Os dois maiores desequilíbrios da atenção com que tendemos a nos defrontar, quando nos empenhamos na prática meditativa, são a negligência e a agitação. Quando a negligência se instala, a mente perde a clareza e nos tornamos dispersos ou acabamos entrando num estado de torpor e indolência que nos levará a cair no sono. Quando surge a agitação, a mente fica distraída e tumultuada, tornando difícil conservar nossa atenção em alguma coisa de forma contínua. Tanto a negligência quanto a agitação resultam numa perda da atenção plena, com a atenção desmoronando sobre si mesma ou sendo compulsivamente expelida. Com a faculdade de introspecção, monitoramos a qualidade de nossa atenção, constatando com a maior rapidez possível quando ocorre um desses desequilíbrios. Budagosa esclareceu a relação entre as duas faculdades: "A atenção plena tem a característica de lembrar. Sua função é não esquecer. Manifesta-se como vigilância. A introspecção tem a característica da não confusão. Sua função é investigar. Manifesta-se como olhar minucioso".[40] Em outras palavras, com a atenção plena nós nos concentramos de forma contínua, sem esquecimentos, na mente, e com a introspecção examinamos detidamente se a atenção tem sido apanhada em estado de negligência ou agitação. Por conseguinte, a introspecção "olha sobre o ombro da atenção plena".

Reconhecer que nossa atenção está ficando frouxa ou agitada não é o bastante. Assim que observamos isto, precisamos aplicar a soma certa de esforço para superar o desequilíbrio. Esse é um ato de vontade. Quando reconhecemos que a negligência surgiu, o remédio imediato é adquirir um interesse renovado pelo objeto da atenção plena. Nesse caso, aplicamos mais esforço, enquanto aguçamos o foco de atenção. No caso da agitação, assim que notamos que a mente ficou distraída e está enredada em pensamentos, o antídoto é relaxar um pouco, tanto física quanto mentalmente. Independentemente do que apareça, simplesmente voltamos a prestar atenção com decidida atenção plena.

Para apoiar essa prática, é útil aplicar a atenção plena e a introspecção entre as sessões, para transformar a mente de maneira mais ativa, cultivando estados mentais sadios e rejeitando pensamentos e outros impulsos que sejam prejudiciais a nós mesmos e aos outros. Era nesse ponto que Nagasena estava querendo chegar quando disse que a atenção plena segue as trajetórias de tendências mentais sadias e nocivas, reconhecendo os efeitos benéficos e prejudiciais. É também o que Budagosa pretendia dizer ao se referir à atenção plena como uma sentinela que guarda as portas da percepção. A mente pode ser uma das forças mais destrutivas da natureza e, quando reconhecemos que está atacando às cegas, é apenas sensato refreá-la, o que fazemos com a atenção plena.

Com o objetivo de proporcionar orientação para um estilo de vida que dê suporte à prática meditativa, fontes budistas tradicionais citam quatro elementos: disciplina ética, controle das faculdades dos sentidos, atenção plena e introspecção, e contentamento.[41] Os requisitos básicos em tal treinamento incluem também uma dieta adequada, vestuário e, quando necessário, medicação. A disciplina ética consiste em fazer o melhor que pudermos para evitar um comportamento prejudicial a nós mesmos e aos outros. Quando nossos sentidos físicos vagam para objetos que transtornam o equilíbrio da mente, despertando desejo ou hostilidade, pode ser útil refrear os sentidos e concentrar a atenção diretamente em nossos processos mentais para compreendê-los melhor. Isto não vence as tendências para o desejo e a hostilidade, mas pelo menos ajuda a impedir que afundemos mais nesses atoleiros. A atenção plena e a introspecção são úteis em todos os momentos, não apenas durante a meditação, pois se comprometem com a realidade em vez de serem enredadas por nossas fantasias e deslizarem para um estado mental descuidado. E o contentamento com as necessidades básicas da vida é a chave para tentar alcançar uma felicidade genuína, que vem antes de dentro que de estímulos agradáveis. Com esses componentes básicos, nossa prática meditativa gradualmente se funde com nossa vida diária, e a distinção entre meditação formal e atividades comuns do decorrer do dia começa a se dissipar. Mesmo em meio a um ativo estilo de vida podemos descobrir um silêncio interior, o que aprofunda nossa percepção da união de quietude e movimento.

REFLEXÕES DA MENTE

Quando nos aventuramos na prática de pôr a mente em seu estado natural, podemos nos perguntar: qual é a natureza dessas aparências que surgem no espaço da mente e o que elas nos dizem sobre a natureza da própria mente? O melhor meio de adquirir uma noção do que são essas aparências é observá-las com cuidado. Os astrônomos têm aprendido sobre as estrelas e planetas pela observação cuidadosa, e os biólogos têm aprendido sobre plantas e animais da mesma maneira. Pensamentos, imagens mentais, desejos e emoções surgem dos recessos escondidos da mente, influenciados por processos fisiológicos do nosso corpo e experiências nesta existência e possivelmente em existências passadas. Quando nos identificamos com eles, eles têm uma influência poderosa em nosso corpo, nossa mente e nosso comportamento. Contudo, quando simplesmente os observamos, como ensinado no último exercício, podemos aprender com eles sem ficar sob seu domínio. Essas aparências podem nos falar de nossas esperanças e medos inconscientes e revelam o potencial criativo do espaço luminoso da mente da qual surgem.

Embora muita gente acredite que experiência subjetiva deve ser equivalente a atividade cerebral, isso jamais foi demonstrado cientificamente, e há boas razões para duvidar dessa suposição. Imaginemos, por exemplo, que uma pessoa acabou de ter uma conversa gentil com alguém que estava muito transtornado e foi capaz de acalmar esse indivíduo ao falar com tanta sensibilidade e amabilidade. Talvez mais tarde ela se sinta feliz com o fato de ter sido capaz de ajudar. Quando surge essa experiência de contentamento, configurações específicas de atividade neural estão certamente tendo lugar em seu cérebro. Mas se essa atividade cerebral fosse artificialmente induzida por drogas, por exemplo, não corresponderia ao mesmo estado mental. Pois a emoção que ela sentiu depois de ter ajudado alguém seria mais *significativa* que uma emoção similar gerada quimicamente. A atividade cerebral fornece apenas uma explicação parcial para o tipo de experiências subjetivas que temos a todo o momento e qualquer tentativa de reduzir os processos mentais a atividade cerebral deixa sempre de lado algo crucial: os próprios processos *mentais*!

Descartes sustentava que a propriedade básica das entidades físicas é que elas se estendem no espaço, isto é, têm localizações definidas e dimensões espaciais. Muita gente acha que os pensamentos estão realmente dentro da cabeça, porque é onde estão localizados seus correlatos neurais. Mas sabemos que efeitos físicos às vezes ocorrem longe de suas causas e a causação física nem sempre requer objetos tangíveis para esbarrarem uns com os outros. Descartes, com sua visão mecanicista do Universo, acreditava que tal contato físico era sempre necessário (exceto quando a mente interage com o corpo), mas a física moderna abandonou esse pressuposto. Por exemplo, quando dois campos eletromagnéticos viajando pelo espaço interagem um com o outro, criando padrões de interferência, a colisão não pode ser compreendida em termos mecânicos. E na mecânica quântica, ocorrem muitas interações físicas a distância, sem quaisquer colisões de partículas que agissem como minúsculas bolas de bilhar.

Se levarmos em conta a física moderna e ultrapassarmos a obsoleta visão que Descartes tinha da realidade, não seremos compelidos a acreditar que eventos mentais estejam realmente localizados dentro do cérebro simplesmente porque é onde estão seus correlatos neurais.[42] Além disso, não se conclui necessariamente que algo tenha de ser físico apenas porque é influenciado por processos físicos e exerce seus próprios efeitos sobre outras entidades físicas. Embora isto continue sendo crença generalizada entre pessoas que não estão familiarizadas com a física contemporânea, não é mais aceito por cientistas como lei inflexível e rigorosa que governa a totalidade da natureza.

Se processos mentais são físicos, deviam ter propriedades físicas, como localização, dimensões espaciais e massa, devendo ser possível detectá-los com pelo menos alguns dos muitos instrumentos de tecnologia projetados para medir todos os tipos conhecidos de entidades físicas. Contudo, por mais intimamente que os cientistas examinem o cérebro, jamais veem quaisquer eventos mentais, apenas interações de elementos químicos e eletricidade. E por mais intimamente que os contemplativos observem a mente, não parecem detectar quaisquer mecanismos cerebrais que provoquem os processos mentais que estão experimentando. De fato, quanto mais intimamente investigamos o cérebro e os processos mentais, mais claro se torna que eles têm muito pouco em comum além de estarem inter-relacionados. Talvez por isso Christof Koch, como mencionado anteriormente, tenha se mostrado cético quanto à possibilidade de que processos mentais possam um dia ser compreendidos como nada mais que atividades no cérebro.[43]

A questão, contudo, permanece: podemos de fato conhecer a natureza da mente examinando como pensamentos e outros processos mentais aparecem a nós? Afinal, muitas impressões sensoriais são ilusórias. A Terra, por exemplo, parece ser plana, o Sol parece girar em torno da Terra e há muitas outras ilusões de ótica na natureza, que são como miragens. Por que deveríamos dar crédito à experiência direta que temos de nossa mente se ela pode ser enganadora? Esse mesmo receio, no entanto, pode ser levantado com relação a *toda* a nossa experiência direta. Como Descartes corretamente assinalou, cores, sons, cheiros, gostos e sensações táteis, tudo isso parece existir no mundo objetivo, independentemente da experiência que temos deles. Mas esses fenômenos são ilusórios. Fótons e campos eletromagnéticos, que são a base objetiva da nossa experiência das cores, não possuem nenhuma cor própria. As cores surgem apenas em função de um sujeito consciente percebendo fótons e campos eletromagnéticos. Do mesmo modo, os sons não existem objetivamente nas ondulações de um meio como o ar ou a água, assim como cheiros e gostos não existem no ar ou na comida independentemente do fato de alguém os estar experimentando. Mas se os cientistas se recusassem a examinar esses fenômenos simplesmente porque eles são ilusórios, nunca aprenderiam nada sobre o mundo ao nosso redor! Galileu não teria dado o menor crédito aos fenômenos visuais que foram as bases de suas muitas descobertas acerca do Sol, da Lua, dos planetas, das estrelas, assim como Darwin não teria encarado com seriedade as numerosas observações biológicas que fez e que forneceram a base para a sua teoria da evolução.

Toda a história da ciência demonstra que aprendemos acerca do mundo observando cuidadosamente as aparências e depois tirando conclusões de nossas observações. Quando prestamos atenção a fenômenos mentais ao pôr a mente em seu estado natural, estamos seguindo os passos de gerações de cientistas que exploraram o mundo externo observando com cuidado o que se apresentava a seus sentidos físicos. Mas aqui há uma grande diferença: Galileu foi capaz de ampliar sua percepção visual com o telescópio e gerações posteriores de cientistas e engenheiros projetaram numerosos meios tecnológicos de ampliar nossos sentidos físicos para explorar o mundo fora de nós em maior detalhe. Nenhum desses instrumentos, porém, consegue detectar um só processo mental. O único meio de as atividades mentais poderem ser detectadas é observar a mente estando consciente dela. Quando o fazemos, fica evidente que estados e processos mentais não têm nenhuma das propriedades que Descartes atribui com exclusividade a entidades físicas. Temos, então, duas boas razões para presumir que eventos mentais não são físicos: não podem ser detectados por nenhum dos instrumentos da tecnologia, que são projetados para medir todos os tipos conhecidos de entidades físicas e, quando de fato observamos fenômenos mentais, eles não parecem ter quaisquer características físicas.

À medida que continuamos a pôr a mente em seu estado natural, torna-se cada vez mais óbvio que a mente não é uma coisa homogênea. A princípio, os pensamentos podem desaparecer assim que os observamos ou podemos dar conta deles só depois de termos sido arrebatados por eles. À medida, porém, que nos tornamos mais experientes nessa técnica, começamos a reparar que certos eventos mentais, como pensamentos discursivos e imagens mentais, têm uma espécie de qualidade objetiva. Temos uma sensação de estarmos a observá-los "lá", no espaço de nossa mente. O mesmo se aplica a objetos que percebemos num sonho. Se sonho que estou numa sala cheia de pessoas, a sala e as pessoas aparecem como objetos de minha consciência, assim como o bate-papo interno e as imagens mentais que surgem na meditação.

Podemos também detectar emoções e desejos que têm um caráter mais subjetivo: não aparecem tanto como objetos de nossa percepção mental, mas como atributos dessa percepção. Estando cientes deles com tranquilidade, mas não totalmente absorvidos por eles, podemos permanecer conscientes do contexto maior no qual surgiram essas emoções e desejos. Em outras palavras, podemos ver a floresta como um todo, sem confinar nossa percepção às árvores individuais. Quando nossa própria identidade se funde com tal impulso mental restritivo, podemos ficar literalmente "de espírito tacanho", o que pode levar a muito comportamento lamentável. Observamos imagens mentais ao mesmo tempo que elas surgem na mente, mas quando sentimos emoções e desejos, podemos de fato estar recordando um estado mental que simplesmente passou despercebido. Por exemplo, quando uma pessoa se ressente de que alguém a tratou de forma desrespeitosa, sua atenção está concentrada no comportamento dessa pessoa. Mas assim que ela direciona a atenção para esse ressentimento, ele não está mais sendo alimentado pela lembrança de quem praticou a ofensa, por isso pode se dissipar de imediato. Quando uma emoção ou um desejo surgem, a mente está em geral concentrada no objeto desses estados mentais, antes que na própria emoção ou desejo. É provavelmente isto que William James tinha em mente quando escreveu: "Nenhum estado subjetivo, enquanto presente, é seu próprio objeto; seu objeto é sempre outra coisa... O ato de designá-los depreciou momentaneamente sua força".[44] Isto levanta questões fascinantes sobre o impacto de observar a mente. Por exemplo, se alguém está deprimido, a depressão diminui diante da atitude de observá-la? A própria pessoa deve tirar isso a limpo. Às vezes, em especial se a depressão é uma emoção passageira relativa a algo que aconteceu recentemente, pode-se perceber que ela desaparece assim que se presta realmente atenção a ela. Mas se a pessoa se acomodou a um clima prolongado de depressão, sem nenhum objeto específico em mente, pode perceber que ele persiste inclusive enquanto presta atenção a ele. Contudo, poderá não se sentir tão encurralada se estiver objetivamente consciente dele e reconhecê-lo como um estado da mente, não como uma característica intrínseca de si mesma. Do mesmo modo, se alguém observa a presença de um desejo surgindo em sua mente, ele perderá a força de imediato como resultado da consciência que se tem dele? Se for um desejo poderoso, habitual, talvez permaneça inclusive enquanto a pessoa se concentra nele. Mas se for um desejo efêmero, que surge devido a um pensamento ou experiência sensorial específicos, ele pode desaparecer. Vale a pena passar um bom tempo investigando o efeito da consciência nos pensamentos, emoções e desejos. A prática de ajustar a mente pode ser esplendidamente libertadora porque você reconhece de forma cada vez mais clara que não é idêntico a essas atividades mentais.

Descartes comentou que, quando observava as aparências em sua própria mente, ele as percebia com tamanha obscuridade e confusão que ficava sem saber sequer se eram verdadeiras. Esta é certamente a experiência de muitas pessoas, quando começam a pôr a mente em um estado natural. Mas uma característica notável da percepção mental é que ela pode ser aprimorada com treinamento. No início desta prática, podemos perceber apenas os eventos mentais mais superficiais e grosseiros, mas à medida que vamos nos aprofundando nela — em especial quando praticamos muitas horas por dia durante uma sucessão de dias ou semanas — passamos a perceber, distinta e claramente, eventos cada vez mais sutis e breves. Nesse processo de aprimorar a percepção mental, estamos trazendo elementos anteriormente subconscientes da mente — como memórias, emoções e desejos antigos — para a luz da consciência. A exploração das extensões ocultas da mente começou.

[PRÁTICA]

CONTEMPLAR A LUZ DA CONSCIÊNCIA

Deixe seu corpo numa posição confortável, sentando numa cadeira, sentando-se de pernas cruzadas ou deitando. Fique quieto, concentrado e respire três vezes profunda e lentamente, experimentando as sensações do ar passando pelo corpo. Então ponha a respiração no ritmo natural, deixando o corpo decidir se a respiração é profunda ou superficial, lenta ou rápida, regular ou irregular. Agora ponha a mente num estado de percepção livre, que não faz escolhas, deixando a atenção perambular para qualquer um dos seis sentidos (os cinco sentidos físicos e a mente), sem tentar controlá-la de modo algum. Se um barulho prende sua atenção, deixe a percepção deter-se aí, sem fixar-se nele ou abandoná-lo. Da mesma maneira, se alguma impressão visual ou sensação corpórea ascende à sua percepção, simplesmente fique presente ao lado dela, sem se deixar pegar por ela ou se identificar com ela. Quando se der conta dos pensamentos, memórias ou outros eventos mentais, deixe a atenção descer sobre eles como uma borboleta tocando numa flor, sem grudar-se a eles. Durante alguns minutos, descanse nesta sensação de percepção vasta em que você abre mão de toda impressão de controlar a mente.

Agora comece a desviar a atenção, concentrando-se exclusivamente no espaço do corpo, dando conta de cada tipo de sensação que surge nele, da ponta dos dedos dos pés ao alto da cabeça. Em vez de deixar o corcel selvagem da mente correr à vontade pelos campos de todos os seis sentidos (incluindo o domínio mental), coloque-o num curral dentro dos confins do seu corpo. Mas nesse espaço, continue a deixar a mente se deter em qualquer sensação que capte sua atenção. Fique simplesmente presente ao lado dela, sem se deixar pegar ou tentar controlá-la de alguma maneira.

Depois de alguns minutos, desvie sua atenção ainda mais, agora para o espaço da mente (como no último exercício), tomando nota dos eventos mentais que ali surgem e se extinguem. Observe os conteúdos de sua mente, como pensamentos discursivos e imagens, visto que eles objetivamente ascendem a todo momento à percepção. Esteja ciente também de impulsos, como emoções e desejos, que você experimenta subjetivamente e continue a se deter no espaço aberto de sua percepção sem identificar-se com eles. Apenas esteja ciente deles, sem tentar modificá-los ou reagir a eles.

Ao prestar atenção nesses conteúdos objetivos e impulsos subjetivos, você se concentrou no "primeiro plano" de sua mente. Agora desloque a atenção para o "fundo de cena", de onde esses eventos mentais emergem, onde representam a si próprios e onde finalmente se dissolvem. Observe com cuidado esse espaço mental e repare se ele tem características próprias ou se é simplesmente nada.

Agora vamos ao passo final desta meditação: em todos os exercícios anteriores, você concentrou a atenção em alguma *coisa*, num de seus cinco campos de sentidos físicos ou na mente. A atenção foi como um projetor de laser direcionado para as telas de seus campos de experiência, iluminando-os. Agora faça esse projetor de laser se recolher. Guarde a atenção em seu íntimo sem se interessar por nada mais, nem mesmo pelo espaço da mente ou seus conteúdos. Deixe a percepção descansar em seu próprio espaço e simplesmente fique consciente de estar consciente. Não importam os objetos que apareçam à sua consciência, deixe-os ficar, sem tentar excluí-los. Não se interesse por eles, porém. Assim que puxarem sua atenção para fora, dispense-os e deixe a percepção repousar em si mesma. Sempre que surgir um pensamento, dispense-o de imediato e deixe a mente se acomodar a um modo não conceitual de percepção tranquila, serena.

Por mais simples que este exercício pareça, no início você poderá achá-lo um pouco difícil. Se isso acontecer, procure conjugar o exercício com a respiração. Durante cada inalação, atraia sua percepção para si mesmo e experimente o momento presente de consciência. A cada expiração, dispense sem demora quaisquer pensamentos ou outras distrações que possam ter prendido sua atenção e continue a estar consciente da experiência de estar consciente. A cada inspiração, incite a sua atenção, superando a negligência e o torpor; a cada expiração, relaxe a atenção, superando a emoção e a agitação.

O conhecimento de estar consciente pode ser o conhecimento mais seguro que você tem. É o conhecimento do conhecimento, a consciência de que a consciência está acontecendo, bem aqui, agora mesmo. Mantenha uma estrita, vigilante consciência da consciência e veja se consegue discernir seus atributos. Está imóvel ou fluindo? Tem dimensões espaciais, grandes ou pequenas? Tem uma forma, um centro ou fronteiras? Se de fato tem um tamanho ou forma, eles mudam ou permanecem constantes? Afinal, você consegue identificar características singulares de consciência que pertençam só a ela?

Nesta prática, você mantém atenção plena na própria percepção, mas é também importante exercitar sua faculdade de introspecção, monitorando a qualidade da atenção. Com a introspecção, você se dá conta se sua mente caiu numa atitude negligente e, assim que acontecer, você pode agir contra isso — instigando a atenção ao assumir um interesse renovado pela percepção. Quando, por meio da introspecção, você constata que sua mente foi apanhada por pensamentos perturbadores ou outros estímulos, relaxe de imediato e tire esses objetos da mente. Como é preciso esforço para manter essas distrações sob controle, livre-se desse esforço assim como dos objetos que o distraem e deixe a percepção voltar para o lugar dela. É como cair num sono profundo, sem sonhos. Mas em vez de perder gradualmente a clareza da percepção como normalmente acontece quando adormecemos, você mantém um alto nível de vigília. À medida que for se tornando mais familiarizado com este exercício, você poderá ir descobrindo aos poucos a tranquilidade e a luminosidade que são intrínsecas à percepção. Então não precisará mais remediar a agitação ou o torpor, pois não cairá mais em estados mentais que obscureçam a natureza subjacente da consciência.

Continue por 25 minutos, depois termine a sessão. À medida que for ficando mais familiarizado com este exercício, poderá aumentar gradualmente a duração de suas sessões, mas não as deixe durar muito tempo, a ponto de diminuir a qualidade da meditação. É útil ter um cronômetro para a meditação, capaz de informá-lo quando a sessão acaba sem que você precise interromper o exercício para dar uma olhada num relógio. Por todo o tempo que estiver meditando, faça o possível para manter uma atenção clara, firme.

[TE O R I A]

EXPLORANDO A NATUREZA DA CONSCIÊNCIA

EXPLORAÇÕES CRISTÃS

Direcionar a percepção para dentro, para que ela ilumine a si mesma, é uma prática que tem sido usada há séculos em diferentes tradições contemplativas no Oriente e no Ocidente. No cristianismo, suas origens podem ser buscadas nos Pais do Deserto, que meditavam no Egito durante os primeiros séculos da Igreja cristã. Hesíquios, o Padre (século VII), por exemplo, um padre e monge que viveu num monastério no monte Sinai, comentou sobre esta forma de meditação no tratado *On Watchfulness and Holiness* (*Sobre a Vigilância e a Santidade*). Um tema central deste manual de meditação é a atenção, que ele define como "a tranquilidade do coração, não interrompida por qualquer pensamento".[1] "Quando o coração adquirir tranquilidade", ele escreveu, "perceberá os cumes e profundezas do conhecimento; e o ouvido do calmo intelecto será feito para ouvir coisas maravilhosas de Deus."[2] Isto dá origem a um tipo incomparável de bem-estar espiritual.

A prática meditativa de fazer a percepção perceber a si própria foi preservada pelos eremitas ortodoxos gregos do século X ao XIV. O monge São

Simeão (949-1022), por exemplo, aconselhava contemplativos iniciantes a procurar primeiro que tudo três coisas: libertar-se de toda a ansiedade com relação a coisas tanto reais quanto imaginárias, esforçar-se para alcançar uma consciência pura, sem nenhum sentimento prolongado de autocensura, e ficar completamente isolado, para que os pensamentos não fossem atraídos para nada mundano, nem mesmo para o próprio corpo.[3] Então, depois de desviar a percepção da pessoa de todas as coisas mundanas, a atenção é concentrada no coração, e o exercício continua como se segue:

> No começo, você encontrará aí escuridão e uma densidade impenetrável. Mais tarde, à medida que persista e pratique esta tarefa dia e noite, encontrará, como por milagre, uma alegria incessante. Pois assim que alcança a morada do coração, o intelecto vê de imediato coisas das quais anteriormente nada conhecia. Vê o espaço aberto dentro do coração e contempla a si próprio inteiramente luminoso e cheio de discernimento. Daí em diante, não importa de onde um pensamento perturbador possa vir; antes que ele chegue a se completar e assuma uma forma, o intelecto imediatamente o afugenta e o destrói com a invocação de Jesus Cristo... O resto você aprenderá por si mesmo, com a ajuda de Deus, mantendo guarda sobre seu intelecto e conservando Jesus no coração. Como se costuma dizer: "Sente-se em sua cela e ela lhe ensinará tudo".[4]

Nikiforos, o Monge, viveu na segunda metade do século XIII e morou em silêncio na Montanha Sagrada de Athos. Em seu tratado "Sobre a Vigilância e a Guarda do Coração", enfatizou a necessidade de a pessoa se voltar para dentro, deixando a percepção descer às profundezas do coração para descobrir o tesouro oculto do reino interior. São Gregório Palamas (1296--1359), que passou vinte anos em reclusão monástica na Montanha Sagrada, também encorajava aqueles que procuravam "uma vida de atenção a si próprios e de serenidade a trazer de volta o intelecto e encerrá-lo dentro do corpo, particularmente dentro daquele corpo mais íntimo dentro do corpo, que chamamos de coração".[5] Mas ele deixou claro que todas as referências à percepção da pessoa descendo ao coração não deveriam ser interpretadas literalmente, pois nossas faculdades mentais, ele escreveu, não estão localizadas espacialmente dentro do coração físico, "como num recipiente".[6]

Embora a busca contemplativa cristã sobre a natureza da percepção tenha declinado cada vez mais com o surgimento da modernidade, ela não desapareceu inteiramente. Já no século XIX, o monge ortodoxo russo São Teófano, o Recluso (1815-94), referia-se a esta prática quando escreveu: "As imagens, por mais sagradas que possam ser, retêm a atenção do lado de fora, enquanto que, no momento da prece, a atenção tem de estar do lado de dentro — no coração. A concentração da atenção no coração — este é o ponto de partida da prece".[7] E um americano nosso contemporâneo, o estudioso contemplativo Martin Laird, descreve claramente a prática como se segue:

> Desloque sua percepção da distração para a própria percepção, para o ato de ficar ciente. Não há nada além desta mesma vastidão luminosa, desta profundidade profunda. O que fita a vastidão luminosa é em si mesmo vastidão luminosa. Não existe um eu separado que tenha medo, raiva ou ciúme. Sem dúvida o medo, a raiva e o ciúme podem estar presentes, mas não encontraremos ninguém que tenha medo, raiva, ciúme etc., apenas uma profundidade profunda, luminosa, fitando a profundidade profunda, luminosa.[8]

Como resultado de tal prática, os contemplativos cristãos têm relatado através dos séculos estados excepcionais de conhecimento interior e genuíno bem-estar — uma espécie de "alegria doadora da verdade" —, que surgem quando o coração foi purificado e levado a descansar em suas profundezas mais íntimas.

NOÇÕES DO SÉCULO XX SOBRE A CONSCIÊNCIA

Do início do século XVII em diante, enquanto os cientistas limitavam suas pesquisas ao mundo externo, o mundo interior da alma e da consciência humanas era deixado para teólogos e filósofos. Apesar de suas muitas e engenhosas teorias, no entanto, eles não conseguiram chegar a um consenso sequer sobre as questões mais rudimentares e, no final do século XIX, os cientistas começaram a investigar esta dimensão inexplorada do mundo natural. William James ficou fascinado pelo tópico, que podia ser encarado a partir de perspectivas científicas, filosóficas e espirituais, e rejeitou a noção de que todos os fenômenos físicos e mentais surgiam de alguma essência primal chamada "matéria". Em sua visão, a substância primal do Universo é experiência pura, que ele caracterizou como "realidade básica, não qualificada, ou existência, um simples *isso*", anterior à diferenciação de sujeito e objeto.[9]

William James comentou que a psicologia de seu tempo praticamente não era mais desenvolvida que a física antes de Galileu e, apesar de muitos avanços nas ciências cognitivas durante o século XX, isto continua sendo verdade com relação ao estudo científico da consciência.[10] James acrescentou que um tópico só continua sendo um problema de filosofia até ser compreendido por meios científicos, momento em que é tirado das mãos dos filósofos.[11] O fato de que os filósofos continuem ganhando a vida escrevendo livros e mais livros onde pretendem explicar a consciência é prova de que o Ocidente ainda não tem uma verdadeira ciência da consciência. Cientistas e filósofos continuam a especular sobre a real natureza da mente, como oposta às aparências que ela tem para a introspecção, por meios puramente lógicos, sem serem restringidos por qualquer evidência empírica. Einstein comentou: "Proposições a que se chega puramente por meios lógicos são completamente vazias quando dizem respeito à realidade. Pelo fato de ter visto isto, e particularmente por ter incutido isto no mundo científico, Galileu é o pai da física moderna — na realidade da totalidade da ciência moderna".[12]

A filosofia, literalmente o "amor pela sabedoria", tem como objetivo metodológico superar as visões subjetivas e chegar ao conhecimento teórico, que tem de ser um elemento central da sabedoria. Historicamente, esta é toda a finalidade da filosofia. Mas os filósofos modernos não concordam em praticamente nada, não produziram nenhum acervo de conhecimento consensual. Isto sugere que seus pontos de vista devem estar bastante submetidos a inclinações subjetivas, o que não deixa de denegrir o cultivo da sabedoria. A razão primária desse fracasso é que os filósofos se tornaram superespecializados e se afastaram da filosofia prática. Por mais engenhosas que muitas de suas especulações possam ser, elas são em geral de pouca utilidade, quer no mundo da ciência, quer na vida diária.

A maioria dos behavioristas, filósofos analíticos e neurocientistas do século XX compartilhavam duas características em sua abordagem da mente: presumiam que a consciência era uma função física do corpo e não criaram meios rigorosos de observar a consciência em si. Nisto são semelhantes aos filósofos escolásticos da época de Galileu, que se recusavam a questionar os pressupostos da metafísica aristotélica e não criaram meios rigorosos de observar as estrelas ou os planetas. Como o filósofo Daniel Dennett assinala, a introspecção e a própria consciência são traços da mente que oferecem grande resistência a se deixarem absorver pelo quadro mecanicista da ciência.[13] E acrescenta com notável franqueza: "Com a consciência... estamos ainda numa tremenda embrulhada. A consciência se mantém hoje isolada como um tópico que frequentemente deixa mesmo os pensadores mais sofisticados sem fala e confusos".[14]

Alguns filósofos afirmam que os neurocientistas e behavioristas observam *indiretamente* eventos mentais ao observar *diretamente* funções cerebrais e comportamentos que estão relacionados à mente. Se isso é verdade, deveriam ser capazes de dizer, com base em suas observações físicas, o que são os eventos mentais que estão observando indiretamente, sem contar com relatos em primeira pessoa de experiências subjetivas. Mas não conseguem fazer nada do gênero. Sem tais relatos, baseados na experiência direta da mente, não saberiam sequer que ocorrem eventos mentais, muito menos o que eles são ou do que tratam. Esse fato mina a noção generalizada e praticamente incontestada de que os eventos mentais são propriedades emergentes de configurações de neurônios, similar ao modo como uma ampla gama de propriedades físicas emergem de outros processos físicos, mais básicos.

Um notável filósofo americano que pode ter previsto a confusão acerca da consciência que caracterizou as investigações científicas e filosóficas da mente no século XX foi Franklin Merrell-Wolff (1887-1985). Após concluir um doutorado em matemática e graduar-se como bacharel em filosofia e psicologia na Stanford University, depois estudar filosofia na Harvard University e mais tarde ensinar matemática em Stanford, abandonou uma promissora carreira acadêmica para tentar sondar por si mesmo a natureza da consciência. Seus esforços levaram a uma série de notáveis descobertas contemplativas em 1936, quando ele tinha 49 anos, cujos efeitos, até certo ponto, persistiram até sua morte, em 1985. Suas investigações contemplativas foram inspiradas em parte pela tradição filosófica ocidental, especialmente Immanuel Kant, e em parte pelos escritos do contemplativo indiano Shankara (meados do século VIII), que pela primeira vez consolidou os pontos de vista da escola Advaita Vedanta de filosofia hindu.[15]

Seguidores de Shankara declaram que, quando entramos em contato com um objeto, a cognição é sempre acompanhada por uma imediata autopercepção da própria percepção. Por exemplo, quando vemos um objeto como um jarro, ocorre simultaneamente uma tomada de consciência dessa percepção visual. Isto é chamado de "consciência-testemunha"; ela ilumina todos os fenômenos e é infalível, neutra, eterna, existindo independentemente de qualquer coisa exterior a si mesma.[16] Depois de se dedicar a sondar a natureza da consciência por meio dessa autopercepção, Merrell-Wolff teve um *insight* que ele acreditou ter desempenhado um papel vital na abertura do caminho para a iluminação que ocorreu mais tarde. Com este *insight*, percebeu que o chamado espaço vazio era de fato cheio e substancial, enquanto objetos que podiam ser pesados eram uma espécie de "vácuo parcial". Consequentemente, ele começou a vivenciar o espaço vazio como um primeiro plano substancial enquanto os objetos físicos se dissipavam na irrelevância. Isto, por sua vez, levou à percepção dos objetos materiais como parte de uma "realidade dependente ou derivada".[17]

No início de seu despertar espiritual, que ocorreu alguns dias depois desse *insight*, Merrell-Wolff inverteu o fluxo para fora da consciência, fazendo-o retornar à sua fonte sem projetar um objeto na mente, por mais sutil que fosse.[18] A inversão da consciência, ele relatou, ocorre no momento da passagem da consciência dualista ordinária para um estado transcendente, que ele experimentou como o fundamento do ser. Nessa passagem, relatou, "uma consciência se apaga e outra imediatamente toma a frente".[19] No estado transcendente, o dualismo entre sujeito e objeto desaparece, de modo que a pessoa vive um sentimento de unidade com o que estiver sendo experimentado. O próprio sentimento de identidade pessoal se dissolve numa sensação de espaço sem quaisquer distinções sujeito-objeto. Ele experimentou uma sensação de profundidade, abstração e grande universalidade nos pensamentos que surgiram enquanto estava nesse estado, além dos quais havia uma "Escuridão impenetrável", que ele sabia ser a "essência da Luz".[20] Os efeitos prolongados dessa percepção foram um sentimento profundo de contentamento, felicidade, benevolência e calma, mesmo diante da adversidade.[21]

Merrell-Wolff descreveu suas experiências originais de consciência transcendente de uma forma bastante similar aos relatos de contemplativos cristãos e hindus do último milênio. Embora as interpretações que fazem de suas experiências estejam incrustadas nas respectivas visões de mundo, muitos desses grandes contemplativos parecem de fato ter esbarrado num sutil estado fundamental de consciência, que tem até agora escapado à investigação científica e filosófica dominante.

A INVERSÃO BUDISTA DA CONSCIÊNCIA

A prática meditativa de inverter a consciência — de fazer a consciência perceber a si mesma — foi provavelmente desenvolvida pela primeira vez na Índia, muito antes da época do Buda, 2500 anos atrás, e foi adotada também pelo Buda. Ele declarou que, entre as muitas técnicas que ensinou para alcançar o *samadhi* ou atenção extremamente concentrada, o cultivo da atenção dirigida para a consciência em si era a mais profunda.[22] Nessa prática é importante reconhecer que a consciência não está confinada dentro do crânio ou mesmo do corpo, por isso o Buda ensinava que a pessoa devia ficar atenta à consciência dirigindo a percepção para cima, para baixo e em todas as direções, sem limite.[23]

A inversão meditativa da consciência foi também adotada na posterior tradição mahayana do budismo, que floresceu por toda a Índia e Ásia Central. O contemplativo indiano do século VIII Padmasambhava deu orientação prática: "Deixe a própria percepção observar-se com firmeza. Às vezes, deixe a mente encontrar repouso no centro do seu coração e deixe-a tranquilamente lá. Às vezes, concentre-a com tranquilidade nas extensões do céu e deixe-a lá. Assim, deslocando a atenção de modos diferentes, alterna-

100

dos, a mente se acomoda a seu estado natural".[24] Quando isso acontece, os sentidos físicos se desviam para a percepção mental, de modo que a pessoa se esquece do meio ambiente físico e mesmo do corpo, enquanto pensamentos discursivos e imagens mentais também se dissolvem gradualmente na luminosa vacuidade da mente. Embora Padmasambhava sugira deixar a percepção descansar "no coração", os contemplativos budistas, como os contemplativos cristãos mencionados no início deste capítulo, não querem dizer que a consciência esteja realmente localizada no coração físico.[25]

Maitripa, o mestre budista da meditação, um nepalês que viveu no século XI, descreve esta prática como se segue:

> Sente-se numa almofada macia num aposento isolado, sem iluminação. Direcione vagamente os olhos para o espaço que está na sua frente. Dispense por completo todos os pensamentos pertencentes ao passado, futuro e presente, assim como pensamentos saudáveis, nocivos e eticamente neutros... Não traga pensamentos à mente. Deixe a mente, como um céu sem nuvens, ficar clara, vazia, tranquilamente livre da vontade de agarrar alguma coisa, e fixe a percepção num estado de completa vacuidade. Fazendo isso, vivenciará um repousado estado de consciência imbuído de alegria, luminosidade e não conceitualidade. Observe se experimenta, dentro desse estado, qualquer fixação, ódio, apego, avidez, negligência ou agitação, e identifique a diferença entre virtudes e vícios.[26]

Essa meditação sobre a percepção em si tem sido praticada regularmente pelos budistas tibetanos há mais de um milênio. Panchen Lozang Chökyi Gyaltsen descreve-a da seguinte maneira:

> Gerando a força da atenção plena e da introspecção, corte de forma decidida e completa todos os pensamentos assim que eles surjam, sem deixá-los proliferar. Depois de ter feito isso, continue nesse estado sem deixar os pensamentos fluírem e relaxe imediatamente sua tensão interior sem sacrificar a atenção plena ou a introspecção.[27]

As instruções que ele deu sobre a prática foram inspiradas pela renomada contemplativa tibetana Machik Labkyi Drönma (1062-1150), que ensinou que a pessoa deve lançar a mente nesse estado de equilíbrio meditativo alternadamente: concentrando-se de forma intensa e liberando com cuidado a percepção, enquanto mantém um fluxo contínuo de atenção plena. Ao contrário do exercício de observar pensamentos, descrito no Capítulo 7, nesta meditação deve-se cortar os pensamentos assim que eles surgem e deixar a percepção descansar naturalmente. O método é comparado a um duelo entre um espadachim e um arqueiro. Os pensamentos que fluem da mente de forma espontânea são como setas sendo atiradas por um arqueiro e a tarefa do espadachim é rebatê-las assim que elas se aproximam.

Nas instruções do capítulo anterior, deve-se fazer a percepção se voltar para si mesma concentrando-se intensamente a cada inalação; e a cada exalação, libera-se suavemente a percepção, cortando os pensamentos assim que se toma consciência deles. Assim, de forma involuntária e gradual, os pensamentos vão amainando, e a mente se acomoda num estado natural. À medida que a pessoa se instala cada vez mais profundamente neste tranquilo e luminoso estado de consciência, todas as memórias se dissipam e o senso habitual de identidade pessoal desaparece. Talvez a pessoa tenha a sensação apavorante de que está caindo num abismo onde perderá a própria identidade. Se esse sentimento ocorre, ela deve se limitar a constatar o medo sem se deixar apanhar por ele. Não é fácil, mas é importante mostrar-se à altura do desafio. À medida que vamos nos acostumando ao exercício, veremos que não há nada a temer nessa luminosa escuridão. A única coisa perdida foi o sentimento conceitualmente construído do próprio eu. Era um constructo artificial. À medida que a mente se acomoda num estado natural, o sentimento de "eu sou" é gradualmente desmontado. Começamos a explorar o espaço profundo da mente, usando o telescópio interior de um *samadhi* extremamente focado, claro.

SAMADHI, UM TELESCÓPIO PARA A MENTE

Com o declínio da pesquisa contemplativa no Ocidente e a ascensão da ciência moderna, a atenção foi desviada do ambiente interior da percepção humana para o universo físico exterior. Enquanto os contemplativos cristãos tinham procurado descobrir o "reino do céu no interior", os pioneiros da revolução científica começaram a sondar os céus lá no alto. Desenvolveram seu próprio tipo de *"samadhi"* para realçar e refinar as observações do firmamento. Foi o telescópio, primeiro inventado pelos holandeses, depois aperfeiçoado por Galileu em 1609. Com seu primeiro instrumento, ele conseguiu observar objetos celestiais com uma ampliação de oito vezes, mas continuou aprimorando os telescópios até eles poderem aumentar vinte vezes as imagens. Foi um desafio inventar esses instrumentos e, mesmo depois de tê-los construído, Galileu tinha dificuldades em ajustá-los devido às mãos trêmulas e às batidas do coração. Além disso, precisava sempre limpar as lentes com um pano para que não ficassem embaçadas pela respiração, pela umidade, pelo ar nevoento ou mesmo pelo vapor que evaporava de seu olho, especialmente quando fazia calor.[28] Mas Galileu conseguiu superar os obstáculos e observar o céu noturno com clareza e precisão sem precedentes, levando a uma nova descoberta atrás da outra.

Desde a época de Galileu, a ciência da astronomia avançou de mãos dadas com o desenvolvimento de telescópios cada vez mais potentes. Durante 2003 e 2004, o Telescópio Espacial Hubble foi usado para fazer um milhão de exposições fotográficas com um segundo de duração, descrevendo o curso de 400 órbitas hubble ao redor da Terra. Esta sonda do espaço profundo revelou as primeiras galáxias a emergirem das chamadas "eras escuras" do Universo, o período logo após o big bang. O telescópio Hubble estava direcionado para uma região do espaço que parecia quase vazia para telescópios baseados no solo. Mas com a exposição demorada de um trecho de céu com apenas um décimo do diâmetro da Lua cheia, os cientistas puderam observar quase 10 mil galáxias!

Esse extraordinário progresso em ciência e tecnologia revelou a assombrosa capacidade que tem a mente humana de explorar o mundo natural externo do universo físico. Mas para explorar o mundo natural interno da mente, temos de construir e aprimorar o telescópio interior do *samadhi*. O uso da atenção concentrada, altamente refinada, estável, não ficou de modo algum confinado às tradições contemplativas da Índia, embora elas pareçam ter feito os primeiros e maiores avanços nesse campo.

Os primeiros contemplativos cristãos certamente reconheceram a necessidade de acalmar a mente e concentrar a atenção, fazendo algum progresso a esse respeito. Santo Agostinho (354-430), por exemplo, descreveu sua experiência de concentrar a atenção como "um estado a meio caminho entre sono e morte: a alma é arrebatada de modo a ser apartada dos sentidos físicos mais do que no sono, porém menos do que na morte".[29] Com relação ao estado contemplativo que surge ao fazermos a percepção se voltar para si mesma, ele escreveu: "É o que o profeta chama nosso eu antes de nascermos, conhecido por Deus desde toda a eternidade: 'Antes de formar-te no útero, eu te conhecia' (Jeremias 1,5)". Muito influenciado pelos escritos de Platão, Agostinho estava convencido de que a genuína felicidade não podia ser alcançada por uma efêmera junção da alma com a "luz imutável" da mente de Deus. Ao contrário, a alma devia de alguma forma estar erguida de forma irreversível e total sobre o reino da mudança. Como descrito anteriormente, a despeito da longa dedicação de Agostinho à prática espiritual, no final da vida ele concluiu que a contemplação era iniciada nesta vida, mas só poderia ser perfeita através da morte, que é encarada por alguns contemplativos cristãos como a suprema experiência religiosa. Trata-se de uma diferença fundamental entre os pontos de vista cristão e budista com relação aos potenciais da prática contemplativa, pois os budistas sempre concluíram que os mais elevados estados de percepção podem ser alcançados nesta vida, resultando em permanente purificação e liberdade da mente.

A crença de que a mente só pode ser completamente libertada através da morte é alheia às tradições contemplativas da Índia, onde o desenvolvimento do *samadhi* começou séculos mais cedo e parece ter atingido níveis muito mais elevados de refinamento e estabilidade. Presume-se que, muito antes da época do Buda, os contemplativos indianos fossem capazes de permanecer nos estados mais profundos de *samadhi* durante horas ou mesmo dias a fio. Certa vez, quando perguntaram a Buda sobre a diferença entre seus ensinamentos e os dos contemplativos mais antigos, ele afirmou que seus predecessores não tinham entendido plenamente a prática do *samadhi*.[30] Era a isto provavelmente que estava se referindo quando afirmou em outro lugar haver "despertado para a estabilização meditativa" (*dhyana*), sugerindo não que fosse o primeiro a alcançar esse estado avançado de *samadhi*, mas que fosse o primeiro a compreender com clareza tanto os benefícios quanto as limitações de tal experiência.[31]

O *samadhi* autêntico, segundo os ensinamentos do Buda, é um estado de consciência altamente concentrado em que todas as nossas faculdades mentais são unificadas e direcionadas para um determinado objeto. A palavra sânscrita *samadhi* está relacionada com um verbo que significa "juntar" ou "recolher", como ao se recolher lenha para acender uma fogueira. Assim *samadhi* significa literalmente "recolher-se", no sentido de alcançar uma serenidade ou unificação da mente.[32] O Buda enfatizou muitas vezes a importância de pôr a mente sob controle dessa maneira, para que possamos pensar só o que quisermos pensar e possamos controlar a mente em vez de sermos controlados por ela. Assim se aprende a dominar a mente perambulante, o que equivale a domesticar um elefante selvagem.[33]

Os budistas costumam falar de quatro estágios de estabilização meditativa, cada um mais refinado que o outro. Muitos budistas theravada acreditam que a primeira estabilização meditativa, mais básica, proporciona uma base suficiente em *samadhi* para alcançarmos os estados mais elevados de percepção contemplativa (*vipashyana*), que libertam a mente, de forma plena e irreversível, de todas as tendências penosas. Segundo o comentador theravada do século V, Budagosa, assim que a primeira estabilização for alcançada, o *samadhi* pode ser mantido "por uma noite inteira e um dia inteiro, assim como um homem saudável, após se levantar de sua cadeira, pode ficar um dia inteiro em pé".[34] Enquanto a mente está assim absorvida, com os sentidos inteiramente retirados, podemos ainda nos ocupar de pensamentos discursivos e raciocínio lógico se optarmos por fazê-lo. Mas a mente não vomita mais obsessivamente um pensamento involuntário atrás do outro e a pessoa não se identifica compulsivamente com eles, caindo em distração.

Depois da iluminação, o Buda comentou suas próprias lutas para alcançar a primeira estabilização ao se dirigir a um grupo de monges que, aparentemente, estavam tendo dificuldades semelhantes. Mesmo um de seus discípulos mais importantes, chamado Mogalana, precisou de sua assistência para atingir esse nível de *samadhi*.[35] Talvez a consequência mais importante de alcançar a primeira estabilização meditativa é que ela liberta a pessoa dos cinco obstáculos: desejo sensual, má-fé, preguiça e torpor, inquietação e ansiedade, e dúvida. O primeiro grau de *samadhi* nos purifica temporariamente desses obstáculos durante a meditação, embora só fiquemos irreversivelmente purificados deles com a obtenção subsequente de discernimento contemplativo. Com a realização da primeira estabilização é também muito mais difícil para eles contaminar a mente depois da meditação. Mesmo neste caso, a mente continua "maleável", "manejável" e "constante, de modo que se pode facilmente direcioná-la para ver as coisas 'como elas verdadeiramente são'".[36] Quando as coisas são vistas como verdadeiramente são por uma mente calma e maleável, essa visão afeta suas camadas mais profundas, fazendo-a chegar muito além de uma compreensão intelectual superficial, porque os *insights* serão capazes de penetrar nessas regiões, provocando assim uma mudança interior.

O Buda deixou claro que a mente tem de ser libertada dos obstáculos para realizar o estado mais elevado de liberdade espiritual.[37] Embora os estudiosos divirjam quanto ao grau mínimo de *samadhi* que é necessário como base para atingir o Nirvana, há evidência nos ensinamentos do Buda, como registrados no cânon páli, que a primeira estabilização meditativa é um pré-requisito necessário para atingir a iluminação.[38] O próprio Buda não estabeleceu a distinção sutil entre a plena realização desse estágio de *samadhi* e a "concentração de acesso" à primeira estabilização. Mais tarde, porém, contemplativos theravada e mahayana o fizeram e, segundo muitos budistas mahayana, esse grau ligeiramente menos estável de *samadhi* é suficiente.[39]

Mesmo só com a conquista do acesso à primeira estabilização meditativa, comumente conhecida como *samatha* (quietude meditativa), a pessoa pode manter, sem esforço e continuamente, um *samadhi* impecável por pelo menos quatro horas, embora talvez não por todo um dia e uma noite. Com esse grau de estabilidade, a pessoa pode sem esforço sustentar o equilíbrio meditativo, livre até mesmo dos traços mais sutis de negligência e agitação. Embora esse estado de equilíbrio mental não seja permanente, podemos mantê-lo seguindo um estilo de vida contemplativo e conservando a atenção afiada através da prática regular.

Contemplativos budistas e cristãos tiraram diferentes conclusões com relação à possibilidade de purificarmos a mente de forma completa de todas as paixões e aflições, percebendo diretamente a natureza última da realidade e alcançando a perfeição do *insight* contemplativo nesta existência. Quase todos os budistas sustentam que esses ideais podem em princípio ser realizados nesta vida, por mais rara que tal realização possa ser, enquanto a maioria dos cristãos acredita que tais objetivos só podem ser atingidos na vida após a morte. Há muitas diferenças importantes em seus pontos de vista sobre a natureza e extensão das impurezas da mente, assim como sobre a natureza de Deus e o Nirvana. Mas a discussão acima levanta a questão: podem algumas dessas diferenças ser fruto dos respectivos avanços em *samadhi* feitos por contemplativos budistas e cristãos? Se os cristãos tivessem atingido os mesmos níveis de estabilização meditativa que aqueles reivindicados pelos budistas, poderiam ter alterado seus pontos de vista sobre os potenciais da prática contemplativa nesta existência? São questões que só podemos responder desenvolvendo estágios mais avançados de *samadhi*, assim como a existência de outras galáxias só pode ser explorada com telescópios de grande potência. Só desse modo o espaço profundo da consciência, com todas as suas dimensões ocultas, pode ser plenamente explorado.

[PRÁTICA] 11

SONDANDO A NATUREZA DO OBSERVADOR

Acomode seu corpo em seu estado natural, sentado ou deitado, e então, plenamente atento às sensações táteis por todo o corpo, deixe a respiração entrar no ritmo natural. Respire descontraidamente, como se estivesse num sono profundo, sem tentar alterar propositalmente a respiração.

Com os olhos semicerrados, descanse vagamente o olhar no espaço à sua frente. Durante a inspiração, atraia sua percepção para si mesmo, iluminando a própria natureza dela. Durante a expiração, liberte a percepção, tirando todos os pensamentos e objetos da mente. Como você inverte a percepção na inalação, não há como detectar um verdadeiro sujeito e, quando você liberta a percepção durante a exalação, tira todos os conteúdos da mente, não havendo assim objeto a que se agarrar. A cada inalação, ignore o fluxo de pensamentos e imagens obsessivos atraindo a percepção para a fonte desses conteúdos da mente. E a cada exalação, ignore a tendência compulsiva para se identificar com pensamentos involuntários, emoções e desejos, liberando todos os conteúdos da mente. Por todo o curso de cada inspiração e expiração, sustente com cuidado a percepção da percepção.

À medida que sua mente se acalma, a respiração se torna cada vez mais sutil e, enquanto isso acontece, desprenda sua percepção da respiração e descanse no fluxo em curso da percepção da percepção. Agora direcione a atenção para baixo, liberte com gentileza a mente e, sem nada sobre o que meditar, descanse tanto o corpo quanto a mente em seu estado natural. Não tendo nada sobre o que meditar, e sem nenhuma modificação ou adulteração, deixe a percepção descansar sem oscilar em seu próprio estado natural, com a limpidez natural, exatamente como ela é. Permaneça nesse estado luminoso, descansando a mente para que ela fique solta e livre.

Então, vez por outra, faça a pergunta: "O que é a consciência que está se concentrando?". Concentre a atenção com firmeza e depois torne a fazer a pergunta. Continue fazendo isso de uma maneira alternada. Este alternar entre fazer a pergunta e concentrar a atenção em seu interior é um método eficiente para afastar problemas de negligência e letargia. Sempre que for distraído por barulho ou outras sensações do ambiente, deixe que isto sirva como um lembrete para devolver a mente perambulante ao momento presente.[1]

Pratique o exercício durante 25 minutos; depois, à medida que for saindo da meditação, continue a identificar todas as aparências pelo que são: aparências. Não objetive nada no exterior e não "subjetive" nada por dentro. Observe tudo como aparências para a percepção, sem objetos absolutos "lá" ou sujeitos "aqui". As aparências para seus sentidos físicos não existem independentemente de sua mente, assim como os reflexos num espelho-d'água não existem independentemente da água. Seus pensamentos e imagens mentais são simplesmente reflexos sobre sua percepção. Eles também não "reapresentam" nada já existente lá, de forma independente de sua mente. São apenas os conteúdos de sua mente e nada mais.

Sempre que ficar perturbado, admita que nada lá fora é a verdadeira fonte de seu mal-estar. Assim como a fonte de sofrimento não está na natureza pura, luminosa de sua percepção. A fonte fundamental dos problemas é a tendência ilusória para materializar sujeitos e objetos, agarrando-se a eles como se eles fossem reais e concretos, existindo por si mesmos.

Mantenha em todas as suas atividades uma decidida atenção plena, descansando sempre que puder num estado de percepção luminosa, sem se agarrar à existência inerente de objetos ou sujeitos. Permaneça engajado na realidade, presente com atenção plena ante os eventos que surgem no ambiente à sua volta e dentro de sua mente, sem voltar a cair em pensamentos obsessivos e apegos compulsivos. Viva como se estivesse num sonho lúcido (reconhecendo que está sonhando enquanto está sonhando) e tente alterar sua experiência de realidade mudando o modo como você a vê. Esta é a estrada para a liberdade.

[TEORIA]

O ESTADO BÁSICO DA CONSCIÊNCIA

A BASE DO VIR A SER

Segundo os mais antigos relatos dos ensinamentos de Buda registrados na língua páli, ele disse que, concentrando a percepção na própria natureza da percepção, a pessoa acaba apreendendo o "signo da mente". O termo "signo" neste contexto se refere às características peculiares pelas quais a pessoa reconhece ou recorda alguma coisa, neste caso a natureza da mente ou a própria consciência.[1] São elas os atributos de luminosidade e cognição puras. Para identificar os traços definidores da consciência, não apenas seus correspondentes neurais ou comportamentais, devemos tratá-los como qualquer outro fenômeno natural e observá-los diretamente, com clareza e continuidade. Historicamente, a pesquisa científica tem se baseado em observação objetiva, mas a consciência não pode ser observada objetiva ou publicamente, só em termos de nossa própria experiência subjetiva. Como um filósofo contemporâneo comenta, o erro que devemos evitar é nos recusarmos a levar a consciência a sério em seus próprios termos. Isto pode requerer que "deixemos de pensar na história da ciência e continuemos a produzir o que pode se revelar uma nova fase nessa história".[2]

Esta nova fase pode recorrer vigorosamente a 2500 anos de pesquisa experimental sobre a natureza da consciência na tradição budista. Quando a pessoa alcança a "concentração de acesso" à primeira estabilização, como descrito no Capítulo 10, os sentidos físicos ficam entorpecidos, pensamentos e imagens mentais se aquietam e nossa percepção passa a descansar num estado naturalmente puro, desimpedido, luminoso, conhecido como *bhavanga* ou "base do vir a ser". Quando identificamos esse estado básico de consciência, passamos a conhecer o signo da mente ou a característica fundamental pela qual a mente pode ser reconhecida. Como esse estado básico é normalmente inacessível, visto que ocorre sobretudo durante o sono profundo, para soltar a força da *bhavanga*, a mente deve ser plenamente "despertada" por desenvolvimento meditativo, para que seu potencial radiante possa ser plenamente ativado.[3]

A *bhavanga* se manifesta quando a percepção foi afastada dos sentidos físicos e as atividades da mente, como pensamentos e imagens discursivos, se acalmaram. Isso acontece de forma natural no sono sem sonhos e no último momento da vida.[4] Alguns antigos budistas encaravam a *bhavanga* como a "consciência raiz", da qual todas as formas sensoriais de consciência e atividades mentais emergem, assim como os galhos, folhas e frutos de uma árvore se desenvolvem de sua raiz.[5]

AS CARACTERÍSTICAS DEFINIDORAS DA CONSCIÊNCIA

Segundo muitos defensores da escola mahayana do budismo, a consciência é caracterizada por dois atributos fundamentais: luminosidade e cognição.[6] Para se ter uma ideia do que se pretende dizer com esses termos, imaginemos que o tenham imergido num tanque de privação sensorial tão eficiente que nos tornamos inteiramente inconscientes do corpo e do ambiente físico. Seus sentidos físicos não captam nada. Imaginemos, além disso, que todos os pensamentos discursivos, imagens mentais e outras atividades da mente se acalmam. Mesmo nesse estado de profunda inatividade, uma espécie de vácuo aparece ante a percepção e essa aparência é produzida pela qualidade luminosa da mente. Ademais, há um sentimento imediato de estar ciente, o que também é uma expressão da luminosidade da mente. A consciência não apenas *ilumina* esta vacuidade e sua própria presença como percepção, ela também *sabe* que o espaço da mente é vazio e que há percepção desse espaço. Esse conhecimento é a cognição da consciência, seu segundo traço definidor.

Só a consciência tem essas duas qualidades únicas. Sem isso, não existem aparências — nem cores, sons, cheiros, gostos, sensações táteis ou imagens mentais, como sonhos. Sem isso, nada é conhecido. Quando os sentidos físicos estão entorpecidos e as atividades da mente são aquietadas, tudo que resta é percepção mental, chamada às vezes de introspecção. Esse termo, porém, é empregado de dois modos muito diferentes: pensar sobre os pensamentos, emoções e outros estados e processos mentais e estar ciente dos conteúdos da mente e da própria percepção. Infelizmente, esses significados estão com frequência fundidos, o que pode facilmente dar origem a confusão.

A CONSCIÊNCIA SUBSTRATO

Empenhando-nos no exercício descrito no capítulo precedente, podemos trazer todo tipo de memórias, fantasias e emoções, previamente inconscientes, para a luz da percepção. Como a experiência que temos de nossos estados mentais é fartamente editada e processada pela estrutura habitual da mente, tendemos a experimentar os pensamentos e emoções que encaramos como "normais". Mas neste treinamento, a luz da consciência, como sonda no espaço profundo, ilumina processos mentais anteriormente invisíveis que parecem completamente alheios à nossa experiência passada e senso de identidade pessoal.

Quando conscientemente expomos o espaço profundo da mente por meio de milhares de horas de observação, de modo consciente, penetramos em dimensões normalmente ocultas que são mais caóticas, níveis em que a ordem e a estrutura da psique humana estão apenas começando a emergir. Estrato sobre estrato de processos mentais antes escondidos no subconsciente se manifestam até que, finalmente, a mente passa a descansar em um estado natural, de onde surgem eventos tanto conscientes quanto normalmente subconscientes. É um exercício de psicologia verdadeiramente profunda, em que observamos "amostras do centro" da mente subconsciente, atravessando muitas camadas de uma moldura conceitual acumulada.[7]

O auge desse processo meditativo é a experiência da consciência substrato (*alaya-vijñana*), que é caracterizada por três traços essenciais: felicidade completa, luminosidade e não conceitualidade. A felicidade completa não surge em resposta a quaisquer estímulos sensoriais, pois os sentidos físicos são eliminados, como se a pessoa estivesse dormindo profundamente. Também não surge em função de pensamentos ou imagens mentais agradáveis, pois essas atividades mentais ficaram entorpecidas. Ao contrário, ela parece ser uma qualidade inata da mente que se acomodou em seu estado natural, além das influências perturbadoras da atividade mental consciente e inconsciente.[8] A luminosidade da consciência substrato é uma das duas características definidoras da consciência e é o que ilumina todas as aparências para a mente. A não conceitualidade, neste contexto, é experimentada como uma calma profunda. Não está, porém, absolutamente desprovida de pensamentos, pois essa dimensão de consciência é subliminarmente estruturada por conceitos. Quando alcançamos esse equilíbrio atencional, alcançamos a *samatha* e somos capazes de nela permanecer facilmente por pelo menos quatro horas, com os sentidos físicos plenamente retirados e a percepção mental bastante estável e alerta.

Düdjom Lingpa, o contemplativo tibetano do século XIX, descreveu esse processo como se segue: "Alguém com uma experiência de vacuidade e claridade que direciona sua atenção para dentro pode dar um paradeiro a todas as aparências externas e chegar a um estado em que acredite que não existem aparências ou pensamentos. Essa experiência de radiância da qual a pessoa se arrisca a não sair é a consciência substrato".[9] Contemplativos tibetanos acreditam que a experiência da consciência substrato produz *insights* sobre o nascimento e a evolução da psique humana. Buscando uma analogia na biologia moderna, ela pode ser retratada como uma espécie de "consciência tronco". Assim como uma célula-tronco se diferencia com relação a ambientes bioquímicos específicos, como um cérebro ou um fígado, a consciência substrato se torna diferenciada com respeito a espécies específicas. Este é o primeiro estado de consciência de um embrião humano e gradualmente assume as características distintivas de uma psique humana específica, visto que é condicionada e estruturada por uma ampla gama de influências fisiológicas e, mais tarde, culturais. A consciência substrato não é inerentemente humana, pois é também o estado básico da consciência de todas as outras criaturas sencientes. A mente humana emerge dessa dimensão de percepção, que é anterior e mais fundamental que a dualidade humana, conceitual, de mente e matéria.[10] Tanto a mente quanto todas as experiências de matéria viriam desse espaço luminoso, que é indiferenciado em termos de qualquer sentimento nítido de sujeito e objeto. Assim, a hipótese da consciência substrato rejeita tanto o dualismo cartesiano, como explicado anteriormente, quanto a crença de que o Universo é exclusivamente físico. Além do mais, pode ser submetida ao teste da experiência, independentemente dos compromissos ideológicos e das suposições teóricas da pessoa.

Um contemplativo pode deliberadamente investigar essa dimensão da consciência através da prática anteriormente descrita, em que pensamentos discursivos ficam entorpecidos e todas as aparências de si mesmo, dos outros, do próprio corpo e do ambiente desaparecem. Neste ponto, como ao dormir e morrer, a mente é puxada para dentro e os sentidos físicos ficam entorpecidos. O que sobra é um estado de consciência radiante, clara, que é a base para a emergência de todas as aparências no fluxo mental de um indivíduo. Todos os fenômenos que se mostram à percepção sensorial e mental estão imbuídos dessa claridade e se revelam a essa consciência substrato vazia, luminosa.

Embora o budismo se caracterize, em geral, por refutar a existência de uma alma, a descrição da consciência substrato pode soar como se o conceito de alma estivesse sendo reintroduzido. Se esse é ou não o caso, depende de como definimos alma. O tipo de eu, ou alma, refutado no antigo budismo é caracterizado como imutável, unitário e independente. A consciência substrato, como descrita na tradição da Grande Perfeição do budismo tibetano, consiste de um fluxo de momentos de consciência que surgem e passam, não sendo, portanto, imutável ou unitária. Além disso, é condicionada por diferentes influências, incluindo momentos anteriores de percepção dentro de seu *continuum* como consciência substrato, não sendo, portanto, independente. Nem é esta dimensão de consciência especificamente humana; mais exatamente, é o *continuum* sutil de percepção do qual emerge a mente humana durante a formação do embrião e no qual a mente se dissolve durante o processo de morte. Cada vez que caímos num sono sem sonhos, a mente se dissolve na consciência substrato, que é sempre incitada a criar um sonho atrás do outro, cada um dos quais volta a se dissolver nessa percepção base, até que finalmente acordamos e a mente desperta torna a emergir.

Ao experienciar pela primeira vez esse estado de bem-aventurança, luminoso, conceitualmente silencioso, pode ser fácil concluir que é o Nirvana ou natureza última da consciência. Mas os contemplativos tibetanos vêm insistindo há séculos que se trata apenas do relativo estado básico de percepção e que experimentá-lo não acarreta libertação permanente da mente. Panchen Lozang Chökyi Gyaltsen, por exemplo, comenta que a experiência dessa dimensão de consciência capacita a pessoa a reconhecer a natureza fenomenal da mente.[11] Düdjom Lingpa também declara que a experiência fornece uma noção da natureza relativa da mente, que não deve ser confundida com a "percepção clara e iluminada" ou qualquer outro estado exaltado de compreensão. Na verdade, se ficamos presos aí, não avançando mais na prática meditativa, ela não nos deixará um passo mais perto da iluminação.[12]

Os cientistas modernos, é compreensível, ainda não reproduziram essa descoberta. Enquanto os métodos de investigar a mente estiverem limitados às abordagens materialistas do estudo do cérebro e do comportamento, nossa compreensão da mente será necessariamente materialista. E as dimensões mais profundas da consciência que só se tornam evidentes com a realização do *samadhi* direcionado para o interior permanecerão inexploradas e desconhecidas. Para o cientista materialista, a existência da consciência substrato pertence ao reino da metafísica. Contudo, para o contemplativo experiente, trata-se de um fato empírico que só pode ser descoberto com uma atenção altamente refinada, estável, vigorosa, direcionada, como um potente telescópio, para o espaço interior da mente.

O SUBSTRATO

Quando a mente da pessoa se acomodou em seu estado natural, o espaço vazio do qual ela está ciente é chamado de substrato (*alaya*).[13] Descrevê-lo é difícil porque, neste ponto, devido à relativa ausência de pensamentos de "Eu" e "não Eu" não existe experiência nítida de uma divisão entre sujeito e objeto. A pessoa agora tem uma percepção "subjetiva" do substrato que aparece como seu objeto — uma espécie de vácuo em que todos os conteúdos mentais temporariamente amainaram. A mente pode agora ser equiparada a um globo de neve luminoso e transparente no qual todas as partículas agitadas de atividades mentais encontraram repouso.

O substrato é permeado por um campo de energia criativa conhecido na tradição mahayana como *jiva* ou força vital. Esse *continuum* energético, e não o cérebro, é considerado o verdadeiro repositório de memórias, traços mentais, padrões de comportamento e inclusive marcas físicas passando de uma vida para outra.[14] Todas as aparências sensoriais e mentais emergem do espaço do substrato, e ele tem capacidade de gerar realidades alternativas, como sonhos fantásticos quando alguém dorme. Quando o substrato se manifesta num sono sem sonhos, é em geral inobservável e sua existência só pode ser deduzida a partir da experiência desperta. Mas com milhares de horas de treinamento contínuo para desenvolver o relaxamento mental e físico, juntamente com estabilidade e nitidez da atenção, a pessoa poderia checar direta e nitidamente, este espaço interior e observar como fenômenos mentais e sensoriais emergem dele em função de uma ampla gama de influências psicológicas e físicas. Quando a mente de uma pessoa não treinada contemplativamente se dissolve no substrato na hora da morte, ela experimenta um breve estado de esquecimento. Mas alguém que tenha se familiarizado com o substrato, investigando-a com o *samadhi*, pode cruzar o limiar da morte conscientemente, reconhecendo com nitidez o substrato pelo que ele é e, assim, morrer lucidamente. Düdjom Lingpa escreve a esse respeito: "O verdadeiro substrato é algo imaterial, desprovido de pensamento, um vácuo e um vazio semelhantes ao espaço, onde as aparências são suspensas. Saiba que você chega a esse estado num sono profundo, sem sonhos, quando desmaia e quando está morto".[15]

Examinando o substrato com cuidado e uma atenção bem concentrada, sustentada, a pessoa descobre uma espécie de relatividade de espaço-tempo pertencente ao observador e aos conteúdos da mente. Começamos examinando o "espaço" entre pensamentos, que é caracterizado pela passagem do tempo. Isto é, o tempo entre eventos mentais é inseparável do espaço entre eles. Podemos então determinar a partir da própria experiência se esse espaço-tempo subjetivo é constante ou muda com relação ao fluxo de conteúdos da mente. O *continuum* se contrai e se expande ou permanece o mesmo quando surgem pensamentos? Por exemplo, o espaço da mente parece desmoronar em pensamentos e o tempo parece passar mais devagar? Se os pensamentos têm uma forte carga emocional, eles influenciam o espaço-tempo da mente mais que os pensamentos que são emocionalmente neutros? Pensamentos e emoções positivos afetam esse espaço-tempo de maneira diferente dos negativos, e se assim for, como?

À medida que prestamos atenção ao espaço da mente, pensamentos e imagens surgem como fluxos de partículas que emergem de um vácuo. Campos de emoções positivas, negativas e neutras permeiam esse espaço, flutuando a cada momento, e ondas de desejo podem passar impetuosamente, com frequência incrustadas de pensamentos e emoções. A prática crucial é observar o surgimento e passagem de todos esses eventos, assim como esse *continuum* de espaço-tempo em si, sem deixar sua percepção entrar em colapso.

O Dalai-Lama comenta sobre a relatividade de espaço-tempo:

Se você capacita sua mente por diferentes práticas contemplativas, um certo reino de realidade surge através da maturação de seu discernimento contemplativo. Pegue o exemplo discutido em alguns textos budistas de como meditadores em estados altamente evoluídos são capazes de experienciar eras contraídas num único instante de tempo, sendo também capazes de estender um único instante de tempo por uma eternidade. Do ponto de vista de uma terceira pessoa, o que o meditador experimenta como uma era é visto apenas como um instante. O fenômeno é subjetivo, exclusivo do meditador.[16]

A CONSERVAÇÃO DA CONSCIÊNCIA

A dimensão unificada do substrato e da consciência substrato não é nem espaço físico nem psique humana. Contudo, todas as nossas experiências de fenômenos objetivos e subjetivos surgem desse estrato e ele fornece um portal para uma dimensão mais sutil da existência, num nível mais fundamental que nosso mundo dualista de mente e matéria.[17] Contemplativos que exploraram essa dimensão imaterial de realidade descobriram um princípio de conservação da consciência que se manifesta em cada momento de experiência. Nenhum constituinte do corpo — no cérebro ou em outro lugar — se transforma em estados e processos mentais. Essas experiências subjetivas não emergem do corpo, mas também não emergem do nada. Sem dúvida, todas as aparências mentais objetivas surgem do substrato e todos os estados e processos mentais subjetivos surgem da consciência substrato. No curso de uma vida humana, esses eventos mentais são condicionados pelo cérebro e pelo ambiente e, por sua vez, influenciam o cérebro, o corpo e o ambiente físico. Mas não *se transformam* nesses fenômenos físicos. Portanto, especulações contemporâneas de cientistas e filósofos sobre como o cérebro produz experiências mentais subjetivas estão, desse ponto de vista, baseadas todas numa suposição indiscutivelmente falsa: a de que o cérebro é o único responsável pela geração de todos os estados de consciência possíveis. A falha explanatória ao se tentar compreender como certos tipos de atividade neural podem ser equivalentes a eventos mentais é intransponível, pois eventos neurais e mentais jamais são idênticos.[18]

Essa visão combina com as hipóteses de Pitágoras, Sócrates, Orígenes, Santo Agostinho e William James, sendo também compatível com tudo que se conhece atualmente sobre interações mente-cérebro. O que o budismo traz à confrontação entre visões do mundo materialistas e contemplativas é um modo prático de testar essas visões por uma experiência em primeira pessoa, isto é, através do aprimoramento da atenção e da fixação da mente, em especial na prática *samadhi* de inversão da percepção.

William James propôs três modelos diferentes para explicar as correlações entre processos cerebrais e experiência subjetiva: o cérebro produz pensamentos, como um circuito elétrico produz luz; o cérebro libera, ou permite, eventos mentais, como o gatilho de uma besta libera uma flecha removendo o obstáculo que segura a corda; e o cérebro transmite pensamentos como um prisma transmite luz, produzindo assim um surpreendente espectro de cores.[19] De acordo com o terceiro modelo, o que James defendia, o fluxo de consciência pode ser um tipo de fenômeno diferente do cérebro, que interage com o cérebro enquanto estamos vivos, absorve e retém a identidade, a personalidade e as memórias constitutivas dessa interação, e pode continuar sem o cérebro. O conhecimento científico contemporâneo das interações da mente e do cérebro é compatível com todas as três hipóteses propostas por James. Os neurocientistas, porém, não tendo métodos experimentais para investigar essa última teoria, simplesmente presumiram a validade da primeira hipótese, que está de acordo com suas suposições materialistas, que praticamente jamais questionam. Os contemplativos budistas não foram constrangidos pelos compromissos ideológicos do materialismo. Sujeitando a consciência ao mais rigoroso escrutínio experimental, fizeram descobertas que desafiam algumas das suposições mais fundamentais que estão na base da ciência moderna.

[PRÁTICA 13]

PERCEPÇÃO OSCILANTE

Acomode seu corpo em seu estado natural, imbuído das qualidades de relaxamento, calma e vigilância. Depois, enquanto integralmente atento às sensações que percorrem o corpo, deixe a respiração se acomodar em um ritmo natural, respirando de maneira tão descontraída quanto se estivesse em sono profundo.

Com os olhos semicerrados e o olhar pousando vagamente no espaço à sua frente, alterne entre voltar a atenção para dentro de você mesmo, o observador, e soltar a percepção no espaço, não se concentrando em nenhum objeto. Em seguida, alterne entre soltar a percepção e se concentrar interiormente naquilo que está controlando a mente, liberando e concentrando de forma cadenciada a atenção. Faça a pergunta: "Qual é o agente que solta e concentra a mente?". Foque a atenção com firmeza sobre você mesmo, depois solte de novo. Continue alternando entre concentrar com firmeza a percepção e liberá-la de forma suave, fazendo-a tranquilamente descansar num estado de receptividade.

[TEORIA] 14

CONSCIÊNCIA SEM COMEÇO OU FIM

MORTE E ALÉM

No mundo moderno, o destino da consciência individual na morte é amplamente considerado matéria de fé religiosa ou crença metafísica. Por seu lado, os materialistas consideram a questão já respondida além de qualquer dúvida razoável: a morte tem de acarretar o término da existência e consciência individuais. Como os cientistas — muitos dos quais adotando concepções materialistas — ainda não identificaram as causas necessárias e suficientes da consciência, também desconhecem o destino da consciência na morte. Embora os materialistas exprimam uma crença com base em evidências não conclusivas, muitos se apegam a essa crença com toda a tenacidade irrestrita dos crentes religiosos mais irredutíveis. Trata-se de uma consequência de se concluir sobre a consciência sem ter quaisquer meios de investigar sua natureza diretamente.

A crença de que a consciência humana ou a alma é dispersada e destruída na morte era comum durante a época de Sócrates.[1] Contudo, aproximando-se das noções contemplativas dos pitagóricos, o próprio Sócrates declarou que a verdade do que acontece na morte — contrariamente à crença popular na aniquilação pessoal — é conhecida apenas por aqueles que estudaram filosofia. O verdadeiro filósofo, a seu ver, "pratica a morte", afastando-se da ânsia sensual e dos desejos corpóreos. Quando um desses buscadores da verdade perece, sua alma "parte para um lugar que é, como ela própria, invisível, divino, imortal e sábio, onde, à sua chegada, a felicidade a espera e a liberta de ... todos... os males humanos".[2] Mas as almas das pessoas comuns, que não se ocuparam de um tal treinamento filosófico, ficam vagando como espíritos após a morte. Finalmente, "graças ao forte desejo pelo corpóreo, que incessantemente as persegue, são mais uma vez aprisionadas num corpo. E, como se pode esperar, são atadas ao mesmo tipo de caráter ou natureza que desenvolveram durante a vida".[3]

Como os pitagóricos, os antigos contemplativos hindus da Índia exploraram a natureza e o destino da consciência com o poder do *samadhi*. Relataram que, na morte, um fluxo de consciência individual, unificado com um *continuum* de energia vital, deixa o corpo. Esse fluxo de consciência-energia acaba finalmente reencarnado, e isso sempre se repetirá.[4]

A existência dessa força vital (*jiva*), que acompanha o fluxo sutil da consciência durante todo o curso de uma vida e além dela, é também afirmada em antigos escritos budistas. Segundo um relato, o príncipe Payasi, um materialista, comandou o experimento horripilante de aprisionar um criminoso num jarro selado até ele morrer. Verificou então se havia alguma prova objetiva de uma força vital deixando o jarro quando ele foi aberto. Ao ver que não houve a prova, concluiu que essa tal força vital não existia. Mas Mahakassapa, o renomado discípulo de Buda, argumentou que, como a força vital que entra numa pessoa ou a deixa não podia ser objetivamente medida quando a pessoa sonha, não era razoável esperar por uma prova objetiva de tal força entrando ou saindo quando a pessoa morre.[5] Mahakassapa não refutou a hipótese do príncipe, só a premissa de que isso podia ser medido objetivamente. Como a própria consciência, a força vital é algo que só pode ser detectado tendo em vista a própria experiência subjetiva de uma pessoa.

Em outro lugar do cânon páli, há referências a um corpo feito-de-mente que sobrevive à morte e tem forma, incluindo membros e órgãos. Mesmo enquanto a pessoa está viva, ele pode ser meditativamente afastado do grosseiro corpo físico e a ele retornar. A força vital é parcialmente dependente do corpo, mas pode sair por meio do corpo feito-de-mente, que ocupa espaço mas não colide com a matéria. A mente grosseira, ao contrário, aparece juntamente com a formação do feto e está subordinada ao corpo físico.[6]

Comentamos no Capítulo 12 que o último momento do processo de morte ocorre quando a mente grosseira se dissolveu inteira e irreversivelmente na base do vir a ser, ou na consciência substrato. Imediatamente antes dessa dissolução final, surgiria a lembrança de um feito (sadio ou nocivo, dependendo das tendências gerais da pessoa por todo o curso da vida) que indicaria o tipo de renascimento que se encontra à frente.[7] Contemplativos budistas, hindus e pitagóricos, todos concordam que o ímpeto por trás dessa transmigração de consciência é o desejo ardente. O Buda declarou que, assim como uma labareda pode ser arrebatada pelo vento, a consciência é impelida de uma vida para a outra pela corrente do desejo. Esse ímpeto continua durante o intervalo entre a pessoa "pôr de lado" o corpo na morte e surgir num novo corpo, como uma fogueira carregada pelo vento através de um fosso.[8] Como o intervalo é chamado de "vir a ser",[9] naturalmente se conclui que a base do vir a ser é equivalente ao *continuum* sutil de consciência que prossegue de uma vida para a próxima. É a partir disso que cada psique individual ou mente grosseira emerge em conjunção com a formação de um corpo físico.

Antigos textos budistas caracterizam o período intermediário que se segue à morte e precede a próxima encarnação da pessoa como um período com três fases de "perambulação e oscilação" e "ir e vir", durante o qual os seres estão "procurando ser".[10] A primeira fase consiste em deixar o corpo com o desejo de um renascimento posterior, como um homem que deixa uma casa ou um fragmento que salta de uma peça quente de ferro batido. A segunda fase é perambular de um lado para o outro, procurando um renascimento, como um homem vagando numa estrada ou entre casas, ou um fragmento de ferro quente rolando no ar. A terceira fase envolve cair do estado anterior num novo renascimento, como um homem que se acomoda numa praça ou entra numa casa, ou um fragmento de ferro quente que cai e dá um talho na terra.[11]

VISÕES JUDAICA E CRISTÃ SOBRE RENASCIMENTO

A crença em nascer de novo costuma ser associada a religiões orientais e é de fato particularmente predominante nas culturas que têm desenvolvido meios sofisticados de aprimorar a atenção e direcioná-la interiormente para a natureza da consciência. Embora os modernos ocidentais não tenham conseguido conceber nenhum meio semelhante para investigar as profundezas da consciência, um número notável de cristãos e não cristãos acreditam hoje no renascimento. Segundo uma pesquisa Harris realizada em 1998, 23% dos americanos professam publicamente a crença na reencarnação, incluindo 22% de cristãos e 32% de não cristãos.[12] Levantamentos semelhantes feitos recentemente no Reino Unido indicam que de 30 a 35% da população britânica acredita na reencarnação.

Embora essa crença não seja aceita hoje na maioria das igrejas judaicas e cristãs, ela não deixa de ter base na Bíblia e em escritos teológicos posteriores. Flávio Josefo, o historiador judeu do século I, por exemplo, declarou que os fariseus, a seita judaica que fundou o judaísmo rabínico, acreditavam na reencarnação. Eram os rabinos do Talmude, que se engajavam em debates legais sobre a Torá, mas também praticavam formas de meditação. No relato de Josefo, os fariseus acreditavam que as almas dos maus eram punidas após a morte, e as almas dos bons transmigravam para outros corpos, onde tinham a possibilidade de renascer e viver de novo. Só os saduceus, membros de outra seita judaica, que acreditavam que tudo termina com a morte, não aceitavam a ideia de reencarnação.[13]

Um fariseu citado no Novo Testamento é Nicodemus, membro do conselho de governo judeu. Certa vez Nicodemus se aproximou de Jesus com grande reverência, referindo-se a ele como "um mestre que veio de Deus". Jesus respondeu: "Em verdade vos digo, ninguém pode ver o reino de Deus se não nascer de novo".[14] Apesar da afirmação de Flávio Josefo de que os fariseus literalmente acreditavam na reencarnação, parece que Nicodemus era cético a esse respeito, pois perguntou: "Como um homem poderia nascer, sendo velho? Certamente não pode entrar uma segunda vez no ventre de sua mãe para nascer!". Jesus então falou do renascimento espiritual que deve ter lugar para se entrar no reino de Deus. Mas não refutou a possibilidade de realmente nascermos de novo na carne.

Embora hoje os teólogos cristãos costumem refutar a noção de reencarnação, há pelo menos uma referência à reencarnação de um indivíduo no Novo Testamento, citada no Capítulo 2. É o profeta Elias, que Jesus declarou ter renascido como João Batista.[15] O mais importante teólogo cristão a adotar essa crença foi Orígenes (185-254). Como não há relato nas escrituras do que precedia a criação de uma alma individual, Orígenes se voltou para os escritos de Platão em busca de respostas e afirmou que, durante os ciclos iniciais de evolução do Universo, as almas surgiram sem começo nem fim. Embora o corpo físico se debilite e retorne ao pó, a alma imaterial é ressuscitada ou reencarnada, fortalecida pelas vitórias ou enfraquecida pelas derrotas de vidas passadas.[16] No final, ao permitir que a sabedoria e a luz de Deus brilhem nesta vida através da inspiração de Jesus Cristo, a alma individual deixará para trás o fardo do corpo e conquistará uma completa reconciliação com Deus.

Ao contrário de muitos teólogos cristãos contemporâneos que acreditam que Deus condena a maioria da humanidade e todos os não cristãos à danação eterna, Orígenes sustentava que a extensão e a força do amor de Deus são tão grandes que todas as coisas acabarão sendo restauradas para ele, inclusive Satã e suas legiões. Todos os homens são "irmãos de sangue" do próprio Deus e não podem continuar para sempre separados dele. Mesmo aqueles que desertam devem finalmente ser trazidos de volta e então todas as coisas se tornarão sujeitas a Deus e Deus será "tudo em todos".[17] Orígenes citou Efésios 1,4 como prova da preexistência de almas: "Ele nos escolheu nele antes da fundação do mundo, para sermos santos e irrepreensíveis sob o seu olhar e amor". No Concílio de Niceia em 325, os ensinamentos de Orígenes foram excluídos das doutrinas da Igreja cristã e foram propostos quinze anátemas contra o próprio Orígenes. No concílio, os que defendiam os ensinamentos de Orígenes sobre a reencarnação perderam por apenas um voto.

Santo Agostinho (354-430), que continua sendo um dos pilares centrais da teologia protestante e católica romana até os dias de hoje, propôs quatro hipóteses com relação às origens da alma humana: ela deriva da alma dos pais da pessoa; é de novo criada a partir de condições individuais no momento da concepção; existe em outro lugar e é mandada por Deus para habitar um corpo humano; e desce ao nível da existência humana por opção própria.[18] Ele julgou que todas essas hipóteses eram compatíveis com a fé cristã e declarou que a pessoa devia escolher uma delas com base apenas num raciocínio sadio.[19]

Contudo, em 543, em vez de decidir a questão com base no discernimento contemplativo e na análise racional, o imperador Justiniano elaborou um tratado dogmático, propondo nove anátemas contra *On First Principles* (*Sobre os Princípios Básicos*), a principal obra teológica de Orígenes. No mesmo ano, ordenou que o patriarca cristão Mennas convocasse todos os bispos presentes em Constantinopla e os forçasse a subscrever seus pontos de vista. Como consequência, os escritos de Orígenes foram oficialmente condenados no Segundo Concílio de Constantinopla, em 553, quando 15 anátemas foram lançados contra ele, incluindo a declaração de que a crença na reencarnação era uma heresia. Isto deixou aberta a questão do que acontece após a morte. Muitos cristãos aderem agora à conclusão do Concílio de Lyon, em 1274, que decretou que, após a morte, a alma vai imediatamente para o céu ou para o inferno. No Dia do Juízo Final todas as almas, juntamente com seus corpos, se colocarão diante do tribunal de Cristo para prestar contas do que fizeram. Essa posição foi reafirmada pelo Concílio de Florença, de 1439, que usou quase as mesmas palavras para descrever a rápida passagem da alma para o céu ou para o inferno. Mas isso se choca com a crença de muitos cristãos de hoje de que a alma permanece num estado aparentado ao sono profundo até o Dia do Juízo Final, quando as pessoas se levantarão do túmulo e encontrarão seu criador. Sem dúvida, não tem havido consenso sobre essas questões entre cristãos, no passado ou no presente.

Em vez de confiar na evidência empírica ou no raciocínio convincente sobre as origens da alma humana, a Igreja cristã parece ter deixado essa questão para os políticos e os concílios da Igreja. Apesar do silêncio da Bíblia sobre o assunto, a maioria dos principais teólogos cristãos, desde o século VI, têm se fechado à possibilidade da reencarnação. Em vez, no entanto, de encararmos o assunto simplesmente como uma questão de fé religiosa, com pouca ou nenhuma base nas escrituras, talvez esteja mais de acordo com o espírito de Santo Agostinho investigá-lo de mente aberta.

Na literatura hebraica, a ideia de reencarnação parece surgir pela primeira vez nos escritos de Anan teen David (século VIII), que usou o termo *gilgul* para se referir à transmigração de almas. No judaísmo, a crença na reencarnação está intimamente associada à tradição esotérica conhecida como cabala. O primeiro texto cabalístico documentado é chamado *Livro da Formação* (*Sepher Yetzirah*), que, segundo uma tradição, foi escrito pelo profeta Abraão (c.1700 a.C.), posto numa gruta e depois descoberto no século I pelo rabino Shimon Bar Yochai, que recebeu permissão divina para revelar os ensinamentos a seus discípulos. No século XIV, o cabalista espanhol Moses De Leon apresentou pela primeira vez o *Zohar*, um livro extremamente influente na filosofia cabalística, que ele afirmou ter encontrado como manuscritos redigidos há mais de mil anos. Nessa tradição do judaísmo, o texto básico que descreve as leis complexas da reencarnação é *O Portão das Reencarnações* (*Sha'ar Ha'Gilgulim*), baseado nos escritos do mestre cabalista rabino Isaac Luria (1534-72) e compilado por seu discípulo, rabino Chaim Vital. *O Livro do Esplendor* (*Sepher ha Zohar*) dá um fundamento lógico para a reencarnação que é praticamente idêntico ao do antigo teólogo cristão Orígenes. Segundo esse clássico do misticismo judaico, as almas devem finalmente reentrar no Absoluto, de onde emergiram. Mas para cumprir isto, devem desenvolver as perfeições, cuja semente está plantada nelas. Se não aperfeiçoaram as virtudes até o final da vida, devem então reencarnar até serem preenchidas todas as condições para se reconciliarem com Deus.[20] Essa crença continua até os dias de hoje na tradição hassídica do judaísmo.

PONTOS DE VISTA BUDISTAS SOBRE RENASCIMENTO

A crença na reencarnação predomina em todas as correntes do budismo, derivando inicialmente da experiência de iluminação do Buda. Ele concluiu que são necessárias três coisas para a emergência de uma psique humana e a formação de um embrião humano: o intercurso sexual dos pais, a ovulação na mãe, a presença de um ser no estado intermediário que tenha o karma para renascer desses pais nesse momento.[21] Embora tais seres sejam certamente influenciados por seu karma ou ações nas vidas passadas, eles também escolhem os pais de quem tornarão a nascer. Portanto, a reencarnação não é uma questão de predeterminação em que o futuro é totalmente determinado por eventos passados.

A descoberta contemplativa da existência de vidas passadas foi sabidamente reproduzida por muitas gerações de meditadores budistas que desenvolveram o *samadhi* e usaram-no para explorar a natureza e origens da consciência. Isto é feito basicamente por meio do cultivo da "atenção plena", que tem a conotação primária de recordação.[22] Praticamente todas as correntes do budismo aceitam hoje essa descoberta. Embora alguns seguidores modernos do zen rejeitem a teoria budista da reencarnação como falsa ou irrelevante, não era essa a posição de Dogen Zenji (1200-53), fundador da escola Soto de zen no Japão. Alguns textos de sua principal antologia, *Tesouro do Olho do Dharma Verdadeiro* (*Shobogenzo*), tratam explicitamente do tópico. Eles incluem *Fé Profunda em Causa e Efeito* (*Jinshin inga*), que critica os mestres zen que negam o karma, e *Karma dos Três Períodos* (*Sanji go*), que entra em mais detalhes sobre o assunto.[23]

Hoje em dia a maioria dos cristãos presume que a alma é originalmente criada de condições individuais na época da concepção, embora isto não seja afirmado em parte alguma da Bíblia. A crença comum é que, após a morte, a alma vai, mais cedo ou mais tarde, para o céu ou para o inferno, nunca retornando. Nenhuma dessas crenças se presta à verificação ou rejeição empírica ou lógica, não podendo, portanto, ser encaradas como hipóteses científicas ou conclusões filosóficas. São simplesmente artigos de fé religiosa, sem nenhuma base nas escrituras universalmente aceitas.

ESTUDOS CIENTÍFICOS DO RENASCIMENTO

A maioria dos neurocientistas, psicólogos e filósofos contemporâneos estão convencidos de que a mente humana se desenvolve em conjunto com a formação do cérebro e do sistema nervoso durante a gestação e que todos os processos mentais e estados de consciência cessam com a morte cerebral. Desse ponto de vista, todos os estados de consciência e todos os tipos de processos mentais não passam de funções ou propriedades emergentes do cérebro. Contudo, enquanto o estudo da mente estiver confinado a investigações do cérebro, do comportamento e das operações da psique humana comum, o conhecimento da consciência estará limitado às operações da mente grosseira, conhecidas por meio de seus correlatos físicos. As limitações materialistas dessa abordagem predeterminam que a visão da mente resultante será materialista.

Recapitulando: embora seja quase universalmente aceita hoje entre os cientistas cognitivos a afirmativa de que a mente é uma propriedade física do cérebro, essa não é uma hipótese que possa ser verificada ou rejeitada com os métodos dominantes da psicologia ou da neurociência. É sabido que funções da mente ordinária estão intimamente correlacionadas a funções cerebrais específicas, mas ainda ninguém conhece a natureza exata dessas correlações. Os cientistas também continuam no escuro no que diz respeito à natureza real dos próprios fenômenos mentais e, como mencionado anteriormente, não conhecem as causas necessárias e suficientes da consciência em seres humanos ou em qualquer outro organismo vivo.

A resistência científica até mesmo a considerar a possibilidade de uma evidência que sustente a teoria da reencarnação está profundamente enraizada e é ferozmente defendida, e por boa razão. Se a consciência individual não se origina do cérebro e não cessa com a morte, as implicações vão muito além da mera compreensão científica da mente. A reencarnação, se verdadeira, indicaria que a emergência da vida e de organismos conscientes na Terra não ocorreu devido unicamente a causas materiais. Assim, a teoria da evolução teria de ser reavaliada por inteiro, levando-se em conta influências não físicas tanto nas origens da vida e da consciência quanto durante todo o curso da evolução biológica. E as ramificações não se deteriam na biologia. Se conjuntos não físicos de consciência passam de uma existência para outra, influenciando e sendo influenciados por organismos físicos, os físicos teriam de reavaliar a natureza da causação física no Universo em geral. A natureza, então, seria vista como aberta a influências não físicas, o que abriria caminho para intervenções espirituais do tipo que os teístas têm defendido — e os materialistas têm negado — há séculos. Os riscos são de fato altos, pois a reputação de milhares de cientistas e das instituições a que estão vinculados estão implantadas numa visão rigorosamente materialista do Universo e muitos se sentiriam constrangidos e humilhados se suas suposições fundamentais acerca da natureza se mostrassem falsas. Para muitos, é mais seguro simplesmente desconsiderar qualquer evidência empírica que desafie essas suposições. Tal imaginário, porém, firmemente baseado no desconhecimento, é contrário a todo o espírito da pesquisa científica autocrítica, imparcial.[24] Ironicamente, cientistas que sucumbiram a essa mentalidade estreita estão seguindo o exemplo dos escolásticos medievais que se opunham ao nascimento da ciência moderna. Eles se colocam agora no caminho da pesquisa científica não tendenciosa sobre a natureza da mente e da consciência, assim como os escolásticos medievais se punham no caminho da pesquisa científica sobre a natureza do mundo físico objetivo.

Embora as crenças cristã e materialista com relação ao que acontece na morte se mantenham basicamente incontestadas em suas respectivas comunidades, teorias de reencarnação de fato se prestam à investigação experimental e análise racional. Durante os últimos quarenta anos, os cientistas identificaram e estudaram, pelos quatro cantos do mundo, vários milhares de casos de crianças novas que relataram com precisão presumíveis memórias de vidas passadas. O falecido Ian Stevenson, professor emérito de psiquiatria e ex-diretor da Divisão de Estudos da Personalidade na Universidade de Virgínia, foi pioneiro nessa linha de pesquisa e escreveu extensamente sobre ela.[25] Seu colega Jim Tucker continua este trabalho no melhor espírito de investigação científica imparcial.[26]

Muita gente, ao acordar de manhã, tem muita dificuldade de se lembrar até mesmo dos sonhos da noite anterior, pois um esquecimento automático é com frequência ativado assim que nos ocupamos das experiências sensoriais e dos pensamentos do novo dia. Do mesmo modo, memórias de uma vida anterior parecem ir ficando progressivamente cobertas pelo aprendizado de uma criança em sua nova vida. Contudo, se a vida anterior foi subitamente abreviada por uma morte violenta, o processo de esquecimento é às vezes interrompido ou retardado. É como se a morte repentina, ocorrendo com frequência relativamente cedo, tivesse deixado algum "assunto não resolvido" que, de alguma maneira, tendesse a favorecer a recordação de detalhes da vida anterior. A maioria das crianças com supostas lembranças de vidas passadas, estudadas por Stevenson e seus colegas, de fato relataram que tinham morrido de modo súbito e violento nas vidas anteriores. E tais crianças geralmente paravam de falar sobre as lembranças entre os 5 e os 8 anos de idade.

É espantoso ler esses relatos em que crianças narram, com precisão de detalhes, a vida de uma pessoa falecida que elas afirmam ser sua própria vida passada. Ainda mais notáveis são os casos, bem mais de duzentos já cuidadosamente estudados, em que as crianças têm um sinal ou defeito de nascença que corresponde a uma marca similar, geralmente um ferimento fatal, na pessoa falecida de quem afirmam ser a reencarnação. Um caso típico é o de um menino índio chamado Hanumant Saxena, nascido com um grande feixe de sinais de nascença fortemente pigmentados perto do centro do peito. Algumas semanas antes de ele ser concebido, um homem de sua aldeia fora baleado no peito à queima-roupa por uma espingarda, morrendo quase de imediato. Entre os 3 e 5 anos de idade, Hanumant falava como se fosse esse homem, e Stevenson foi capaz de confirmar por meio de um relatório de autópsia a íntima correspondência entre a incomum marca de nascença, no menino, e o ferimento fatal provocado por arma de fogo, do morto.[27]

Em outros 18 casos, Stevenson identificou em crianças marcas de nascença que correspondiam à entrada e saída de ferimentos de arma de fogo de pessoas mortas, cuja vida elas recordavam. Com frequência, um pequeno sinal de nascença correspondia à ferida de entrada e outro, maior e mais irregular, aparecia no local da ferida de saída.[28] Para explicar a transferência dessas marcas de um corpo para outro, Stevenson postulou a existência de um "campo" que retém memórias e características disposicionais do morto. Chamou esse campo hipotético de "psicóforo".[29]

Como observado na sessão anterior sobre o substrato, o budismo explicou há muito tempo a transferência dessas memórias e características físicas por meio da *jiva*, ou força vital, que passa de uma existência para outra. Ela pode ser vista como um campo de informação, inseparável do substrato, que é mais fundamental que nossos constructos conceituais, humanos, de "mente" e "matéria". E é desse espaço configurado como informação que nossas experiências de mente e matéria emergem, condicionadas por nossas experiências de percepção e os quadros conceituais em que somos educados. Para traçar uma analogia contemporânea, a transmissão da força vital de uma encarnação para outra pode ser equiparada a um software sendo transmitido de um computador a outro por uma conexão wireless de Internet. Assim que é baixado, ele condiciona e é condicionado pelo hardware de seu hospedeiro, que é como um software baixado encontra seu lugar dentro do ambiente de um computador pessoal. Do mesmo modo, assim que é encarnada, a força vital é influenciada pelas experiências e o comportamento da forma de vida com a qual foi conjugada. Assim, na concepção há uma confluência da informação genética recebida por meio do óvulo e do esperma dos pais e a informação da vida passada recebida por meio da força vital. A interface entre as duas representa a interface entre a teoria científica da evolução e a teoria budista do karma.

É importante notar que, no budismo, só os seres conscientes como humanos e animais — as plantas não — estão imbuídos dessa força vital. Ela transporta as marcas de nossas ações anteriores de uma vida para outra e, quando esse karma amadurece, ele se manifesta não apenas no tipo de renascimento pelo qual passamos, mas também no tipo de ambiente em que nascemos e no tipo de eventos que encontramos durante todo o curso de nossa vida. Devido ao profundo emaranhado entre a mente e o mundo objetivo em que cada um de nós habita, mesmo desastres naturais como enchentes e secas seriam em parte causados pelo karma passado dos seres que experimentam essas adversidades. Assim, de acordo com o budismo, eles não são impostos ao mundo por Deus, nem são causados apenas pelas leis objetivas, irracionais, da natureza. Sem dúvida somos cocriadores dos mundos em que habitamos, como explicaremos mais adiante neste livro.

Segundo relatos budistas tibetanos, outro modo de a pessoa conservar memórias de uma vida passada é desenvolver estados avançados de percepção meditativa, sustentados por graus elevados de foco atencional e estabilidade. Quando contemplativos tibetanos avançados chegam ao fim de sua vida, podem morrer conscientemente e continuar mantendo a percepção consciente durante o período intermediário após a morte, que vai até o próximo renascimento. É comum os colegas procurarem as reencarnações, ou *tulkus*, desses peritos, que em muitos casos conseguem, quando crianças novas, lembrar muitos detalhes de vidas passadas, incluindo as pessoas que conheceram, e frequentemente demonstram, desde muito cedo, uma forte inclinação e aptidão para a prática espiritual. Acredita-se que, em certos casos, lamas tibetanos tenham dito aos colegas onde iriam renascer e quem seriam seus pais para que suas próximas encarnações pudessem ser identificadas com rapidez, sem uma longa busca.[30] Memórias das vidas passadas geralmente se dissolvem à medida que os *tulkus* amadurecem mas, com um treinamento espiritual posterior, eles voltam com frequência a se tornar contemplativos desenvolvidos em suas novas vidas.

Jim Tucker e um colega também estudaram casos de crianças que parecem recordar um período intermediário entre o fim de suas vidas passadas e o nascimento na vida atual. Tais crianças tendem a fazer declarações mais prontamente confirmadas sobre a vida anterior que afirmam lembrar do que outras crianças que dizem se recordar de suas vidas passadas, e tendem a lembrar um maior número de nomes. Uma análise dos relatos de 35 crianças birmanesas com essas memórias do período entre suas vidas indica que tais memórias podem ser decompostas em três partes: um estágio de transição, um estágio estável num determinado local e um estágio de retorno envolvendo a escolha dos pais ou a concepção.

As experiências recordadas durante o estágio de transição eram com frequência desconfortáveis ou desagradáveis e estavam associadas à vida anterior. Algumas crianças relataram que viram a preparação de seu corpo anterior ou o funeral, ou que tentaram contato com os parentes que os pranteavam, logo descobrindo que eram incapazes de se comunicar com os vivos. Uma criança disse que, durante esse período, não percebeu que estava morta. Tal estágio de transição termina com frequência quando o indivíduo é conduzido por um antepassado ou um ancião vestido de branco para um lugar onde ele ou ela permanecem durante a maior parte da restante fase intermediária.

Durante o segundo estágio, os indivíduos relataram ter vivido num determinado local ou terem um programa ou deveres que tinham de cumprir e alguns relataram ter visto ou interagido com outros seres desencarnados. Relataram diferentes graus de conforto durante esse período. Durante o terceiro estágio, algumas crianças afirmaram lembrar de terem seguido para a casa de seus futuros pais, aparentemente por iniciativa própria, com os pais não tomando conhecimento delas e continuando a desempenhar suas tarefas diárias, como tomar banho ou voltar do trabalho. Outras relataram terem sido conduzidas por alguém para os pais atuais, frequentemente por antepassados ou pela figura do ancião mencionada no primeiro estágio. Esses três estágios possuem alguma semelhança com os relatos budistas dos três estágios do período intermediário descritos na seção anterior.

Embora o imaginário particular do período intermediário possa ser específico das culturas dos que relatam as memórias, um estudo preliminar indica que os três estágios parecem ser universalmente aplicáveis. Tucker e seu colega concluem: "Como as crianças que relatam essas memórias tendem a fazer declarações melhor comprovadas sobre a vida passada de que afirmam se lembrar do que outros indivíduos, e tendem a recordar um maior número de nomes daquela vida, seus relatos dos eventos do período de intervalo parecem ser parte de um padrão de memória mais forte para itens precedendo suas vidas atuais".[31] Talvez exemplos de crianças que recordam com precisão suas vidas passadas sejam mais comuns do que podemos presumir, mas, numa sociedade que rejeita a possibilidade da reencarnação, essas supostas memórias são naturalmente descartadas como fantasias infantis.

Todos os estudos de crianças que afirmam recordar suas vidas passadas estão classificados na antropologia, um ramo das ciências sociais. Dada a natureza dessa pesquisa, era praticamente inevitável que ela fosse ignorada ou rejeitada pela comunidade científica de modo negligente, pois há uma hierarquia ou distribuição de autoridade muito claras entre campos de conhecimento na academia moderna.

Evidência mais imperiosa em termos científicos vem do campo das experiências de "quase-morte" e das experiências "fora do corpo". Um dos casos mais notáveis e cientificamente dignos de nota envolve as convincentes experiências fora do corpo de uma mulher que estava sendo submetida a uma cirurgia radical no cérebro. Em agosto de 1991, Pam Reynolds, cantora profissional e compositora de Atlanta, Geórgia, foi diagnosticada como portadora de um aneurisma na base do cérebro, uma das partes mais inacessíveis de seu cérebro, que podia se romper a qualquer momento, resultando em morte ou paralisia. Normalmente essa condição seria considerada inoperável, mas o neurocirurgião Robert Spetzler, diretor do Barrow Neurological Institute (Instituto Neurológico Barrow), em Fênix, Arizona, era perito num procedimento chamado "parada cardíaca hipotérmica", o único método cirúrgico que poderia ser usado numa situação como essa. Nesse procedimento, o corpo é resfriado até o coração parar, o que resulta numa morte clínica. Com o corpo do paciente num estado de animação suspensa, os cirurgiões cortam o fluxo sanguíneo para o cérebro, reduzindo assim o risco de hemorragia enquanto operam.

No caso de Pam, uma equipe médica de vinte pessoas executou o procedimento durante um período de 6 horas e 55 minutos. Quando os cirurgiões abriram o crânio e se aproximaram do aneurisma, ela foi conectada a uma máquina coração-pulmão que esfriou seu sangue, induzindo a hipotermia, com a temperatura central do corpo caindo abaixo dos 21°C. Excluindo palpitações casuais de atividade elétrica, isso fez o coração parar. Então os cirurgiões pararam o coração completamente, injetando-lhe cloreto de potássio, a mesma droga usada no corredor da morte, o que fez a temperatura central do corpo cair para 15,5 graus. O cérebro, então, parou de responder, e os cirurgiões drenaram seus vasos sanguíneos, incluindo o aneurisma. Depois de o vaso sanguíneo ser reparado, o coração-pulmão artificial reaqueceu o corpo até o coração dar sinais de vida.

No dia seguinte à cirurgia, ela relatou lembranças que começaram logo depois que foi anestesiada com uma forte dose de barbitúricos, que teriam sem dúvida obstruído o cérebro, resultando num estado comatoso muito profundo. Recordou que, durante a cirurgia, teve a impressão de poder experimentar uma sensação de sucção no alto da cabeça e, de repente, se viu do lado de fora, contemplando seu corpo, podendo enxergar tudo muito bem, com uma visão cristalina, embora os olhos estivessem tapados. Também ouvia sons na sala com uma clareza sem precedentes, embora tivessem sido inseridos tampões em seus ouvidos. Olhando para baixo, viu um instrumento na mão do dr. Spetzler com pontas permutáveis e ouviu um ruído gutural, que soava como um ré natural. Recordava não apenas do som nítido da broca funcionando, mas também de diferentes falas. Isto incluía a lembrança de uma voz feminina dizendo: "Temos um problema. As artérias dela são muito pequenas". Quando foi sacudida para voltar à vida após a operação, a impressão foi de ter sido jogada numa piscina de água gelada. Ao comunicar essas lembranças aos que lhe ministravam cuidados médicos, eles admitiram que tudo que ela descrevia era exato. Quinze anos depois, ela comentou que a lembrança daquela experiência se conservou nítida ano após ano, sem empalidecer ou ficar embaçada.

O dr. Karl Greene, um dos neurocirurgiões do Instituto Neurológico Barrow, comentou com bastante franqueza: "Quando se trata de toda essa questão da consciência e do cérebro, estamos sempre errando o alvo". E o dr. Spetzler observava: "Ela realmente teve uma espécie de visão panorâmica do que estava acontecendo. Agora, se essa imagem veio de algum outro lugar que ela depois de alguma forma internalizou, acho que não há meio de dizer. Mas seria um tanto intrigante que pudesse descrever tão bem o que não tivesse sido capaz de ver". Simplesmente não há explicação científica — ou melhor, materialista — para as experiências visuais e auditivas fora do corpo de Pam, enquanto seu cérebro estava completamente inativo, sem fluxo sanguíneo. É um dos mais nítidos casos clínicos a indicar as limitações da investigação e explicação científicas, já que os cientistas insistem que as únicas explicações científicas são as que estão de acordo com as suposições metafísicas do materialismo.[32] Aqui está como este pilar totêmico do conhecimento contemporâneo se configura:

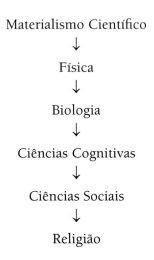

Uma norma não escrita da investigação científica é que toda pesquisa de física deve ser conduzida de acordo com os princípios do materialismo científico. Se realizarem pesquisa empírica em áreas consideradas "paranormais" ou "sobrenaturais", é provável que os físicos enfrentem uma forte desaprovação. Por exemplo, o físico Wolfgang Pauli, ganhador do Prêmio Nobel, colaborou com Carl Jung ao postular a existência de uma dimensão arquetípica da realidade que transcende a bifurcação de mente e matéria.[33] Embora suas ideias sejam coerentes com a física moderna, ao saber que elas violavam os princípios do materialismo científico, Pauli se recusou a permitir que seus textos sobre o assunto viessem a público antes de sua morte, com medo de ser ridicularizado por seus pares. Foi por essa mesma razão que Copérnico não deixaria sua teoria heliocêntrica do sistema solar ser publicada durante seu tempo de vida. Temia a condenação da Igreja Católica Romana, sua empregadora, que poderia ter resultado numa excomunhão e condenação eterna.

De acordo com a hierarquia acima, os biólogos são severamente desencorajados a se engajarem em qualquer pesquisa ou linha de investigação que viole as leis da física contemporânea; os cientistas cognitivos devem se submeter às opiniões correntes dos biólogos; cientistas sociais devem limitar suas investigações às crenças das ciências cognitivas e estudiosos seculares da religião devem examinar a matéria de acordo com os métodos e pontos de vista de todas as outras disciplinas acadêmicas. Ian Stevenson e seus colegas da Universidade da Virgínia, empregando métodos das ciências sociais, desafiaram essa hierarquia. Suas conclusões no que diz respeito à reencarnação rejeitam algumas das crenças centrais das ciências cognitivas, que estão mais no alto do mastro totêmico que as ciências sociais. Ao fazer isso, também desafiam as suposições materialistas da biologia e da física o que, na moderna universidade, é simplesmente inaceitável para muitos cientistas. Por mais rigorosos que sejam os métodos ou irresistível a evidência, eles estão indo contra séculos de inércia científica, contra uma visão que sempre marginalizou o papel da consciência no mundo natural, que ainda é equiparado a uma máquina irracional, segundo a hipótese formulada por Descartes no alvorecer da ciência moderna.

PESQUISA CIENTÍFICA CONTEMPLATIVA
SOBRE A CONSCIÊNCIA

Em sua defesa da psicologia como uma ciência natural, William James propôs que a introspecção — a observação direta de fenômenos mentais

— devia ser o meio primário de investigar a mente. Só através da introspecção a pessoa podia fazer observações refinadas e experimentos cuidadosos que poderiam proporcionar uma visão mais ampla da natureza da mente e de seu papel no mundo natural. Como estava profundamente cético com relação ao materialismo mecanicista que já dominava todos os ramos da ciência em sua época, mostrou o maior zelo e deu o melhor de si exatamente naqueles pontos onde parecia mais provável que se pudesse provar que as suposições do materialismo estavam erradas. Isso o levou a encarar tanto a experiência religiosa quanto os relatos de fenômenos paranormais com muita seriedade, abordando ambos os campos com grande inteligência e sem ideias preconcebidas. Infelizmente, essa abordagem radicalmente empírica do estudo da consciência foi eclipsada durante o século passado pelos métodos de gerações de behavioristas, psicólogos, neurocientistas e filósofos que confinaram as pesquisas empíricas e teóricas à estrutura metafísica do materialismo mecanicista. Mostraram o maior zelo e deram o melhor de si para evitar aqueles pontos onde parecia mais provável que se pudesse provar que suas teorias estavam erradas. Como resultado, esse último século praticamente não viu nenhum progresso em termos de descoberta da natureza e origens da consciência em seres humanos ou no curso da evolução como um todo.

A tradição budista, pelo contrário, empregou uma abordagem radicalmente empírica para o estudo da mente nos últimos 2500 anos, e os contemplativos budistas afirmam ter feito muitas descobertas fundamentais sobre a consciência, incluindo sua continuidade de uma vida para a outra. Como foi anteriormente mencionado, as próprias percepções experienciais do Buda sobre a existência de vidas passadas, suas e dos outros, foram sabidamente reproduzidas milhares de vezes por contemplativos budistas, mesmo no passado recente. O Buda alcançou sua percepção de vidas passadas através do poder do *samadhi* e instruções específicas para reproduzir esse modo de pesquisa contemplativa serão encontradas na obra clássica de Budagosa, *O Caminho da Purificação*.[34] O birmanês Pa-Auk Tawya Sayadaw, mestre contemporâneo da meditação, também explicou como adquirir tal lembrança da vida passada, assim como o falecido estudioso budista tibetano Geshe Gedün Lodrö.[35] Mas esse tipo de pesquisa nunca foi desenvolvido em colaboração com cientistas, sob condições controladas.

Segundo Budagosa, em termos ideais, primeiro a pessoa atinge a quarta estabilização meditativa, um estágio altamente avançado de *samadhi* em que a respiração cessa inteiramente, e a mente se acomoda num profundo estado de equilíbrio, com todos os sentidos físicos voltados para a percepção mental. Afirma-se que alguém que chegou a esse ponto pode passar dias a fio em meditação, inteiramente esquecido do meio ambiente. Dada a raridade dessa realização, um dia perguntei a um mestre veterano de meditação, um tibetano chamado Yangthang Rinpoche, famoso entre seus pares budistas tibetanos pelas profundas percepções meditativas, se é também possível lembrar com precisão de nossas vidas passadas com base na realização mais modesta da *samatha*, previamente discutida no Capítulo 10. Ele respondeu: "Sim, devido à luminosidade desse estado de consciência, a percepção extrassensorial surge espontaneamente, o que inclui a capacidade de recordar vidas passadas". Mas acrescentou: "É uma questão em aberto saber se as pessoas ainda conseguem realizar a *samatha* nos dias de hoje".[36]

Reconhecendo o papel vital que a realização da *samatha* desempenha na trilha budista para a libertação, estou colaborando desde 2003 com uma equipe de psicólogos e neurocientistas da Universidade da Califórnia, em Davis, num estudo científico conhecido como Projeto Samatha.[37] Em fevereiro de 2007, o Instituto Santa Bárbara para Estudos da Consciência e a UC em Davis deram início à primeira fase do estudo, em que 37 pessoas se reuniram num retiro no Colorado e praticaram a *samatha* de 8 a 10 horas por dia, por um período de três meses. Durante esse tempo, ficaram sujeitas a uma ampla gama de avaliações fisiológicas e psicológicas por uma equipe de cinco cientistas, que estudavam os efeitos de uma meditação tão intensiva por um período ininterrupto de tempo. Em setembro desse ano, um segundo grupo de 33 pessoas (o grupo padrão do estudo científico) iniciou seu próprio retiro de três meses. Embora só uma fração dos terabytes de dados reunidos nesse estudo tenham sido analisados na época em que escrevo este livro, há nítida evidência de que esse treinamento de três meses resultou numa diminuição em fixações penosas, ansiedade, dificuldades na regulagem da emoção e neurose, bem como num aumento da atenção plena, da consciência, do interesse solidário, das emoções positivas disposicionais e do bem-estar geral.

Mais de um ano após a conclusão do primeiro retiro, uma dúzia de participantes estão dando continuidade a uma prática de horário integral, meditando até 12 horas por dia e, como instrutor de meditação do estudo, continuo a orientá-los em sua prática. Como Yangthang Rinpoche comentou, é uma questão aberta se as pessoas no mundo moderno podem fazer isto e, como iniciador do projeto, estou obrigado a buscar uma resposta.

Mesmo com a realização da *samatha*, talvez seja preciso um treinamento meditativo mais extenso antes que a pessoa consiga recordar com precisão memórias distantes. Como mencionado no Capítulo 12, segundo muitos contemplativos budistas, as memórias estão estocadas na força vital, que é da mesma natureza que o substrato (*alaya*). Segundo se diz, assim que a mente se acomodou na consciência substrato em seguida à realização da *samatha*, a pessoa pode dirigir a atenção para o passado, focando sucessivamente momentos específicos no passado cada vez mais distante, antes mesmo do nascimento nesta existência. Isto sugere a possibilidade de um estudo científico, que poderia ser chamado de Projeto Alaya, para submeter a hipótese budista de vidas passadas ao teste da experiência.

Tal estudo iria requerer um grupo de indivíduos (o maior, o melhor) para realizar a *samatha*. Sempre se mantendo na consciência substrato, concentrariam a atenção numa época específica, começando talvez uma semana antes, na hora e minuto exatos em que estivessem. As pessoas concentrariam a atenção neste alvo até se sentirem seguras de que tinham recordado com nitidez suas experiências exatamente uma semana antes, e fariam um relato detalhado das memórias que tivessem em mente. Então, a precisão dos relatos seria verificada por meios objetivos, como interrogar quem tivesse estado com elas naquele momento anterior. Se as memórias se mostrassem válidas, focaríamos uma data mais recuada e de novo a exatidão dos relatos seria investigada. Esse processo de dirigir a atenção cada vez mais para trás no tempo continuaria enquanto os relatos pudessem ser submetidos a teste capaz de comprová-los de forma objetiva.

Por fim, as pessoas seriam orientadas a concentrar a atenção numa época específica, antes de terem sido concebidas. Se não lembrassem de nada, isto sustentaria a afirmação dos materialistas de que a consciência se origina durante o desenvolvimento do cérebro. Mas se recordassem experiências de serem outras pessoas numa vida anterior, as memórias que alegassem ter poderiam ser verificadas objetivamente para ver se correspondiam à pessoas reais do passado. Precisaríamos ainda apurar se os indivíduos teriam tido algum acesso a essa informação por meios normais, alheios à meditação. Se ficasse comprovado que as memórias eram precisas e pudesse ser estabelecido além de qualquer dúvida razoável que eles não teriam outra maneira de conhecer os detalhes das vidas dos indivíduos mortos de quem tinham lembrado, isso sustentaria a hipótese budista do renascimento. Tal estudo constituiria um meio rigorosamente científico de submeter a teoria budista ao teste da experiência.

Se há de fato memórias armazenadas num *continuum* que precede esta vida, podemos muito bem perguntar: por que é que não lembramos de nossas vidas passadas? O budismo tibetano equipara o processo da morte a uma queda no sono, o estado intermediário ao sonho e a concepção ao despertar. No curso de uma única noite, as pessoas normalmente experienciam de cinco a sete ciclos de sonho, começando cerca de 90 minutos após adormecerem. Ao entrar no primeiro ciclo de sonho, as pessoas normalmente esqueceram os eventos do dia anterior e, temporariamente, a realidade delas é compreendida apenas pelos eventos nesse sonho. Depois de alguns minutos, caem num sono sem sonhos, durante o qual as mentes se acomodam de novo na consciência substrato. Nesse processo, elas tendem a esquecer os eventos do sonho que acabou de se encerrar. Então, após uma hora ou duas, entram em seu segundo ciclo de sonho, mais uma vez esquecidas dos eventos do dia e do sonho anterior. Esse processo de amnésia repetida continua durante toda a noite até elas finalmente emergirem de um último sonho para o estado desperto. Nesse ponto, algumas pessoas podem recordar claramente um ou mais sonhos da noite, mas muitas acham difícil lembrar até mesmo do sonho que tiveram imediatamente antes de acordar. Quanto mais ficam envolvidas com os acontecimentos do dia, geralmente menos conseguem lembrar dos sonhos da noite.[38]

Esse ciclo de amnésia por todo um dia e noite corresponderia ao que se dá desde o momento em que a pessoa morre, passando pelas experiências da miríade de eventos que parecem sonho durante o estado intermediário e terminando quando a pessoa passa ao renascimento. Platão se referiu ao lapso de recordação entre vidas no seu relato do mito de Er no final de *A República*, onde declarou que as almas dos homens bebem das águas do esquecimento quando passam de uma vida a outra.[39] A prática budista tibetana do yoga dos sonhos destina-se a superar esta amnésia durante o sono, capacitando a pessoa a reconhecer e explorar o estado de sonho enquanto sonha.[40] Chama-se a isso "sonho lúcido", e um sono lúcido sem sonhos ocorre quando sabemos que estamos num sono sem sonhos enquanto ele está acontecendo, enquanto descansamos na consciência substrato. Esse treinamento prepara a pessoa para reconhecer a consciência substrato na fase final da morte e depois reconhecer os eventos do estado intermediário pelo que são. Com tal lucidez, a pessoa pode sabiamente dirigir a consciência para o próximo renascimento de um modo que beneficie a si mesma e aos outros. Esse é o propósito central do yoga dos sonhos.

O Projeto Alaya abordaria a hipótese de renascimento de uma perspectiva psicológica, mas também é possível testar a teoria budista em termos de evidência biológica. Os contemplativos budistas afirmam que a força vital ou *jiva*, que passa de uma vida para a outra, é "física" no sentido de que influencia diretamente o corpo e é influenciada por ele. Mas a força vital é imaterial, pois não é composta de partículas materiais. Há exemplos semelhantes de fenômenos físicos imateriais na física moderna. Campos eletromagnéticos na física clássica, espaço de Hilbert e ondas de probabilidade na física quântica, espaço-tempo na teoria da relatividade são todos encarados como fenômenos físicos, mas nenhum deles é composto de átomos ou partículas elementares. Como mencionado anteriormente, a força vital é o repositório de memórias, traços mentais e padrões de comportamento. Sua configuração é influenciada pelo corpo físico e impressões na força vital influenciam a formação do corpo de uma vida para outra.

Ian Stevenson e seus colegas estudaram uma série de casos em que o modo como se deu a morte numa existência parece deixar sinais de nascença no corpo na próxima vida.[41] A configuração da força vital de cada pessoa é absolutamente única e muda com o tempo, na medida em que acumula marcas das experiências que estão ocorrendo. A força vital que transmite as marcas geradoras de tais sinais de nascença está intimamente relacionada a um tipo de energia vital (*prana*) que se localizaria no centro do peito e que, por sua vez, estaria intimamente relacionada à consciência substrato. Se, por meio das energias vitais associadas a essa força vital, há uma interface direta entre ela e os campos eletromagnéticos gerados no corpo, então também deveria haver uma assinatura exclusiva dos campos eletromagnéticos para cada indivíduo. Além disso, a consciência substrato se manifesta com maior regularidade durante o sono sem sonhos, o que implicaria que, nesse momento, cada pessoa pode exibir uma assinatura eletroencefalográfica exclusiva. Estudos científicos recentes de fato indicam evidências dessas assinaturas EEG exclusivas.[42]

Isso sugere um estudo científico que poderia ser chamado de Projeto Jiva. Nesse estudo que estamos propondo, a assinatura EEG exclusiva de um contemplativo budista tibetano idoso, extremamente avançado, seria identificada em primeiro lugar. Se houvesse uma correlação íntima entre ela e a configuração de energia vital da força vital, seria possível que a assinatura continuasse na próxima existência. Como é comum na tradição tibetana que as reencarnações de grandes contemplativos sejam procuradas e identificadas como *tulkus*, após o contemplativo idoso ter morrido e sua suposta reencarnação ter sido identificada, os cientistas poderiam checar se a assinatura EEG da criança combinava com a do contemplativo morto. Se combinasse, forneceria importante prova física da continuidade da força vital de um renascimento para outro.

De acordo com a teoria budista, o que continua após a morte não é uma alma, um eu ou uma energia imutável, unitária e independente. Na realidade é um fluxo de consciência e energia em mudança contínua que dá origem à formação de uma psique humana e condiciona a formação do embrião durante a gestação. O verdadeiro momento inicial da consciência num feto em desenvolvimento consiste apenas da consciência substrato, e essa consciência é tudo que sobra no estágio final do processo de morte. Há uma simetria perfeita, com o fim da vida refletindo o começo num processo cíclico que constitui a natureza da existência senciente no Universo. Nesse *continuum* de consciência e energia de vida a vida não há ego permanente, imutável, só um fluxo de acontecimentos mente-corpo que se condicionam mutuamente e surgem em função de causas e condições anteriores.

[PRÁTICA]

REPOUSANDO NA SERENIDADE DA PERCEPÇÃO

Acomode seu corpo em seu estado natural e a respiração em um ritmo natural. Depois, com o olhar repousando vagamente no espaço à sua frente, concentre com firmeza a atenção no espaço acima de você, sem desejo e sem trazer nenhum objeto à mente. Volte a relaxar. Então, com firmeza, direcione de forma decidida a percepção para o espaço à sua direita, depois à sua esquerda e depois para baixo. Assim, comece a explorar o espaço da percepção, observando se ele tem algum centro ou periferia.

Às vezes, faça a percepção descansar no centro do peito e deixe-a tranquilamente ali. Em outras vezes, concentre-a tranquilamente na vastidão do céu e deixe-a lá. Deslocando assim sua atenção, você permitirá que a mente se acomode num estado natural de modo gradual. Seguindo essa prática, sua percepção se manterá tranquila, lúcida e firmemente onde quer que seja posta. Ao concentrar a força da atenção decididamente para dentro, os sentidos físicos ficam entorpecidos e, com o acalmar de pensamentos involuntários, a mente se dissolve na consciência substrato. Sua consciência agora repousa tranquila, impregnada por um senso de vigília luminosa e uma serena sensação de bem-estar.[1]

[TEORIA]

UNIVERSOS DE CETICISMO

CETICISMO CIENTÍFICO

A hipótese budista de uma força vital que se transporta de uma encarnação física para outra faz lembrar a desacreditada proposição científica de que os seres vivos são dotados de uma força vital conhecida como *élan vital*. Apesar da popularidade dessa visão no século XIX, ninguém conseguiu jamais detectar objetivamente tal força vital e, em 1938, o biólogo russo Alexander Oparin propôs uma teoria alternativa de que a vida se origina da não vida, sugerindo um suave *continuum* da matéria inorgânica à matéria orgânica. A aceitação científica dessa hipótese ganhou grande impulso em 1953, quando o biólogo americano Stanley Miller misturou gases básicos, semelhantes aos da primitiva atmosfera da Terra, com uma descarga elétrica dentro de uma campânula de vidro e produziu aminoácidos, um elemento formador da vida. Embora os cientistas parecessem então estar à beira de criar, pela primeira vez, vida em laboratório, todas as tentativas nesse sentido fracassaram. Numa entrevista à Reuters, em 1996, Miller reconheceu: "Criar os aminoácidos fez parecer que os passos restantes seriam muito fáceis. Tudo acabou se mostrando mais difícil do que imaginei. É uma série de pequenos truques. Uma vez que se descubra o truque é muito fácil. O problema é descobrir o truque".[1]

Um aminoácido e uma célula viva são entidades extremamente diferentes. Numa única célula, muitos milhares de componentes interagem dinamicamente uns com os outros de formas muito complexas e cada componente depende das ações de muitos outros. A transformação — ou falta de transformação — de um componente pode afetar toda uma cadeia de eventos ou mesmo o funcionamento de toda a célula. Aminoácidos do tipo que Miller criou podem ser equiparados a parafusos comuns, enquanto uma célula viva pode ser comparada a um relógio em funcionamento. Parafusos isolados são bem úteis, pois sem eles não se pode fazer um relógio, assim como os aminoácidos são necessários para a formação de uma célula; mas os aminoácidos em si estão mortos e não interagem como fazem os componentes de uma célula viva. Assim, o comentário de Miller de que tudo que se coloca entre os aminoácidos e uma célula viva é uma "série de pequenos truques" equivale a dizer que a diferença entre meros parafusos e um relógio não passa de uma série de pequenos truques. Há, no entanto, uma grande diferença: relojoeiros sabem como reunir parafusos e outros componentes mecânicos para construir um relógio, mas os biólogos não fazem ideia de como criar artificialmente os passos que levam dos aminoácidos a um organismo vivo. Existindo um organismo reprodutor, eles sabem como a mutação e a seleção natural podem modificar tal vida para realizar os tipos de diversidade que vemos, mas isso não explica as origens do primeiro organismo unicelular.

A hipótese de Oparin nunca foi confirmada — ninguém criou ainda um organismo vivo de moléculas inorgânicas —, mas é hoje amplamente aceita como fato científico estabelecido. A origem da vida no Universo foi relegada a uma "série de pequenos truques", que a comunidade científica confia que as gerações futuras descobrirão, confirmando assim suas atuais suposições materialistas. Quaisquer outras hipóteses, como um *élan* vital, parecem agora inteiramente implausíveis, pois nenhuma energia vital foi jamais detectada num laboratório científico. Este é o mesmo raciocínio pelo qual os behavioristas radicais da década de 1950 negavam a existência de estados mentais subjetivos: eles não existem porque não podem ser cientificamente medidos. Essa crença absurda foi abandonada pela maioria dos neurocientistas cognitivos, que estão agora concentrados em descobrir os correlatos neurais de estados mentais subjetivos e suas expressões comportamentais.

Não obstante, a maioria dos cientistas cognitivos ainda presumem que todos os fenômenos mentais, incluindo a própria consciência, são propriedades emergentes do cérebro interagindo com nosso ambiente físico e social. Embora a mente não tenha sido explicada puramente em termos de física e genética, presume-se quase universalmente que exista como um sistema de processos físicos. Isto é notável, pois nenhuma experiência subjetiva — mesmo uma tão simples quanto a dor física — pode ser medida com qualquer um dos instrumentos da tecnologia, que são capazes de detectar todos os tipos conhecidos de eventos físicos. E quando estados mentais subjetivos são observados introspectivamente, não exibem absolutamente atributos físicos: não parecem ter massa, localização ou dimensões dentro do espaço físico, nem velocidade ou quaisquer outras propriedades físicas. Mesmo assim, a maioria dos cientistas ainda presume, sem questionamentos, que eles têm de ser atributos físicos do cérebro — que salto de fé!

Estados mentais são agora comumente equiparados a programas de computador que transmitem informação, mas pode-se dizer que a informação só está presente em programas de computador em relação com os programadores conscientes que a criam e com usuários que a entendem. Para ilustrar esse ponto: quando estiver jogando xadrez com o computador Deep Blue, uma pessoa poderá conscientemente pensar sobre seu próximo movimento, enquanto Deep Blue inconscientemente calcula o próximo movimento dele. Tudo que Deep Blue faz pode ser compreendido em termos de algoritmos matemáticos, sem referência à consciência.

Não existem fundamentos lógicos ou empíricos para se acreditar que movimentos de xadrez literalmente "se revelam" ao Deep Blue ou que ele conscientemente "sabe" jogar xadrez. Do mesmo modo, não há boa razão para acreditar que os atuais sistemas de computador estejam imbuídos de autocompreensão consciente. O trabalho dos computadores é inteiramente compreendido em termos das leis gerais da física, ainda que possam ser feitas interações mecânicas para *simular* um comportamento que corresponda à atividade mental humana consciente. Mas saltar para a conclusão de que tais interações constituem de fato processos conscientes é como atribuir motivos, sentimentos e desejos a formações de tempo, erupções vulcânicas e terremotos. É apenas uma versão moderna de animismo, expressa, ironicamente, por muitos defensores contemporâneos da inteligência artificial.[2]

A confusão predomina especialmente no atual campo da robótica. O aprendizado do robô pode ser definido como a criação pelo robô de novas versões de suas instruções originais, agrupando e ordenando dados de um modo criativo. Quando um robô inconscientemente "aprende" alguma coisa, o que ele está realmente fazendo é articular o grupo de programas simultâneos de computador com os quais começou. Mas quando observadores humanos veem os olhos de um robô se mexerem, veem a cabeça virar, veem o movimento programado do peito que parece tão semelhante à respiração, começam a falar sobre ele como de uma coisa viva. O animismo moderno, supersticioso, ataca outra vez!

Pesquisadores desse campo acreditam que a consciência do robô está relacionada a duas áreas: aprendizado do robô (a capacidade de pensar, de raciocinar, de criar, de generalizar, de improvisar) e emoção do robô (a capacidade de sentir). O aprendizado do robô já ocorreu no sentido de que as máquinas conseguem aprender novas habilidades que vão além de suas aptidões iniciais, mas não há evidência de que os robôs saibam ou compreendam alguma coisa com consciência! Alguns pesquisadores acham que os robôs um dia também serão capazes de sentir emoções, embora não tenham meios de testar essa hipótese. Rodney Brooks, ex-diretor do Laboratório de Ciências da Computação e Inteligência Artificial do MIT, chega a ponto de dizer que talvez as emoções do robô já existam, que robôs sofisticados não apenas exibem comportamento associado a emoções, mas na realidade também as experimentam. Embora não exista evidência empírica para sustentar essa afirmação baseada na fé, ele indiretamente a justifica declarando: "Todos somos máquinas. Os robôs são feitos de tipos diferentes de componentes que nós (nós somos feitos de biomateriais; eles são silicone e aço), mas em princípio mesmo as emoções humanas são mecanicistas".[3] Em vez de fornecer qualquer prova para sua crença nas emoções do robô, ele a respalda com outra crença, a saber, que os seres humanos, na realidade, não são mais que robôs! Assim, uma crença pouco sólida é construída em cima de outra crença igualmente pouco sólida, tudo sob o aspecto da ciência.

Sem questionar a validade dessa visão mecanicista da consciência, Brooks deixa passar o fato de que as emoções humanas são indetectáveis por qualquer meio físico objetivo e simplesmente afirma que uma emoção humana, como a tristeza por exemplo, consiste de diferentes elementos neuroquímicos circulando no cérebro. Se isto é verdade, ele conclui, uma sensação como a tristeza ao nível de um robô pode ser fixada como um número em código de computador.

Confiando numa ideologia metafísica em vez de dar suporte à evidência empírica, ele declara: "Os seres humanos são constituídos de biomoléculas que interagem de acordo com as leis da física e da química. Gostamos de imaginar que temos o controle de tudo, mas não temos". Isso significaria que humanos, assim como robôs, quer feitos de carne ou de metal, são basicamente apenas máquinas sociáveis. Mas Lijin Aryananda, pesquisador do Laboratório de Inteligência Artificial da Universidade de Zurique, nos leva de volta aos fatos empíricos sem o adorno da especulação metafísica: "Qualquer um que diga a você que, nas interações humano-robô, o robô está fazendo alguma coisa... bem, ele só está brincando. Qualquer coisa que houver na interação humano-robô está lá porque o humano a coloca lá".[4] Os cientistas ainda não encontraram um meio de pôr consciência num robô e, mesmo que tivessem encontrado, não teriam como detectar essa consciência. A razão evidente para isso é que não têm sequer meios de detectar a consciência em seres humanos ou em qualquer outra criatura viva.

As origens da vida e da consciência continuam sendo mistérios científicos até os dias de hoje, a despeito de todos os avanços da genética, da neurociência, da inteligência artificial e da robótica. A comunidade científica ainda não chegou a um acordo sobre uma definição de consciência; não dispõe de meios objetivos, científicos, de avaliá-la e nada sabe das causas necessárias e suficientes para a geração da consciência. William James fez comentários sobre esse nível de ignorância científica acerca da natureza dos fenômenos mentais há mais de um século e — sob o domínio das suposições do materialismo mecanicista — pouco progresso foi feito desde então. O que foi omitido em toda a pesquisa do gênero no correr do século passado é a perspectiva de experimentar em primeira pessoa o próprio corpo-mente. E é com base em séculos de tal evidência empírica — não num compromisso com um credo metafísico e a esperança em futuros avanços científicos — que os relatos budistas da força vital e das origens da consciência são feitos.

O Buda sintetizou o espírito do ceticismo contemplativo com as palavras:

> Não se fie no que foi conseguido por meio daquilo que se ouve repetidamente, nem por meio da tradição, nem por boato, nem por aquilo que está nas escrituras, nem por suposição, nem por um axioma, nem por argumentação capciosa, nem pela preferência por uma noção sobre a qual se refletiu, nem pela suposta capacidade de outro, nem por meio da consideração: "O monge é nosso mestre". (...) Quando vocês próprios souberem: "Estas coisas são boas, estas coisas não são censuráveis, estas coisas são louvadas pelo sábio; empreendidas e acatadas, estas coisas trazem o benefício e levam à felicidade", adotem-nas e sustentem-nas.[5]

CETICISMO FILOSÓFICO

Com a ascensão do behaviorismo no início do século XX, a experiência subjetiva em geral e a consciência em particular foram marginalizadas devido à insistência para que o estudo científico da mente fosse puramente objetivo. B. F. Skinner (1904-90), o mais renomado e influente de todos os behavioristas americanos, não questionava a utilidade prática do mundo interior que é sentido e introspectivamente observado, mas sustentava que estados e processos mentais não podem ser claramente observados ou conhecidos.[6] De fato, Skinner chegou a ponto de declarar que ninguém jamais modificou diretamente quaisquer atividades ou traços mentais como pensamentos, opiniões, pulsões, opções, interesses ou devaneios, e que não há como possamos fazer contato com eles.[7] Essa estranha afirmação, tão obviamente incompatível não só com a experiência diária mas também com a ciência, sugere que Skinner tinha capacidades introspectivas excepcionalmente limitadas que prejudicaram severamente sua compreensão da mente. Rejeitando a possibilidade de definir a consciência em termos de suas características quando elas são experimentadas diretamente, preferiu equiparar a experiência de conhecer a uma "forma de comportamento muito especial".[8] Esta é uma afirmação patentemente falsa, pois é óbvio que podemos conhecer as coisas antes de agirmos sobre elas ou sem jamais agir sobre elas, e os seres humanos, assim como os robôs, podem se engajar em comportamento inconsciente.

De uma perspectiva contemplativa, a escola inteira do behaviorismo, apesar de todas as valiosas percepções sobre o comportamento humano e animal, parece ter sido criada e desenvolvida por indivíduos que eram mentalmente limitados em termos da capacidade para observar a própria experiência subjetiva. Dificilmente, então, causará espanto que Skinner e outros behavioristas estivessem tão empenhados em caracterizar a mente em termos puramente físicos, primeiro substituindo o cérebro pela mente, depois substituindo a pessoa pelo cérebro.[9]

Embora hoje muitos cientistas encarem os principais pontos de vista do behaviorismo como profundamente equivocados e há muito rejeitados, muitas dessas mesmas crenças são defendidas por filósofos analíticos contemporâneos, como Daniel C. Dennett. Em sua concepção da natureza humana, "*nós* somos robôs feitos de robôs — cada um de nós é composto de alguns poucos trilhões de células robóticas, cada uma tão irracional quanto as moléculas de que são compostas, mas trabalhando juntas numa equipe gigantesca que cria *toda a ação* que ocorre num agente consciente".[10] Embora como Skinner, ele admita que cada um de nós tem sua própria experiência introspectiva de estados e atividades mentais, insiste que não devemos dar crédito a essas intuições. Afinal, assinala, embora *pareça* que o Sol gira ao redor da Terra, essa percepção é ilusória e uma confiança similar nas aparências introspectivas dos eventos mentais está também destinada a obscurecer a verdadeira natureza da mente e da consciência. Contudo, se Galileu não tivesse dado crédito às suas observações diretas do Sol, da Lua e dos planetas, realçadas pelo uso que fez do telescópio, jamais teria assumido um papel seminal na história da astronomia e da ciência como um todo. Mas quando leva em conta as contribuições potenciais dos contemplativos cristãos e budistas para compreender a natureza e as potencialidades da consciência, Dennett mostra simplesmente desdém: "Parece-me que o melhor que pode ser dito deles é que conseguem escapar dos problemas, o que já é alguma coisa".[11]

John R. Searle, outro proeminente filósofo analítico, resume os efeitos da marginalização, no século XX, da experiência subjetiva nas investigações científicas e filosóficas da consciência:

> Seria difícil exagerar os efeitos desastrosos que o fracasso em chegar a um acordo com a subjetividade da consciência teve sobre o trabalho filosófico e psicológico do último meio século. De formas que não são absolutamente óbvias à primeira vista, grande parte da bancarrota da maior parte do trabalho na filosofia da mente e muito da esterilidade da psicologia acadêmica nos últimos cinquenta anos... vieram de uma persistente incapacidade de reconhecer e chegar a um acordo com o fato de que a ontologia do mental é uma ontologia irredutivelmente em primeira pessoa.[12]

O que ele está enfatizando aqui é que a realidade da experiência em primeira pessoa não pode ser reduzida a alguma outra coisa, como disposições comportamentais ou a atividade de neurônios; isto é, a experiência subjetiva é ontologicamente irredutível. "Como os fenômenos mentais estão essencialmente conectados à consciência", ele escreve, "e como a consciência é essencialmente subjetiva, conclui-se que a ontologia do mental é essencialmente uma ontologia em primeira pessoa... A consequência disso... é que o ponto de vista em primeira pessoa é básico."[13] Searle prossegue, reconhecendo a possibilidade de "autoconsciência", em que deslocamos nossa atenção do objeto da experiência consciente para a experiência em si.[14] Ironicamente, apesar de sua insistência na primazia da perspectiva em primeira pessoa sobre eventos mentais, Searle não é mais simpático à introspecção que seu colega filósofo Dennett.[15]

Especialmente desde a década de 90, "década do cérebro", um número crescente de neurocientistas começaram a concentrar a pesquisa nos correlatos neurais de uma ampla gama de processos mentais. Apesar de seus muitos sucessos em descobrir conexões entre eventos mentais e cerebrais específicos, a verdadeira natureza dos processos mentais e sua relação com o cérebro continua sendo um mistério. Além disso, ainda ninguém identificou os correlatos neurais da consciência em si. B. F. Skinner achava que quem rejeitava sua redução da mente a comportamento tinha "prestado um grande desserviço ao induzir fisiologistas a falsos experimentos em busca dos correlatos neurais de imagens, memórias, consciência e assim por diante".[16] Mas o neurocientista holandês Victor A. F. Lamme recentemente reagiu, dizendo que o problema começou com a insistência de que a presença ou ausência de experiência consciente tem sempre de ser investigada em termos comportamentais. Em sua opinião, "precisamos nos livrar de nossas noções intuitivas ou psicológicas de experiência consciente e deixar que os argumentos da neurociência tenham vez. Só transferindo nossa noção de mente para a de cérebro podem ser realizados progressos".[17]

Com uma rejeição completa da introspecção como meio de investigar a natureza da consciência, ele sugere que interações recorrentes entre neurônios corticais são o traço crucial da consciência. Definindo consciência somente em termos dessas interações, acredita ele, os debates sobre consciência há tanto tempo mantidos entre filósofos e psicólogos podem conhecer uma pausa. Mas muitos neurocientistas são céticos com relação a essa visão reducionista da mente, entre eles Christof Koch, que dedicou muito esforço para identificar os correlatos neurais da consciência.

Os cientistas em geral definem os fenômenos naturais em termos de suas propriedades observadas, mas pode-se conhecer muito sobre interações recorrentes entre neurônios corticais e, no entanto, nada saber da consciência como é imediatamente experimentada. Podemos ainda conhecer muito sobre nossa imediata experiência de consciência sem conhecer nada de tais interações. Assim, não parece haver justificativa alguma para descrever a consciência em termos de atividade cerebral. Fazer isso é simplesmente tentar equiparar algo que não se compreende cientificamente a algo que se compreende, pelo menos em maior extensão.

Lamme não foi capaz de silenciar o debate sobre essa questão mesmo entre seus colegas neurocientistas, muito menos entre filósofos e psicólogos, que não chegaram a consenso algum sobre a natureza da consciência. O verdadeiro espírito de ceticismo filosófico é expresso pelo existencialista judeu Martin Buber: "Vez por outra descrevi meu ponto de vista para meus amigos como a 'crista estreita'. Quis dizer com isto que não descansei nas alturas confortáveis de um sistema que inclui uma série de declarações seguras sobre o absoluto, mas numa crista rochosa estreita entre os fossos onde não há garantia de conhecimento que se possa exprimir, mas a certeza de encontrar o que permanece não desvendado".[18]

CETICISMO CONTEMPLATIVO

Os cientistas citam com frequência o seguinte princípio para avaliar teorias e hipóteses inusitadas: afirmações extraordinárias requerem prova extraordinária. Uma pergunta, porém, que quase invariavelmente deixam passar é: "extraordinárias" para quem? Se houver apenas uma visão de mundo válida (uma perspectiva absolutamente válida sobre a realidade), como a da ciência contemporânea, então a pergunta é rapidamente respondida. Nesse caso, uma teoria é extraordinária se vai contra o veio das crenças científicas correntes, dominantes. Mas se há perspectivas múltiplas, com base empírica, sobre a realidade — como pontos de vista científicos e contemplativos sobre a natureza da consciência — então uma teoria que pode ser "extraordinária" para uma comunidade pode ser lugar comum para outra.

Tome, por exemplo, as origens da vida na Terra. Segundo a biologia ortodoxa de hoje, há 3,6 bilhões de anos atrás a primeira célula viva emergiu da poeira da Terra e começou a se reproduzir, o mesmo fazendo sua prole. Finalmente, no transcurso de bilhões de gerações e incontáveis mutações genéticas, cada organismo vivo — cada micróbio, planta, animal e pessoa sobre a Terra — se desenvolveu dessa única célula viva. Em algum momento deste processo evolutivo, a consciência emergiu de eventos eletroquímicos suficientemente complexos num certo organismo multicelular, de modo que, de uma forma muito primitiva, ele se tornou subjetivamente consciente de seu ambiente e de sua própria existência física como uma coisa distinta desse ambiente. Defensores desse ponto de vista insistem que não houve influências não físicas nas origens e evolução da vida e da consciência na Terra, e qualquer um que questione seus relatos é comumente acusado de estar cultivando um pensamento mágico, irracional, religioso ou sobrenatural — que se desenvolve em sentido contrário à pesquisa científica.

Esse dogmatismo, que com frequência excessiva se funde com a ciência, é chamado cientificismo: a crença de que o mundo natural consiste apenas de fenômenos físicos, que podem ser explicados de acordo com as leis da física e da biologia. Qualquer coisa a mais é considerada "sobrenatural" e rejeitada de imediato. O que os defensores do cientificismo não conseguem reconhecer é que o constructo humano do "físico" mudou drasticamente nos últimos quatrocentos anos de pesquisa científica e, hoje, nem mesmo todos os físicos estão de acordo sobre seus parâmetros, pois, com os avanços da física no século XX, muitas entidades e processos físicos se dissolveram no reino das abstrações matemáticas. Isto é especialmente comum na física quântica, onde sistemas quânticos sem mensuração só podem ser compreendidos em termos de "funções de probabilidade" abstratas, imateriais, que, quando medidas, se transferem para verdadeiras coisas físicas. A fronteira entre "físico" e "não físico" se tornou muito nebulosa, por isso é simplesmente não científico e ingênuo classificar como "sobrenatural" ou "mágica" qualquer coisa não física ou qualquer coisa que não possa ser explicada conforme as leis correntes da física e da biologia — que estão muito longe de completas! Dizer que fenômenos naturais não explicados serão elucidados por estarem de acordo com leis *futuras* da física e da biologia é apenas uma expressão de fé no cientificismo, que jamais deveria ser confundida com fatos científicos empiricamente demonstrados.

De uma perspectiva científica, a teoria acima das origens da vida e da consciência é tão aceita que costuma ser encarada como fato bem estabelecido. Nenhuma teoria alternativa parece sequer remotamente viável. De uma perspectiva contemplativa, porém, ela é uma teoria extraordinária, e requer prova extraordinária. Assim, vamos rever a evidência empírica que sustenta esse ponto de vista, como se o estivéssemos avaliando pela primeira vez. Começamos com a questão: como os cientistas definem "vida"? Há diferentes correntes de pensamento científico sobre a definição de um organismo vivo, algumas se concentram no nível celular, e outras se concentram na reprodução molecular. Aqui está uma definição operacional de vida: um sistema que é espacialmente definido por uma fronteira criada por ele próprio e que se autossustenta, regenerando todos os seus componentes a partir de dentro, com nutrientes sendo assimilados e produtos residuais sendo expelidos através de uma membrana semipermeável. Essa definição é comum a todas as coisas vivas, incluindo todas as plantas e animais. Mesmo o mais primitivo organismo unicelular tem pelo menos algumas centenas de genes, o que significa milhares de componentes, e todos esses componentes estão inter-relacionados de modos extremamente complexos.

Voltamos então à questão crucial: quais foram as causas necessárias e suficientes para a emergência inicial de organismos unicelulares na Terra há 3,6 bilhões de anos? Os cientistas têm diferentes hipóteses a esse respeito. Alguns, seguindo a orientação de Stanley Miller, acreditam que a vida primeiro surgiu de compostos orgânicos numa sopa pré-biológica. Como esses compostos são todos relativamente estáveis em termos químicos, para se desenvolverem num organismo vivo têm de ser ativados por uma fonte externa de energia, que é o que Miller fez quando artificialmente criou aminoácidos há cinquenta anos.

Outros cientistas acreditam que a vida emergiu numa área plana, onde superfícies minerais podem inflamar processos químicos levando as células vivas, o que poderia acontecer no leito do oceano, perto de respiradouros vulcânicos submarinos. Outros ainda propuseram que a primeira célula viva a aparecer na Terra chegou realmente num asteroide vindo de algum outro planeta num distante sistema solar. Isso indicaria que a célula sobreviveu a uma jornada através de bilhões de milhas de espaço cósmico, onde a temperatura é de -3700° C (ou 3° Kelvin) e depois, quando seu asteroide hospedeiro cruzou a atmosfera da Terra, sobreviveu a pressões de choque de 7,5 milhões de libras por polegada quadrada e calor de choque de mais de 1000° C, além do choque do impacto na superfície da Terra. Que organismo unicelular robusto! Naturalmente, mesmo se essa noção freneticamente especulativa fosse verdadeira, nada contribui para explicar as origens da vida no Universo. Apenas passa a responsabilidade para algum planeta distante que ninguém identificou — dificilmente uma explicação científica! Alguns defensores do cientificismo, porém, preferem até mesmo esta teoria ante qualquer outra que inclua influências não físicas, indicando a profundidade do compromisso irrestrito, metafísico, com a ideologia.

Ninguém sabe se alguma dessas hipóteses é correta ou se atualmente existe algum meio de testá-las, pois os cientistas ainda não identificaram as causas necessárias e suficientes da vida. Cinquenta anos de tentativas para criar organismos vivos de compostos químicos não vivos em laboratório não tiveram sucesso. Isso não significa que os cientistas jamais criarão vida em laboratório, mas o fato é que existe uma gigantesca diferença de complexidade entre os aminoácidos que podem ser criados de gases primários e a primeira forma viva, capaz de reprodução, e todas as teorias acima são apenas hipóteses, sem nenhuma validação empírica.

Nada disto de modo algum abala a fé dos que estão comprometidos com a visão materialista, mecanicista das origens da vida. Alguns pesquisadores estão empenhados em projetar, modelar, construir, aprimorar e testar sistemas de vida artificial. Até agora têm fabricado blocos de construção biológica individuais, mas precisam ainda criar um organismo inteiramente novo, sintético e que se autorreproduza "a partir do nada". Ainda assim, alguns estão hoje concentrados em costurar componentes biológicos criados em laboratório ou "biodispositivos", usando partes de células naturais para construir organismos híbridos. Como tais biodispositivos não podem se reproduzir sozinhos (precisam sequestrar uma célula viva), a criação artificial de um organismo vivo continua sendo tão ilusória quanto sempre foi.[19]

Embora os pesquisadores desse campo estejam convencidos de que uma célula viva não é nada mais que um tipo de máquina bioquímica, a validação de sua suposição só virá quando gerarem uma criatura orgânica específica, estável, capaz de se autossustentar e se autorreproduzir. Como isso ainda não aconteceu, toda a teoria mecanicista, materialista, das origens da vida na Terra continua sendo uma hipótese sem substância. De uma perspectiva contemplativa, trata-se de uma teoria extraordinária com quase nenhuma evidência empírica para sustentá-la.

Voltamos agora para a questão da natureza e origens da consciência. Como se observou anteriormente, psicólogos e neurocientistas cognitivos são praticamente unânimes na crença de que a consciência é uma função física ou propriedade emergente do cérebro, visto que ele interage com o resto do corpo e o ambiente físico e social. Confiam que é apenas uma questão de tempo para que a consciência passe a ser compreendida em termos de física, química e biologia. Enquanto isso, como mencionei anteriormente, todos os fenômenos mentais experimentados subjetivamente, incluindo a própria consciência, são indetectáveis mesmo com o uso de todos os instrumentos da física, química e biologia; e quando são observados diretamente, por meio da introspecção, não apresentam absolutamente atributos físicos.

Assim, de uma perspectiva contemplativa, a extraordinária reivindicação sobre a natureza física da consciência parece não ter absolutamente nenhuma sustentação em toda a evidência científica e pessoal disponível.

Embora seja obviamente verdadeiro que certas funções cerebrais são causas *necessárias* para a geração de estados e processos mentais específicos, ninguém sabe se elas são *suficientes* para produzir todos os possíveis estados de consciência. Os budistas sabem há séculos que cada estado mental durante uma existência humana tem um correlato corpóreo e que alterar ou danificar certos processos físicos pode mudar ou anular os estados mentais correlacionados. Assim, as muito recentes descobertas neurocientíficas baseadas em escaneamento cerebral, que mostram as correlações entre cérebro e estados mentais, simplesmente reafirmam, num detalhar sofisticado, o que os budistas há muito tempo presumiram ser, em princípio, verdade. Além disso, tem sido óbvio há séculos que um dano no cérebro pode prejudicar ou eliminar processos mentais específicos, como a visão, a memória e assim por diante, e que substâncias intoxicantes e alucinógenas podem alterar radicalmente o estado de consciência da pessoa. Mas a tradição budista e outras tradições contemplativas exploraram experimentalmente estados de consciência mais sutis a que normalmente só temos acesso graças a anos de rigoroso treinamento meditativo e que não são dependentes de função cerebral. E descobriram que estados ordinários de consciência na realidade emergem não do cérebro, mas desses fluxos sutis, não físicos de consciência que não cessam com a morte.

Como os cientistas não têm meios objetivos de detectar esses estados sutis ou qualquer tipo de influências não físicas que possam contribuir para a emergência da consciência, geralmente não levam em conta tais possibilidades. Trata-se aqui de admitir as limitações dos métodos de pesquisa para predeterminar as conclusões tiradas sobre os fenômenos que estamos tentando compreender. O único meio de observar diretamente fenômenos que podem de fato não ser físicos — como imagens mentais, pensamentos e diferentes modos de consciência — é observar rigorosamente sua própria mente. Mas nos 130 anos da psicologia moderna, ainda ninguém desenvolveu quaisquer métodos sofisticados de investigação em primeira pessoa.

Isto não quer dizer que os psicólogos não tenham levado a sério os relatos em primeira pessoa dos outros. Durante décadas deram ouvidos a sessões de psicanálise, realizaram pesquisas de opinião, desenvolveram os métodos da psicofísica e, com base nesses relatos, avaliaram atitudes, crenças, atribuições, emoções, dores e assim por diante. Mas não conseguiram desenvolver nenhum meio rigoroso de observar diretamente os próprios fenômenos mentais. Imagine o atual estado da astronomia se Galileu e os que lhe sucederam tivessem conduzido toda a sua pesquisa interrogando e observando os estados cerebrais e o comportamento de pessoas não habilitadas que, vez por outra, olhassem à noite para o céu e comunicassem aos "cientistas" o que observavam, enquanto os astrônomos se enclausuravam em laboratórios sem janelas!

Como a consciência é invisível para todos os meios objetivos, físicos, de observação, não causa espanto que os cientistas tenham sido incapazes de defini-la na linguagem das ciências naturais. Não obstante, estamos todos cientes de que temos consciência de nosso ambiente físico e de nossos corpos graças aos cinco sentidos físicos e — em diferentes medidas — estamos também introspectivamente cientes de nossos estados e processos mentais. Mas as características definidoras da consciência, como nós as vivenciamos, só podem ser expressas na linguagem da experiência em primeira pessoa, não na terminologia objetiva da biologia.

Durante os últimos 3,6 bilhões de anos de evolução biológica na Terra, quando surgiram os primeiros organismos conscientes? Como os cientistas não conhecem as causas necessárias e suficientes da consciência em qualquer organismo vivo — e não podem detectar objetivamente a consciência, mesmo quando se sabe que ela está presente —, não têm meios de responder a essa pergunta. Então simplesmente presumem que algum organismo primitivo com um sistema nervoso simples, como uma hidra por exemplo, tornou-se misteriosamente consciente. Do mesmo modo, como não têm ideia de quais são as circunstâncias necessárias para a emergência da consciência num feto humano em desenvolvimento, os cientistas não sabem quando isso ocorre, muito menos quando essa consciência se torna especificamente humana. Embora a ignorância a este respeito seja quase total, a maioria dos cientistas ainda se apega à "ilusão do conhecimento" de que, sejam quais forem as causas necessárias e suficientes da consciência, elas se revelarão de natureza puramente física. Hipóteses não físicas são inaceitáveis, embora a fronteira entre o "físico" e o "não físico" continue sendo no mínimo vaga.

Muitos cientistas da mente acreditam que a compreensão da consciência é de longe a tarefa mais desafiadora com que a ciência se defronta, mas do início do século XX até recentemente, a comunidade científica a ignorou. Então, em 1976, Francis Crick, que descobriu juntamente com James D. Watson a dupla estrutura helicoidal do DNA, decidiu ver a consciência como fenômeno biológico, possibilitando que a consciência fosse encarada como um legítimo objeto de pesquisa científica. Contudo, apesar de quase trinta anos de esforço contínuo para compreender a consciência dentro da estrutura do materialismo mecanicista, Crick praticamente não fez progressos.

Alguns pesquisadores da área acreditam que, se puderem encontrar uma explicação biológica para a unidade da consciência, descobrindo os correlatos neurais responsáveis pela coerência da percepção individual que temos de nós mesmos e do meio ambiente, serão capazes de manipular experimentalmente esses correlatos para resolver o grande problema: o mistério de como a atividade neural dá origem à experiência subjetiva. Outros, no entanto, têm sustentado ser provável que os correlatos neurais da unidade da consciência estejam largamente distribuídos através do córtex e do tálamo, sendo, portanto, improvável que os pesquisadores consigam encaixá-los num conjunto simples de correlatos.

Alguns cientistas e filósofos propõem uma definição limitada da consciência das pessoas como uma percepção de si ou uma percepção de estar consciente. De acordo com essa definição, a consciência se refere à nossa capacidade não apenas de estar consciente de nossos estados subjetivos, mas também de prestar atenção a essas experiências e refletir sobre elas, fazendo isso no contexto de nossa vida imediata e de nossa vida na história.[20] Esta faculdade introspectiva da consciência foi durante muito tempo considerada exclusiva dos seres humanos. Mas pesquisa recente indicou que não apenas outros primatas não humanos, mas até mesmo ratos são capazes de ficar conscientes e refletir sobre seus processos mentais.[21]

Durante décadas, pesquisadores de inteligência artificial desprezaram a possibilidade de uma tal introspecção, pois ela parecia resistir a qualquer explicação no contexto do materialismo mecanicista. Hoje, porém, têm sido desenvolvidos sistemas de computador capazes de deduzir o que deu errado num cálculo e considerar se é melhor continuar em determinado caminho para chegar a uma solução ou adotar uma nova estratégia. Quando são pessoas que fazem isso, empregamos os termos percepção interna, consciente, introspecção ou metacognição. Quando computadores inconscientemente imitam um comportamento associado à metacognição consciente em seres humanos, alguns pesquisadores de inteligência artificial saltam ingenuamente para a conclusão de que inventaram máquinas introspectivas. Michael Cox, da BBN Technologies, declara com segurança: "Não acho que exista uma barreira primária para a autocompreensão por parte das máquinas. Não há nada de mágico, místico, espiritual ou de exclusivamente humano na introspecção e na metacognição". Mas recordemos o comentário anterior de alerta feito por outro especialista da área: "Qualquer coisa que houver na interação humano-robô está lá porque o humano a coloca lá".[22] Do mesmo modo, o único meio de um computador se tornar conscientemente autoperceptivo seria ser programado por seu projetista para a percepção consciente. Mas como os cientistas não conhecem as causas necessárias e suficientes da consciência em qualquer organismo vivo, não estão em condições de criar essas causas numa máquina. Se acreditam que suas máquinas experimentam uma autocompreensão consciente, são eles que podem ser acusados de pensamento mágico, místico, sem a mínima prova para sustentar essa crença.

Os cientistas estão amplamente de acordo de que não sabem como a ativação de determinados neurônios leva ao componente subjetivo da percepção consciente, sequer no caso mais simples, como o da dor física. Não existem atualmente meios empíricos que lancem luz sobre esse problema, nem há nenhuma teoria adequada de como um fenômeno objetivo, como sinais elétricos no cérebro, pode provocar experiência subjetiva. Alguns acreditam que avanços nesse campo virão somente com grandes inovações em métodos de pesquisa que capacitem os cientistas a identificar e analisar os elementos de experiência subjetiva e sua relação com o cérebro. Mas isto vai exigir que os cientistas observem de perto a maior gama possível de experiências subjetivas, o que só pode ser feito introspectivamente. Talvez seja preciso uma transformação completa do pensamento científico, com repercussões não apenas nas ciências da mente, mas também na biologia e na física.

Uma imaginação arrojada e coragem intrépida são necessárias para desafiar os métodos ortodoxos e os pontos de vista da ciência contemporânea. Mas os desbravadores podem ser encorajados pelo conselho do físico Richard Feynman, ganhador do prêmio Nobel:

> É só através de mensurações refinadas e experimentação cuidadosa que podemos ter uma visão mais ampla. E então vemos coisas inesperadas: vemos coisas que estão longe do que poderíamos supor — longe do que poderíamos ter imaginado... Se queremos que a ciência progrida, precisamos da capacidade de experimentar, da honestidade em comunicar resultados — os resultados devem ser comunicados sem que haja alguém dizendo como gostaria que fossem os resultados... Um dos modos de deter a ciência seria só fazer experimentos na região onde se conhece a lei. Os experimentadores, no entanto, pesquisam com mais diligência e com maior esforço exatamente naqueles pontos onde parece mais provável que possamos provar que nossas teorias estão erradas. Em outras palavras, estamos tentando provar, o mais depressa possível, que estamos errados, porque só desse modo podemos ter progresso.[23]

[PRÁTICA] 17

O VAZIO DA MENTE

Deixe seu corpo, fala e mente repousarem no estado natural, como nas sessões anteriores; em seguida faça decididamente a percepção se voltar de modo consistente, claro, sem quaisquer elaborações conceituais, para o espaço à sua frente. Quando a percepção se acomodar e a mente ficar calma, examine isso que se tornou estável. Libere gentilmente a percepção e relaxe, depois observe de novo a consciência no momento presente. Pergunte a si mesmo: qual é a natureza dessa mente? Deixe a mente observar com atenção a si própria. Esta mente é algo luminoso e quieto ou, ao procurar observá-la, você não encontra nada?

Examine com cuidado a natureza da mente que você agora colocou em foco. Existem duas entidades aqui (você, que fixou sua mente e sua mente que se estabilizou), duas coisas distintas? Neste caso, examine a natureza de cada uma para ver como são diferentes. Mas se existir apenas uma entidade (a mente), identifique suas características. É "a mente" uma coisa a ser encontrada em um ou mais dos eventos mentais que surgem a todo momento? Ou existe independentemente de cada um desses momentos-mente, supervisionando-os e talvez controlando-os? Se a mente não for encontrada em nenhum dos objetos que ascendem à consciência, investigue a natureza daquilo que está observando os objetos e veja que qualidades ele tem isolado dessas aparências.

Tem a mente dimensões espaciais, um centro ou uma periferia? Em termos de sua experiência imediata, veja se está localizada em algum lugar, dentro ou fora do corpo. Qual é a natureza da mente como entidade existindo por si mesma? Se não puder identificar sua natureza inerente, observe esse vazio. Se a mente não existe como uma entidade em si mesma, como poderia estar agora mesmo meditando? Quem ou o que é isto que não está encontrando a mente? Olhe bem, com firmeza. Se não descobrir o que é, verifique com cuidado se esta percepção de não encontrar não é ela própria a mente. Se for, como ela é? Quais são suas características intrínsecas? Se você concluir que ela não tem qualidades próprias além das aparências, examine a natureza daquilo que tirou esta conclusão. Veja como sua experiência da mente se ajusta às categorias de existência ou não existência.

Você pode descobrir que, quando está explorando a natureza da mente, não consegue identificá-la como existente ou não existente. Sendo assim, examine com cuidado aquilo que chega a esta conclusão. Está imbuído de uma característica de tranquilidade? É luminoso? É vazio? Investigue a mente até alcançar um discernimento decisivo acerca de sua natureza.[1]

[TEORIA] 18

OS MUNDOS PARTICIPATIVOS DO BUDISMO

O UNIVERSO SEM O EU

Na época do Buda, filósofos indianos defendiam uma ampla gama de pontos de vista sobre a natureza da realidade. Alguns afirmavam que o Universo era controlado por uma força sobrenatural, um ser supremo onipotente ou uma multidão de deuses. Outros encaravam os seres humanos como agentes independentes que experimentavam os resultados de suas ações. Outros ainda defendiam a predeterminação, declarando que o destino ou karma governava todas as coisas, embora os humanos se iludissem pensando que suas opções faziam realmente diferença. Ainda outros rejeitavam completamente qualquer espécie de causalidade, declarando que tudo ocorria devido a mero acaso. A despeito de suas diferenças, patrocinadores de todas essas opiniões concordavam que havia uma causa primeira do Universo, como um criador divino ou uma substância inicial, primordial, da qual o mundo emergiu.

O Buda, ao contrário, adotou uma visão do Universo sem precedentes, como uma coleção de eventos naturais em dependência mútua, não admitindo nenhuma influência sobrenatural ou intervenção por parte de um criador ou deus fora do Universo. Por exemplo, ele atribuía as origens do sofrimento humano a nossas atribulações mentais, como desejo, hostilidade e delusão, não a um deus que criasse o mundo e nos punisse por nossos pecados. Todos os fenômenos do mundo poderiam ser compreendidos em termos de causação natural, incluindo processos mentais e físicos. Com este passo arrojado, ele rejeitava todas as quatro teorias correntes da causalidade.

O caminho para compreender a realidade como ela era, Buda propôs, tomava como ponto de partida o mundo da experiência, em vez de um mundo objetivo, físico, que imaginamos existir de modo independente. Com base na experiência, ele procurou compreender a realidade do sofrimento, suas causas fundamentais, a possibilidade de libertação do sofrimento e o caminho para uma tal libertação. Como resultado de suas investigações, concluiu que o mundo fenomênico tem três características fundamentais: todos os fenômenos que surgem em função de causas e condições estão sujeitos à mudança; todas as experiências afetadas por atribulações mentais (por exemplo, desejo, hostilidade e delusão) são insatisfatórias; e um eu ou ego imutável, unitário, independente não será encontrado em parte alguma, nem entre fenômenos físicos ou mentais, nem em qualquer outro lugar. Além dessas "três marcas da existência", ele tratou da importância de superar a delusão de apreender os fenômenos como existindo substancialmente em si mesmos e por si mesmos.[1]

Embora o budismo seja amplamente conhecido pela ênfase no "não eu", isto não significa que Buda refutasse completamente a existência do eu. De fato, numa ocasião em que foi interrogado sobre a existência de um eu, recusou-se a dar uma resposta afirmativa ou negativa.[2] Segundo a própria explicação que deu mais tarde, se tivesse negado completamente a existência de um eu, isto poderia ter sido interpretado erroneamente como uma forma de niilismo ou uma completa rejeição filosófica da realidade — posição que sempre teve o cuidado de evitar.

Para compreender o significado do não eu nos ensinamentos de Buda, reflitamos sobre o senso de identidade em termos do pressuposto de que somos imutáveis, unitários e independentes. Você pensa em si próprio como tendo a mesma identidade estática dia a dia e ano a ano? Você hoje é a mesma pessoa de décadas atrás? Se acha que sim, examine com cuidado seu corpo e mente para ver se consegue encontrar algo que não tenha se modificado. Você se imagina como um eu unificado, singular, existindo separadamente dos inúmeros processos sempre em mudança de seu corpo e mente? Nesse caso, veja se consegue identificar, com base na experiência, esta entidade singular chamada "você". Por fim, você tem uma percepção de si mesmo como algo que existe independentemente de seu corpo, mente e ambiente? Em sua experiência, procure ver se há alguma prova da existência desse ego independente em seu corpo e mente ou distinto deles. Por exemplo, você consegue se identificar como idêntico a alguma função específica ou região do cérebro ou a alguma outra parte do corpo? Ou elas são apenas partes e funções do corpo, componentes do todo? Do mesmo modo, quando você observa seus pensamentos, emoções, memórias e percepções, será que algum deles é realmente você? Ou são simplesmente o que parecem ser: pensamentos, emoções, memórias e percepções?

Observe então com cuidado como eventos físicos e mentais influenciam casualmente uns aos outros. Examine como um pensamento influencia um pensamento ou emoção posteriores, como suas emoções influenciam o corpo e como as sensações em seu corpo influenciam os pensamentos, desejos, intenções e emoções. Por exemplo, você pode ter um pensamento negativo sobre o comportamento do seu cônjuge, que depois o deixará num clima de irritação com relação aos filhos. Isto pode levar a um surgimento de stress em seu corpo, o que por sua vez pode fazer com que você se sinta excessivamente autocrítico, resultando em depressão e baixa autoestima. Podem essas interações causais ser compreendidas internamente — em termos dos próprios processos psicofísicos — ou você vê evidências de que são controladas ou influenciadas por um eu ou ego distinto, que é independente do corpo e mente?

Em suas interações com outras pessoas e o mundo ao redor, observe se o senso que você tem de si mesmo como um ego imutável, unitário, independente, age como base para o desejo e a hostilidade autocentrados. Por exemplo, quando se concentra negativamente nos defeitos de outra pessoa, você se sente superior a essa pessoa, sente que os defeitos dela são intrínsecos à identidade dela, assim como sua superioridade é intrínseca a seu verdadeiro eu? Um sentimento de sua identidade distinta não ergue barreiras entre você e outras pessoas e não o confina à sensação de que você não pode se modificar, que está encurralado pelo passado? Todas as sensações desse tipo podem estar baseadas numa delusão fundamental de compreender mal a natureza da própria identidade. Se você se identifica com seus defeitos e limitações, pensando em si como a mesma pessoa imutável que sempre foi, poderá se precipitar num fosso de autocondenação. Se você se concentra em suas virtudes enquanto procura os defeitos dos outros, acabará enredado num sentimento de superioridade, continuando eternamente a desprezar os outros. A meditação pode romper esse senso fossilizado de identidades próprias e alheias, mostrando como todos nós estamos em transição — corpos e mentes continuamente num estado de fluxo. Talvez então consigamos parar de nos concentrar nas falhas dos outros para com renovado vigor e espontaneamente recriar a nós mesmos e às nossas relações no dia a dia.

A visão budista é que nenhum eu, ego ou alma inerentemente existentes podem ser encontrados dentro ou separados do corpo e mente. Mas isso não significa que uma pessoa absolutamente não exista ou que todos os seus pensamentos e ações sejam produzidos unicamente por processos químicos do corpo. Pensamentos, emoções, desejos e intenções, tudo influencia tanto os estados mentais quanto o corpo, assim como processos fisiológicos influenciam a mente. A pessoa de fato existe, não como ego isolado, mas em função de uma coleção de eventos mentais e físicos que surgem a todo momento e interagem com o ambiente sempre em mudança. Quanto mais os psicólogos e neurocientistas investigam a mente e o cérebro, mais são arrastados para a conclusão de que não existe eu isolado que governe a mente ou controle o cérebro. Sem dúvida as interações mente-cérebro podem ser compreendidas internamente, sem referência a um eu que exista independentemente da mente e do corpo.

O budismo acrescenta a importante noção de que o senso inato desse eu existindo em si mesmo é uma delusão fundamental, que age como base do desejo e apego com relação a si mesmo e da hostilidade e ódio com relação aos outros. E essas três toxinas da mente — desejo, hostilidade e delusão — se encontram na raiz de todo sofrimento. Quando alguém tem fome, é natural procurar comida e, quando tem medo, é natural tentar evitar o perigo. Essas respostas básicas são necessárias para nossa sobrevivência e não há nada de errado com elas. O problema surge quando imaginamos que haja uma separação absoluta entre nós e os outros e depois nos grudamos ao "eu" e "meu" com um apego autocentrado, reagindo com hostilidade e agressividade contra qualquer "outro" que ameace nosso bem-estar. A meditação nos ajuda a desenvolver uma consciência clara de como dar os passos adequados para atender às nossas reais necessidades e evitar o perigo, sem cair em fixações doentias que só nos causarão sofrimento.

Para dar um exemplo prático, quando estiver calmamente meditando, recorde uma ocasião em que alguém o ofendeu, com palavras ou atos. Pense numa vez em que foi ridicularizado ou maltratado, deixando que brotem os sentimentos de mágoa e possivelmente de raiva. Então, com cuidado, examine o senso do eu que surge: quem é esse que está ferido, ofendido e com raiva? É seu corpo? Sua mente? Ou você tem a sensação de que a pessoa que está reagindo à injúria é distinta de seu corpo e mente? Este senso de si mesmo como um ego independente é uma ilusão ou há uma base para ele na realidade? Leve depois este exercício para a vida diária e, logo que se encontrar numa situação onde sinta uma forte reação do ego, verifique a natureza desse forte senso de "eu". Tal senso certamente existe. Mas há realmente algum ser que corresponda à experiência subjetiva de um "eu", da sua identidade ou isto é uma ilusão? Do mesmo modo, quando sentir que está no controle ou sem o controle da mente, confira com cuidado para ver se você realmente existe como agente independente, responsável pelo seu corpo e mente.

Quanto mais forte a sensação de ser um ego independente, maior a probabilidade de se sentir ofendido por comentários grosseiros ou mesquinhos dos outros. É natural se sentir ofendido e achar que é justo tentar se proteger. Pense, porém, em todo o tempo e esforço que você dedicou a mudar o comportamento de outras pessoas e depois reflita sobre quanto isso foi eficaz. Acha que pessoas rudes realmente querem seguir seu conselho, especialmente quando você as aconselha com um sentimento de superioridade moral? Numa relação íntima e afetuosa, como num casamento ou amizade, há certamente um espaço para ajudar a outra pessoa a modificar o comportamento, para que ela não magoe tanto a si mesma e aos outros. Isto faz parte da verdadeira amizade. Mas, como a maioria das outras pessoas não quer o nosso conselho, se pudermos, como passo inicial, não nos sentir ofendidos pelo comportamento delas, vamos nos poupar de muitas situações desgastantes. Por que deveríamos sofrer por causa das atitudes e do comportamento equivocados de outras pessoas quando já temos um número suficiente de problemas?

Contemplativos budistas investigaram o eu durante séculos e chegaram à conclusão de que esse ego independente jamais é encontrado. Tal investigação baseada na experiência é o caminho mais rápido para revelar a ilusão de um eu imutável, unitário, independente e para nos libertar dela.[3] O mesmo tipo de análise pode ser usado para sondarmos a natureza de todos os outros fenômenos. Por exemplo, o Buda assinalou que uma carruagem, assim como o ego, não existe como coisa substancial separada ou acrescida a suas diferentes partes.[4] Nem a carruagem há de ser encontrada entre alguns de seus componentes individuais e toda a pilha desses componentes em si não constituem uma carruagem. O termo "carruagem" é algo que usamos para designar uma coleção de partes, nenhuma das quais, individual ou coletivamente, é uma carruagem. A carruagem só passa a existir quando chamamos essas partes de carruagem. Do mesmo modo, o termo "eu" é usado para designar o corpo e a mente, que não são, em si mesmos, um verdadeiro ego. "Eu" só passo a existir quando sou conceitualmente designado como tal. Quando usamos esses conceitos e convenções, incluindo as palavras "eu" e "meu", tendemos a apreender os conceitos como sendo reais, independentes de nossas projeções. E isto leva a interminável sofrimento. Os que estão livres da delusão ainda usam esses conceitos e palavras, mas não se deixam enganar por eles.[5]

Não há nada de errado em usar essas palavras. Os problemas só surgem quando nos agarramos a "eu" e "meu" como sendo absolutamente reais e distintos de todos os outros seres. É o que cria nosso senso de absoluta divisão entre nós mesmos e os outros, que é a raiz do racismo, da intolerância ideológica e de conflitos de todos os tipos. Embora todas as coisas em que pensamos e que designamos pareçam existir postas à parte pela natureza que lhes é inerente, todas são "vazias" de uma tal essência. Não estão absolutamente separadas de nós, não sendo, portanto, as causas "reais", objetivas de nossa felicidade e sofrimento. Nossos pensamentos e atitudes estão emaranhados com tudo o que vivenciamos. Quando percebemos isso, podemos começar a diminuir nossos desapontamentos e frustrações modificando nossas mentes, em vez de ficar esperando que o mundo exterior mude de acordo com nossos desejos.

As aparências de todos esses objetos da mente são ilusórias no sentido de que parecem existir por si mesmas, independentemente de nossas percepções, pensamentos e linguagem. Na realidade, porém, tudo que vivenciamos surge apenas em relação com essas estruturas subjetivas de referência. Nesse sentido, tudo que percebemos pode ser encarado como "aparência vazia", semelhante às que existem num sonho. Parecem ser absolutamente objetivas, mas são "vazias" de existência própria em si mesmas e por si mesmas. De modo a despertar plenamente para a natureza última dos fenômenos, temos de perceber a natureza vazia não só do eu, mas também da mente e de todos os elementos físicos do Universo.[6]

Se todos os fenômenos são vazios de uma natureza inerente, como afinal existem, como podem funcionar? Entram aqui os ensinamentos do Buda sobre a origem dependente. Todos os fenômenos transitórios surgem em função de causas e condições anteriores. Mas tal causalidade não consiste de interações absolutamente objetivas entre fenômenos reais. Por exemplo, quando perguntaram ao Buda se o sofrimento era causado pelo próprio indivíduo, por outra pessoa, por ambos ou por nenhum dos dois, ele negou essas quatro alternativas. Se, no *continuum* em processo de sua existência pessoal, no momento de se engajar num certo ato e no momento de vivenciar as consequências de tal ato a pessoa fosse única e idêntica a si mesma, isto indicaria que ela existe como entidade imutável que persiste através do tempo. Mas não existem indícios de tal ego ou eu imutável. Todo elemento de seu corpo e mente está permanentemente num estado de fluxo, sem que nada permaneça idêntico entre um momento e outro. Contudo, se ela acha que sua identidade quando executa uma ação e sua identidade quando experimenta seus resultados são totalmente diferentes, está ignorando o *continuum* singular do fluxo da mente e as relações causais, coerentes, que funcionam como leis e conectam as experiências mais recentes às mais antigas.

Há certamente muitos fatores que contribuem para a criação de sofrimento, como doença, armas, desastres naturais, o comportamento de outras pessoas e nossos próprios pensamentos e feitos. Todas essas influências *contribuem* para a experiência do sofrimento, mas o sofrimento em si não surge fundamentalmente de quaisquer desses fatores. Além de causas anteriores — como doença, calamidades naturais e guerra — sua real existência depende do rótulo de "sofrimento" que projetamos sobre nossa experiência.

Isto pode ser compreendido mais facilmente no caso da criação de uma carruagem. Se alguém aos poucos monta as rodas, o chassi e o assento, exatamente quando ela se torna uma carruagem? Quando pode fazê-la rodar? Ou quando ela desempenha a função de uma carruagem? Para descobrir, é preciso saber o que se pretende dizer com a palavra "carruagem". Isso significa que a reunião de partes realmente só se torna uma carruagem quando se projeta o pensamento ou rótulo "carruagem" sobre essas partes. Independentemente dessa designação subjetiva, as partes, por si mesmas, não se tornam uma carruagem. Do mesmo modo, se alguém desmonta gradualmente uma carruagem, ela só deixa de ser uma carruagem quando a designação "carruagem" é retirada. A existência e não existência de uma carruagem depende não apenas de suas causas, partes e atributos objetivos, mas também dos pensamentos "isto é uma carruagem" e "isto não é mais uma carruagem".

O mesmo se aplica a eventos subjetivos como o sofrimento. Desde que o sofrimento, como todos os outros fenômenos, não tem uma natureza que lhe seja inerente, independente de todos os rótulos e conceitos, ele não surge absolutamente de si mesmo, de outra coisa, de ambos ou de nenhum dos dois. Da mesma maneira, quando o sofrimento surge, ele só se torna "meu" sofrimento quando o apreendo como "meu". Nada existe na natureza do sofrimento em si que o torne meu. Mas quando me identifico com ele como meu, ele é experimentado como tal. Da mesma maneira, a mãe pode se identificar com o sofrimento do filho e senti-lo quase tão nitidamente como se fosse seu. Mas não sente o sofrimento de outras crianças de forma tão íntima, pois não as encara como suas e, portanto, não se identifica com suas alegrias e tristezas de modo tão intenso. O Buda certamente não estava se recusando a admitir a existência do sofrimento; mas estava desafiando a suposição de que ele surge inerentemente em função de si mesmo ou de qualquer outro fenômeno inerentemente existente. Em outro diálogo, ele também rejeitava a suposição de que a felicidade surge inerentemente sob algum daqueles quatro modos.[7]

Quando conseguimos ver que as alegrias e tristezas não existem em si mesmas, mas só em relação com o modo como as encaramos, paramos de ser vítimas de nossos sentimentos e emoções. Eles não chegam a nós por si mesmos; na realidade, nós os sentimos de acordo com as atitudes para com eles. Desde que não nos identifiquemos com eles, mas simplesmente os observemos surgir em nossa experiência, eles não nos arrasam. Podemos, então, aprender a deliberadamente adotar novas atitudes com relação a essas emoções. Podemos usar a dor para desenvolver maior solidariedade e compaixão pelos outros e, quando surge a alegria, podemos oferecê-la aos outros em vez de tentar nos agarrarmos a ela para fazê-la durar. Às vezes, não há muita coisa que possamos fazer para alterar o ambiente ou o comportamento de outras pessoas, mas podemos alterar nossa experiência dos eventos e as respostas emocionais a eles, modificando o modo como pensamos sobre eles. É uma rota prática para a liberdade. Existe todo um gênero de práticas no budismo tibetano conhecido como "treinamento mental" (*lojong*), que está voltado para mudar nossa experiência de felicidade e sofrimento alterando nossas atitudes com relação a eles. Perceber a natureza não inerente de nossos sentimentos e emoções é essencial para todas essas práticas.[8]

Nada existe que seja em si independente, não podendo, portanto, produzir outra coisa que exista em si ou por si mesma. Falando em termos relativos, as coisas de fato surgem em função de causas e condições. Mas também dependem, para sua existência, de suas partes e atributos. Uma carruagem, por exemplo, é criada por um carpinteiro, mas sua existência também depende de suas partes, como o chassi, as rodas e o banco. Além disso, para existir, uma coisa deve ser rotulada pelo que é. Se houvesse apenas um chassi, rodas e banco, não seria uma carruagem antes que alguém a rotulasse como tal. Do mesmo modo, o corpo e a mente não são inerentemente uma pessoa, mas "eu" passo a existir quando este rótulo é atribuído a um corpo e mente. Mesmo o espaço e tempo não têm existência absoluta, independentemente da mente que os concebe. Assim que qualificamos as coisas de acordo com o uso aceito, pode-se dizer que elas existem nesta moldura convencional. Apesar das aparências ilusórias em contrário, nada existe independentemente de tais molduras de linguagem e pensamento.[9]

UM MUNDO DE ILUSÃO

Embora os ensinamentos de Buda registrados na língua páli incluam explicações da natureza vazia, insubstancial de todos os fenômenos, não apenas da falta de identidade inerente das pessoas, inúmeros discursos mahayana atribuídos ao Buda estendem-se sobre o tema de forma muito mais minuciosa. Acredita-se que tais ensinamentos expressem a "Perfeição da Sabedoria", pois derramam luz sobre a natureza fundamental da realidade. A delusão da existência inerente age como base para nos apegarmos a nós mesmos como agentes absolutamente distintos, independentes. Isso, por sua vez, cria a ilusão de uma divisão absoluta entre nós e os outros. O que leva à fixação ao "nosso" lado e à atitude defensiva e hostil contra o "outro" lado, resultando em ansiedade, frustração e conflito. E a consequência de toda essa sequência de eventos mutuamente dependentes é o sofrimento incessante. Perceber a profunda interdependência de todos os seres conjuntamente com nosso ambiente natural é a chave para a libertação do sofrimento. Por essa razão isto é chamado Perfeição da Sabedoria, o ponto mais alto de todos os ensinamentos budistas.

Um dos mais famosos discursos mahayana é o *Sutra do Lapidador de Diamantes*, que tem sido estudado, praticado e reverenciado há dois milênios de um extremo ao outro da Ásia.[10] Aqui o Buda declara que, para alcançar a perfeita iluminação, a pessoa deve compreender que nenhum objeto da percepção existe independentemente de sua percepção. Objetos percebidos, como visões e sons, não existem independentemente das faculdades pelas quais são experimentados. E objetos conceituais, como campos eletromagnéticos e gravidade, não existem independentemente das mentes que os concebem. Por exemplo, quando uma árvore cai numa floresta, ela só faz barulho se houver alguém com ouvidos para escutá-lo. Animais e humanos ouvem o som em relação com as suas faculdades auditivas. Uma raposa, por exemplo, ouvirá o som de modo diferente de uma cobra. Quando uma árvore cai na floresta, nós, seres humanos influenciados pela ciência moderna, dizemos que ela produz ondulações na atmosfera ou "ondas sonoras", atinjam ou não essas ondulações os tímpanos de alguém. Mas teorias científicas e imagens mentais de propagação de onda só existem em relação às mentes que as concebem. Seres inteligentes extraterrestres poderiam visitar a Terra com uma noção de "ondas" muito diferente do modo como a ciência contemporânea as concebe. Portanto, não tem sentido falar de ondas independentemente de molduras conceituais e linguagens.

Todos os objetos da mente parecem existir de forma independente, cada um isoladamente, mas é uma ilusão. Nossas mentes subjetivas parecem existir de forma independente, cada uma isoladamente. O que também é uma ilusão. O que não significa que a mente e todos os objetos da mente sejam absolutamente inexistentes. Sem dúvida existem como aparências para a mente — uma mente que também não tem existência independente das suas aparências. Esta é a essência última de todos os fenômenos e se afirma que quem compreende isto "conhece o Buda". O discurso do *Sutra do Lapidador de Diamantes* conclui com os versos:

Todos os fenômenos condicionados são como
Um sonho, uma ilusão, uma gota de orvalho
E um clarão de relâmpago.
Contemple-os deste modo.[11]

Estes ensinamentos do Buda, registrados na Índia pela primeira vez há dois mil anos, causaram mais tarde um impacto enorme sobre a herança cultural e espiritual do Tibete, onde foram preservados e praticados por mais de mil anos. Dudjom Rinpoche, um eminente estudioso contemplativo tibetano do século XX, que era encarado como uma reencarnação de Düdjom Lingpa, explicou como conferir a natureza dos objetos que aparecem a nossas mentes como sendo externos:

Todos os fenômenos animados e inanimados, incluindo a própria pessoa e os outros, e coisas que são designadas e caracterizadas como obstáculos, demônios e estorvos parecem ser verdadeiramente existentes. Contudo, fora as enganadoras aparências de nossa mente não há nada, seja o que for, que exista na realidade. As coisas de fato aparecem, mas elas não são reais.[12]

As coisas que percebemos num sonho parecem realmente existir "lá" e vivenciamos a nós mesmos num sonho como realmente existindo "aqui", onde quer que estejamos localizados no sonho. Mas todas essas aparências são ilusórias. É possível se aproximar de uma pessoa num sonho, tocá-la como se ela fosse real e sentir a firmeza de seu corpo. Mas não há corpo real, existindo independentemente da percepção dessas sensações visuais e táteis. São aparências sensoriais "vazias" de existência substancial, absolutamente objetiva. E a presença física num sonho como realmente existente é igualmente ilusória. Todas essas aparências objetivas e subjetivas existem apenas em relação com a percepção delas. Não são inerentemente reais, embora seja possível reconhecer relações significativas, causais, entre os eventos que têm lugar num sonho. Do mesmo modo, no estado de vigília, as coisas que vivenciamos objetivamente e o senso de nossa identidade parecem existir como realidades próprias. Mas todas essas aparências do estado desperto são ilusórias. A diferença básica é que as aparências no estado de sonho são produtos apenas de nossa percepção individual, enquanto as aparências no estado desperto surgem de uma fonte mais profunda, mais coletiva, que será discutida abaixo, nos capítulos finais.

Como podemos superar nosso modo errôneo de vivenciar a "realidade"? Dudjom Rinpoche explica como definir a natureza da mente, que tomamos como interna:

> Sem trazer coisa alguma à mente, coloque sua percepção num estado espontâneo, relaxado. Com a atenção voltada para dentro, concentre-se por completo na própria natureza da mente. Ao fazê-lo, surgirá uma "autoclaridade" que não tem objeto, livre dos extremos de elaborações conceituais e livre de qualquer senso de apreender e apreendido, incluindo qualquer observador e observado, experimentador e experimentado, sujeito e objeto. Entre vigorosamente em equilíbrio meditativo nesse estado mesmo, sem inventar coisa alguma, ou contaminá-lo, ou alterá-lo.[13]

Esses dois trechos retirados dos escritos de Dudjom Rinpoche resumem a meditação explicada no capítulo anterior. Sintetizam a essência mesma da meditação sobre a Perfeição da Sabedoria e pretendem liquidar a delusão de apreender a existência real, essencial, de fenômenos objetivos e subjetivos, que se encontra na raiz de todo o sofrimento. Toda a prática budista anterior, incluindo o treinamento em ética, a atenção focada, a observação da mente, conduzem a essa meditação. Contudo, é importante saber que, embora livros como este possam dar alguma ideia de como entrar em meditação, não há substituto para a orientação pessoal de um mestre experiente.

Em outra abordagem, a natureza de todos os fenômenos internos e externos pode ser compreendida pelo exame atento de como eles surgem, como se apresentam uma vez que tenham surgido e como desaparecem. Essa investigação cuidadosa pode ser aplicada tanto aos objetos que aparecem à mente quanto à mente em si. Deste modo podemos descobrir por nós mesmos que nada surge intrinsecamente de si mesmo, de alguma outra coisa, de ambos ou de nenhum dos dois.[14] Não existimos nem como fenômeno externo nem como fenômeno interno, nem fenômenos externos e internos subsistem em nós. O sentimento do eu e as aparências para o eu surgem espontaneamente, mas não têm localização no interior ou no exterior.

A base da mente e tudo que aparece a ela é o espaço da mente conhecido como substrato. Durante as horas do dia, todos os elementos do mundo físico, todas as aparências sensoriais e todos os eventos mentais são expostos no domínio desse espaço e são apreendidos pela mente conceitual. Também no estado de sonho, todos os eventos surgem desse espaço da mente e ficam presentes nele, onde finalmente tornam a se dissolver. O mestre tibetano do século XIX, Düdjom Lingpa, comentou sobre este ponto:

Portanto, o espaço, nós mesmos, os outros e todos os objetos percebidos têm o mesmo gosto; certamente não são coisas distintas. Além disso, é a luminosidade do próprio espaço e nada mais que faz as aparências se manifestarem. A natureza essencial da mente e seu fundamento é o próprio espaço. Diferentes aparências ocorrem no reino da cognição mental — da límpida, cristalina, sempre presente consciência. A exposição dessas aparências é como os reflexos num espelho ou as imagens de planetas e estrelas numa lagoa de água límpida, cristalina. Assim que a consciência límpida, cristalina, se retira para o domínio central de espaço difuso, vazio, ela é dirigida para dentro. Nesse momento, a mente e todas as aparências desaparecem ao se disseminarem infinitamente no vazio eticamente neutro, difuso. Através da força da autocompreensão, a natureza essencial desta grande, difusa vacuidade, a base dos fenômenos, surge como a mente e seus pensamentos. Isto é certo.[15]

Esta passagem se refere ao espaço do substrato, um espaço luminoso, vazio, do qual surgem todas as aparências objetivas e subjetivas, como discutido no Capítulo 12. Quando acordamos de manhã, todas as aparências sensoriais do mundo à nossa volta surgem de nosso substrato e dentro de seu espaço. Como imagens holográficas, visões, sons, cheiros, gostos e sensações táteis não existem por si mesmos no mundo objetivo independentemente deste espaço da mente, embora pareçam estar totalmente "lá". Do mesmo modo, todos os nossos pensamentos discursivos, imagens mentais, desejos e emoções surgem dentro do substrato. Quando caímos num sono profundo, sem sonhos, todas as aparências sensoriais e mentais tornam a se dissolver no substrato e, quando sonhamos, todas as aparências do sonho surgem no substrato como reflexos num espelho ou imagens de planetas e estrelas numa lagoa de água límpida, cristalina.

A própria divisão entre sujeito e objeto ocorre devido à causa primária de nos apreendermos como agentes independentes. Então a causa secundária — conceitualização — desencadeia o emergir de aparências do espaço. Quando retiramos nossa designação conceitual de algo como existente, a coisa parece se deteriorar ou desaparecer inteiramente. Todos os fenômenos são meras aparências que surgem de eventos mutuamente dependentes, nada mais, e absolutamente nada existe de fato como realidade própria.[16]

Esses temas de vazio e origem dependente, remontando aos ensinamentos originais do Buda, encontram paralelos na história da filosofia e da ciência europeias. Um dos primeiros foi o movimento filosófico do empirismo, que começou no século XIV com os escritos do frade franciscano William de Ockham (c.1285-1349). É uma teoria filosófica do conhecimento que enfatiza o papel da experiência na formação de ideias, em especial da percepção sensorial, ao mesmo tempo em que descarta a noção de ideias inatas. O empirismo tem sido interpretado de diferentes modos por gerações de filósofos desde o século XVIII, e avanços na física do século XX fortaleceram esta visão, levando a conclusões bastante similares às do budismo.

[PRÁTICA] 19

O VAZIO DA MATÉRIA

Descanse o corpo, a fala e a mente no estado natural, depois ponha a percepção em repouso — firmemente, claramente, sem quaisquer elaborações conceituais, sem ter algo sobre o que meditar — no espaço diante de você.

Agora dirija a atenção para um objeto no mundo físico, por exemplo o seu próprio corpo. Examine as aparências que você designa como "corpo". Diretamente, com o mínimo possível de revestimento conceitual, observe as aparências visuais do corpo e as sensações táteis dentro e na superfície do corpo. Alguma dessas aparências individuais é realmente seu corpo? Ou são simplesmente aparências, cada uma com seu próprio nome? A aparência visual do braço é apenas uma aparência visual de um braço, não um corpo. Do mesmo modo, as sensações táteis de solidez, calor e movimento dentro do corpo são simplesmente sensações táteis, não um corpo. Se você examinar os constituintes individuais do corpo, descobrirá que cada um tem seu próprio nome, mas nenhum deles é seu corpo. Fora todas essas partes e qualidades constituintes, fora todas essas aparências individuais, você pode identificar seu corpo como uma entidade distinta que *tem* esses atributos e *exibe* essas aparências? Qual é a natureza do corpo como coisa real, tendo uma realidade própria? Está em algum lugar para ser encontrado, entre suas partes ou separado delas? Ou, no processo desta investigação, você acaba ficando com um "não encontrado", um vazio do corpo em que nem mesmo o rótulo permanece?

Pense em todos os elementos de sua experiência imediata do mundo físico: coisas que são sólidas, líquidas, quentes ou frias, e coisas que estão em movimento. Quando você procura a natureza real, inerente desses elementos, consegue descobri-la entre as partes constituintes das coisas ou independentemente delas? Tudo traz propriedades intrínsecas ou todas estas são apenas rótulos projetados em aparências ilusórias? Até mesmo a categoria "aparências" é um constructo humano. Do mesmo modo, as categorias de "sujeito" e "objeto" e mesmo "existência" e não existência" são criações da mente conceitual e não têm existência fora da mente que as concebeu.

Mesmo se concluir que todas essas aparências são insubstanciais e vazias, pense se este rótulo de "vazio" é algo mais que uma palavra, um conceito. Na formação do mundo da experiência, primeiro apreendemos nossa existência e, com base nela, identificamos outras coisas como existindo isoladas de nós. Elas são trazidas ao mundo pelo processo de identificar conceitualmente objetos com base em meras aparências para a percepção. Assim que reunimos um objeto a nossos pensamentos pela qualificação, ele parece existir independentemente de nossos processos de pensamento. Então, quando as aparências mudam e retiramos nossa projeção conceitual de um objeto, ele parece desaparecer. Todos os fenômenos são meras aparências, que surgem de eventos mutuamente dependentes e nada mais. Com um exame cuidadoso, não descobrimos absolutamente nada que tenha de fato uma existência própria.

Além disso, quando você dorme, todas as aparências objetivas da realidade da vigília — incluindo as aparências do mundo inanimado, os seres que habitam o mundo e todos os objetos que se manifestam aos cinco sentidos — se dissolvem na vacuidade do substrato. Depois, quando você acorda, o senso de "eu sou" se reafirma e, como antes, da aparência do eu todas as aparências internas e externas — incluindo as do mundo inanimado e animado e os objetos sensoriais — emergem como um sonho do substrato. No meio dessas aparências internas e externas, identificamo-nos com algo como "eu" e "meu" e apreendemos os outros como existentes por si mesmos. Assim, perpetuamos a delusão da natureza inerente de todos os fenômenos. Só com o reconhecimento da natureza vazia, luminosa da mente e de todas as aparências, encontramos de fato libertação dessa delusão e passamos a ver a realidade como ela é.[1]

[TEORIA]

OS MUNDOS PARTICIPATIVOS DA FILOSOFIA E DA CIÊNCIA

UM MUNDO DE EXPERIÊNCIA

Na primeira metade do século XVIII, os muitos triunfos da física clássica, como formulada por Newton, deu à maioria dos cientistas e filósofos no Ocidente confiança de que a ciência estava penetrando na natureza mesma do mundo físico, como ele existia em si mesmo, independentemente de todos os modos de observação e pensamento. A tentativa inicial de Galileu, e outros pioneiros da revolução científica, de encarar o Universo com a perspectiva de um olhar de Deus parecia estar dando frutos. Os físicos acreditavam que estavam agora penetrando na natureza do mundo objetivo como o próprio Deus o criara. Essa visão filosófica é conhecida como "realismo metafísico" e afirma que o mundo consiste de objetos independentes da mente, que há uma descrição exata, verdadeira e completa de como o mundo é e que a verdade envolve um tipo de correspondência entre um mundo existindo independentemente e uma descrição dele.[1] Para os cientistas, isto significa que os objetos da investigação científica podem ser, em princípio,

181

descritos em si mesmos e por si mesmos; e se acredita que existam objetivamente — independentemente de quaisquer descrições ou interpretações atribuídas a eles por quaisquer pessoas.[2]

O filósofo irlandês George Berkeley (1685-1754) reagiu a esse ponto de vista com profundo ceticismo e formulou o conceito empirista do conhecimento de uma forma radicalmente nova. Aos 36 anos, Berkeley conquistou um doutorado em teologia e, 13 anos mais tarde, foi designado bispo na Igreja da Irlanda. Ele se perguntava: se todas as nossas teorias são aparências baseadas em observações e conceitos humanos, como vamos saber se elas realmente *representam* algo no mundo exterior que exista separadamente de nossas observações e ideias? A resposta de Berkeley era que não havia meio de confirmar ou refutar tal correspondência entre teorias humanas e o mundo objetivo da natureza. Os físicos presumem que todas as suas observações são provocadas por objetos físicos, mas ele sugeriu que alguma outra coisa poderia dar origem a esses fenômenos. Berkeley sugeriu que Deus estava gerando aparências de objetos físicos para nossas mentes sem jamais criar absolutamente quaisquer objetos físicos, uma visão conhecida como idealismo subjetivo.[3] Segundo esse ponto de vista, a percepção que se tem da árvore é uma ideia que Deus gerou em nossa mente, e as árvores continuam a existir na mente onisciente de Deus quando alguém não está lá para dar testemunho dela. Em suma, a mente de Deus gera diretamente todas as nossas experiências do mundo, sem jamais criar um mundo físico absolutamente objetivo como base para percepções sensoriais.

Nessa versão idealista do empirismo, os únicos objetos que conhecemos e experimentamos são aqueles que percebemos. Assim, tudo que mencionamos como objeto "real" ou "material" consiste apenas desses conteúdos de nossa própria percepção. A filosofia de Berkeley é resumida no princípio *esse est percipi* ("ser é ser percebido"), o que significa que só podemos conhecer diretamente nossas sensações perceptuais e ideias de objetos, não entidades independentes, objetivas, que chamamos "matéria". Três afirmações fundamentais fornecem a estrutura de sua filosofia: todo conhecimento que temos do mundo há de ser obtido apenas através da percepção direta; ideias falsas sobre o mundo são resultado de pensar sobre o que percebemos; e podemos purificar e aperfeiçoar nosso conhecimento do mundo apenas expelindo todo pensamento, e com ele a linguagem, de nossas

182

percepções puras. Se insistíssemos nessas percepções puras, ele afirmava, seríamos capazes de obter a mais profunda noção possível sobre o mundo natural e a mente humana.

Este modelo encontrou uma recepção fria tanto de cientistas quanto de filósofos ocidentais, embora a noção de que o conhecimento do mundo pode ser aperfeiçoado se purificarmos nossas percepções seja comum no budismo. Entre as três abordagens primárias do conhecimento na antiga Índia — baseadas em pessoas ou textos que são encarados como autoridades, baseadas em raciocínio lógico ou em percepção direta —, o Buda enfatizou o desenvolvimento da terceira. Propôs, em particular, que a observação direta da mente e sua relação com a experiência dos sentidos era um meio particularmente eficaz de adquirir conhecimento da realidade como ela é.[4] A maior fonte de erro, segundo a tradição budista, se origina de nossas projeções conceituais sobre o mundo, e o nirvana é para ser alcançado por experiência direta, não conceitual.

Immanuel Kant (1724-1804), um dos mais brilhantes e influentes filósofos europeus da era moderna, rejeitou o idealismo subjetivo de Berkeley, mas também se mostrou profundamente cético diante da noção de que podemos conhecer qualquer coisa acerca do mundo como ele existe independentemente de nossas percepções e ideias. Criado numa família cristã profundamente religiosa, que valorizava uma devoção intensa e a leitura literal da Bíblia, Kant acabou se tornando extremamente crítico das normas religiosas de seu tempo, embora jamais tenha abandonado a crença em Deus. Em sua filosofia, tudo que observamos consiste de aparências que surgem em função de nossos métodos de observação e todos os nossos conceitos do mundo objetivo estão igualmente atados à inteligência humana, não representando realidades físicas que existam por si mesmas. Do mesmo modo, quando observamos nossos próprios estados e processos mentais através da introspecção, só apreendemos aparências psicológicas, não uma fonte absolutamente subjetiva dessas aparências — isto é, um sujeito que sabe, quer e julga. Embora Kant não negasse a existência inerente das coisas, rejeitava a possibilidade de conseguirmos conhecê-las através da observação direta ou por meio da dedução lógica.[5]

Apesar das questões levantadas contra o realismo metafísico por filósofos como Berkeley e Kant, ele continuou sendo a visão de mundo dominante entre cientistas durante o século XIX. Mas no início do século XX, William James desenvolveu uma nova filosofia de empirismo radical, que, como vimos mais anteriormente, rejeita a dualidade absoluta de mente e matéria em favor de um mundo de experiência. Em sua visão, a consciência não existe *como uma entidade em si mesma e por si mesma*, nem é uma função da matéria, nem a matéria existe *como uma entidade em si e por si mesma*. As próprias categorias de mente e matéria são constructos conceituais, enquanto a experiência pura, que fica neutra entre as duas, é primordial.[6] Essa hipótese mantém uma forte semelhança com uma conclusão tirada por contemplativos budistas com base nas suas experiências em profundo *samadhi*.[7]

Críticas empiristas do realismo metafísico continuam a ser apresentadas por filósofos contemporâneos como Bas C. van Fraassen da Universidade de Princeton. Convertido quando adulto ao catolicismo romano, Van Fraassen salienta que, desde o século XIV, as batalhas filosóficas têm sido travadas entre empiristas e realistas metafísicos. Os últimos veem a filosofia tentando, juntamente com a ciência, descobrir o que está realmente acontecendo na natureza, independentemente das observações e do pensamento humanos. Os empiristas, ao contrário, nos chamam de volta à experiência, embora adotando uma atitude cética com relação aos relatos filosóficos e científicos que pretendem indicar se a experiência deve ser deste ou daquele modo. Van Fraassen sustenta que tudo que a ciência pode realmente fazer é nos equipar com relatos inteligíveis de evidências empíricas, sem ter a pretensão de descrever ou explicar o que se passa independentemente da experiência.[8]

Charles M. Taylor é outro filósofo contemporâneo, também um devoto católico romano, que adota uma visão crítica do realismo metafísico, especialmente com relação à identidade humana. Tendo lecionado na Universidade de Oxford, McGill University e Northwestern University, foi agraciado em 2007 com o prestigioso Prêmio Templeton para o Progresso da Pesquisa ou das Descobertas sobre Realidades Espirituais. Em sua influente obra *Sources of the Self: The Making of the Modern Identity* [*Fontes do Self: A Construção da Identidade Moderna*], Taylor apresenta quatro atributos que em geral acreditamos ser verdadeiros nos objetos de estudo científico: o objeto de estudo deve ser adotado "absolutamente", isto é, não pelo significado que tem para nós ou para qualquer outro sujeito, mas como é em si mesmo ("objetivamente"); o objeto é o que é, independentemente de quaisquer descrições ou interpretações propostas sobre ele por quaisquer pessoas; o objeto pode em princípio ser explicitamente descrito; e o objeto pode em princípio ser descrito sem referência a seu meio ambiente.[9]

Sob o impacto da revolução científica, o ideal de apreender a ordem do cosmos através da contemplação chegou a ser encarado como vão e equivocado, como uma presunçosa tentativa de escapar do trabalho duro da descoberta minuciosa.[10] Taylor, no entanto, adverte que, quando se permite que a pesquisa científica domine nossa visão de mundo, "o mundo perde inteiramente seu contorno espiritual, nada vale mais a pena, surge o medo de um vazio apavorante, de uma espécie de vertigem ou mesmo de uma fratura entre nosso mundo e o corpo-espaço".[11]

Com relação à identidade humana, Taylor declara que o ideal da ciência moderna é o de um "eu desimpedido, capaz de objetivar não apenas o mundo ao redor, mas suas próprias emoções e inclinações, medos e compulsões, alcançando assim um tipo de distância e autodomínio que lhe permita agir 'racionalmente'".[12] Mas o perigo de objetivar o eu desta maneira é que podemos despojar nosso senso de identidade de suas características qualitativas, que nos definem como agentes humanos. O resultado é que prejudicamos nosso senso de personalidade, especialmente quando o eu é reduzido a processos biológicos no cérebro. Nossa noção de sentido vem em parte quando pomos nossa experiência em palavras, "descobrindo" assim a natureza de nós mesmos, e a realidade em geral depende da "invenção" do mundo em que vivemos, está entrelaçada com ela.

Hilary Putnam, o filósofo de Harvard, é outro proeminente pensador contemporâneo que refletiu profundamente sobre a participação que temos na criação do Universo em que vivemos. Como judeu praticante, encara sua religião como meio — ainda que não o único meio — de transmitir a experiência de uma conexão com Deus. Acrescenta, contudo, que a pessoa pode celebrar as realizações religiosas e morais do judaísmo sem negar que outras fés e povos tenham também realizações religiosas e morais.[13] Como William James, Putnam associa a ideia do retorno da filosofia à experiência comum com um interesse pela experiência religiosa. Na essência, concorda com Charles Taylor sobre limitarmos nosso conhecimento da natureza humana e da mente ao ignorar fatores causais subjetivos, como desejos e crenças humanos, confinando nosso foco às atividades objetivas, inconscientes do cérebro.[14]

Os escritos de Putnam sobre a filosofia da ciência têm uma semelhança impressionante com os pontos de vista budistas discutidos no início deste capítulo, embora ele pareça ter formulado sua filosofia sem ser influenciado por nenhuma tradição contemplativa da Ásia. Putnam afirma que nossas palavras e conceitos influenciam tão profundamente a experiência do que ele chama de "realidade" que é impossível para os seres humanos observar ou representar o Universo como ele existe independentemente de nossas molduras conceituais.[15] Contudo, uma vez escolhida uma linguagem e uma estrutura conceitual por meio das quais compreender o mundo, podemos descobrir fatos sobre ele que não sejam simplesmente fantasias de nossa imaginação ou artefatos de nossos métodos de observação. Em outras palavras, os métodos que escolhemos para observar o mundo e as ideias que escolhemos para tornar as observações inteligíveis para nós restringem o que sabemos sobre a realidade, mas não predeterminam as respostas às nossas perguntas. Estrelas, por exemplo, são independentes de nossas mentes em termos causais — não criamos as estrelas — mas as observamos por meio de nossos sentidos humanos, ajudados pelos instrumentos da tecnologia, e as concebemos por meio de ideias humanas. Fora da linguagem e dos conceitos, nada pode ser rotulado como verdadeiro ou falso, sendo portanto nosso conhecimento sempre crescente do Universo produzido por nossa experiência do mundo, com os usuários da língua desempenhando um papel criativo na formulação da realidade *como nós a conhecemos*.

Sendo assim, nossas percepções do mundo — incluindo as que obtemos com o uso de instrumentos científicos — são bastante condicionadas por nossos pensamentos e suposições, estando também, portanto, sujeitas a erro. Muito tempo atrás, o Buda levantou essa questão, ao comentar que pontos de vista equivocados surgem não apenas do pensamento especulativo, mas também de uma confiança não crítica na experiência contemplativa. Mesmo o que encaramos como "experiência direta" está sujeita a erro, pois ela é em geral estruturada pelas suposições e expectativas da pessoa.[16] Putnam assinala que não há demarcação absoluta entre observar e teorizar. Na realidade, nossas observações são estruturadas e filtradas por nossas teorias e nossas teorias estão baseadas em nossas observações. O mundo como o vivenciamos e concebemos é um produto de nossas percepções e pensamentos. Com relação a isso, somos como personagens de um romance que estão escrevendo a própria história. O que não indica que nada exista antes da experiência humana e, *nesse sentido*, independentemente dela, mas indica que o Universo *como o vivenciamos* não existe independentemente de nossas faculdades perceptuais e conceituais. Este tema do papel participativo do observador no mundo da experiência ganhou um vigoroso apoio dos avanços na física contemporânea, aos quais agora voltamos.

UM MUNDO DE INFORMAÇÃO

Desde a aurora da era moderna, os cientistas têm procurado compreender como seria a natureza do Universo da perspectiva do próprio Deus, isto é, de um ponto de vista absolutamente objetivo. Como se mencionou anteriormente, todos os pioneiros da revolução científica eram cristãos devotos e a busca da objetividade pura era uma estratégia para lograr conhecer a mente do criador por meio de sua criação.[17] Essa abordagem do conhecimento persistiu pelo século XX, mesmo quando muitos cientistas abandonaram todas as crenças religiosas. Albert Einstein expressou o ideal de forma sucinta: "A física é uma tentativa de apreender a realidade como ela é pensada independentemente do fato de estar sendo observada".[18] E a maioria dos cientistas, de cosmólogos a neurocientistas, presume que o mundo se reduz fundamentalmente a entidades físicas com propriedades emergentes e relações. A adesão a esse ponto de vista é amplamente encarada como racional, enquanto desvios dele provocam acusações de "pensamento mágico" e irracionalidade.

Se queremos acreditar que o universo consiste inteiramente de entidades e propriedades físicas, deveríamos ter uma definição clara do "físico".[19] Se definimos esta categoria de fenômenos como algo que pode ser detectado com o emprego de sistemas científicos de medida, e definido com a linguagem e os conceitos da física, então estados e processos mentais, juntamente com a própria consciência, têm de ser considerados não físicos, pois não preenchem nenhum desses critérios. E, quando processos mentais, como pensamentos discursivos, imagens mentais e emoções, são observados introspectivamente, não exibem características físicas como massa, localização espacial ou movimento. É uma segunda indicação de que não são físicos. Apesar de toda essa evidência, ainda se pode crer que a mente e a consciência são físicas e que isto será um dia demonstrado por avanços das ciências cognitivas. Mas é uma postura baseada na fé, não uma postura científica. Além disso, é preciso um belo salto de fé para acreditarmos que a totalidade da realidade se conforma às noções correntes do físico, que são limitadas por nossa atual tecnologia para medir o que consideramos como físico.

Materialistas científicos costumam definir o físico como algo que pode influenciar ou ser influenciado por entidades e processos físicos conhecidos. Vamos deixar de lado por um momento a circularidade óbvia dessa afirmação, que não consegue definir entidades e processos físicos. Tal visão mecanicista presume a validade universal do princípio de fechamento, que declara que só fenômenos físicos podem exercer influências causais sobre fenômenos físicos. Esse princípio, no entanto, deve ser reconsiderado dentro do contexto da física quântica, o que mina sua validade como lei absoluta, invariável da natureza. Segundo a teoria quântica, o princípio de incerteza tempo-energia permite violações do princípio de fechamento, deixando aberta a possibilidade de processos não físicos influenciarem a matéria. Como escreve o físico Paul C. W. Davies: "Uma expressão do princípio de incerteza é que quantidades físicas estão sujeitas a situações espontâneas, imprevisíveis. A energia, assim, pode irromper não vindo de parte alguma; quanto mais curto o intervalo, maior a excursão de energia".[20] Essas flutuações podem ter desempenhado um papel crucial na própria formação do Universo como o conhecemos, compreendendo não só a substância de que nosso mundo foi feito antes da inflação,* mas o próprio espaço-tempo.[21]

A física clássica nos diz que um átomo é composto quase inteiramente de espaço vazio, e o núcleo ocupa apenas uma fração minúscula desse

---

* Período de expansão extremamente acelerada do universo segundos após o Big Bang. (N. do T.)

espaço. Mas a teoria do campo quântico ultrapassa bastante esse modelo simples. Nessa teoria, que unifica a física quântica com a teoria da relatividade especial de Einstein, todas as configurações de massa e energia são reduzidas a abstrações matemáticas que emergem de espaço vazio. Todos os processos físicos consistem de "agitações" insubstanciais de espaço vazio, assim como ondas de superfície num lago são agitações da água do lago. Embora espaço vazio seja em si mesmo sem forma, ele se manifesta como formas físicas, compondo assim o que encaramos como um "mundo real".[22] Isso está muito distante das noções do século XIX de matéria como constituída de pedaços grosseiros de substância sólida que se movem de um lado para o outro num espaço e tempo absolutos.

Parece haver um profundo paralelismo entre a visão budista exposta na seção anterior e a física contemporânea. Ambas pretendem que todos os fenômenos são aparências ilusórias surgindo do espaço e consistindo de manifestações de espaço. Todas essas aparências estão, portanto, "vazias" de qualquer existência real, substancial além desse espaço. Mas a maioria dos cientistas ainda pensa no espaço como alguma coisa puramente objetiva, independente da mente de todos os observadores. Ao contrário, o conceito budista do substrato se refere a um espaço subjetivo no qual todas as aparências surgem. Vamos explorar mais profundamente o solo comum entre o conceito científico e o conceito budista de espaço nos capítulos seguintes, mas ambas as tradições sustentam que todos os fenômenos surgem do espaço, apesar das diferenças no modo como entendem o espaço. De acordo com a visão budista, todas as noções de espaço existem apenas em relação com as mentes que as concebem. Isso tem implicações profundas para a compreensão pelos cientistas do mundo físico e tem igualmente ramificações importantes para a visão de nosso lugar no mundo natural, como descrita nos ensinamentos sobre a Perfeição da Sabedoria.

A pesquisa empírica do físico austríaco Anton Zeilinger, que está na vanguarda da pesquisa sobre os fundamentos da física quântica, levou-o a desafiar a pressuposição de que o Universo consiste basicamente de entidades e processos físicos. Ele salienta que, na física clássica, as propriedades físicas de um sistema são encaradas como primárias e se presume que existam antes de serem observadas e independentemente do fato de alguém estar olhando para elas. Informação baseada em observação científica é considerada secundária, pois é apenas porque já existem propriedades físicas que podemos obter alguma informação sobre elas. Na física quântica esta situação é invertida. A informação do sistema sendo estudado é primária, pois existe independentemente de quaisquer observações particulares que a pessoa faça. As propriedades físicas do sistema são encaradas como secundárias, pois são simplesmente expressões da informação sobre o sistema, que é criada pelo ato de observação.[23]

Zeilinger insiste que não é mais plausível fazer um corte absoluto entre o experimentador e o sistema sob estudo experimental. No nível quântico, descobre-se que o Universo não é uma máquina que segue seu caminho inexorável, como Descartes imaginou. Na realidade as descobertas que os cientistas fazem dependem das perguntas que formulam sobre a natureza, dos experimentos que planejam e dos sistemas de medida que criam. Em todos os estágios do processo, os cientistas são inevitavelmente envolvidos na vinda à superfície do que observam.

Zeilinger sintetiza esta seguinte orientação revolucionária para compreender o mundo natural:

Podemos ser tentados a presumir que, sempre que fazemos perguntas sobre a natureza, sobre o mundo por aí, há uma realidade que existe independentemente do que possa ser dito a seu respeito. Afirmamos agora que tal posição é desprovida de qualquer sentido. É óbvio que qualquer propriedade ou traço de realidade "por aí" só podem estar baseados na informação que recebemos. Não pode haver afirmação alguma, seja lá qual for, sobre o mundo ou sobre a realidade que não esteja baseada em tal informação. Segue-se, portanto, que o conceito de uma realidade onde não temos, a princípio, pelo menos a capacidade de fazer declarações sobre ela para obter informação sobre seus traços é desprovido de qualquer possibilidade de confirmação ou prova. Isto implica que a distinção entre informação, que é conhecimento, e realidade é desprovida de qualquer sentido.[24]

Desde o tempo de Copérnico, os cientistas têm procurado compreender o mundo como ele existe da perspectiva de Deus, isto é, independentemente da observação humana. É a pressuposição subjacente a toda a física clássica, como Einstein declarou. Mas, como declara Zeilinger, a física quântica desafia a validade de toda esta busca. Tudo que observamos — como cientistas ou não cientistas — só existe em relação com o nosso método de observação e tudo que concebemos só existe em relação com os nossos modos de pensar. Como não temos acesso conceitual ou em termos de observação a qualquer realidade absolutamente objetiva, não temos meio de confirmar ou refutar as afirmações que possamos fazer sobre o que existe no mundo absolutamente objetivo. Como sustenta Zeilinger, isso indica que nenhuma dessas afirmações tem sentido. O budismo, a psicologia e a neurociência nos dizem que não tem sentido falar de aparências que existem independentemente dos modos de observação e medida. Da mesma maneira, o budismo e a física quântica nos dizem que tem igualmente pouco sentido falar de entidades teóricas, como partículas elementares e ondas de probabilidade, existindo de forma independente das mentes que as concebem.

Esta perspectiva revolucionária sobre o Universo como consistindo fundamentalmente de informação, em vez de partículas e campos materiais, sugere que a pressuposição de que "lá fora" existem entidades físicas, independentes de todos os modos de observação e todas as molduras conceituais, não tem base. O que não significa que o Universo inteiro dependa, para sua existência, das observações e conceitos humanos. Mesmo se o gênero humano deixasse de existir, a Terra, nosso sistema solar, a Via Láctea e todas as outras galáxias não iriam desaparecer. Continuariam a existir como são percebidas e concebidas por outros seres conscientes, incluindo animais e seres extraterrestres. Assim, surgem múltiplos mundos em relação com as múltiplas espécies de seres na Terra e presumivelmente em outros lugares deste vasto Universo. Mas a física quântica declara que não tem sentido falar sobre o Universo como ele existe, independentemente das observações ou conceitos de *alguém*.[25]

Hoje em dia muitos físicos estão empenhados em fascinantes especulações sobre a existência de dimensões ocultas do Universo, mas suas hipóteses estão geralmente limitadas a realidades que se amoldam ao constructo humano de "físico".[26] À luz das percepções acima da física quântica, não parece haver justificativa para limitar investigações adicionais a noções antiquadas ou até mesmo contemporâneas de fisicidade. Os cientistas, com a atenção fixada no mundo externo, objetivo, menosprezaram assim, consideravelmente, uma dimensão de espaço que pode ser observada "internamente", isto é, o substrato. Processos mentais não podem ser localizados como pontos no espaço físico, nem no cérebro, nem em outro lugar. Assim, a experiência nos compele a acrescentar pelo menos mais uma dimensão às quatro habituais de espaço-tempo, ou seja, o espaço da mente, onde todos os eventos mentais surgem e passam. Todos esses processos mentais também podem ser vistos como consistindo de informação, em vez de alguma "substância mental" inerentemente existente.

Os contemplativos budistas descobriram que os eventos mentais são simplesmente tão vazios de uma natureza intrínseca quanto os eventos físicos e mesmo a categoria de "informação" não tem existência que lhe seja inerente. Todos esses eventos — mentais, físicos e informacionais — surgem de forma dependente, existindo somente em relação com os meios pelos quais são observados e concebidos. Do mesmo modo, todos os sistemas de medida — incluindo todos os métodos de observação — existem relativamente ao que estão medindo ou observando; e todos os conceitos teóricos — incluindo os da ciência e o budismo — existem relativamente às mentes que os concebem. Nesta nova visão da realidade como um mundo de informação, os observadores desempenham um papel-chave na formação do Universo que tomam como real. Somos tão responsáveis pela criação do nosso mundo quanto ele é responsável por nos criar.

UM MUNDO DE SIGNIFICADO

Um número crescente de físicos está chegando à conclusão de que a informação existe como uma propriedade não física do Universo, mas continuam divididos quanto ao significado de "informação". Alguns a definem em termos puramente objetivos, sem referência a nenhum observador, enquanto outros, incluindo o eminente teórico da física John Archibald Wheeler, insistem que a informação deve ter significado para um sujeito consciente. Qualquer observação real do mundo físico, ele acreditava, deve envolver mais que a interação irracional de um processo físico com algo que consideramos um sistema de medida. É, afinal, a mente do pesquisador que projeta um sistema de medida e distingue entre o que está fazendo a medida e o que está sendo medido. O ato de observação deve de alguma forma comunicar *informação significativa*, indicando uma transição do reino dos eventos irracionais para o reino do conhecimento. Uma interação na física quântica, por exemplo, só se torna um verdadeiro conhecimento se significa algo para alguém.[27]

A hipótese de Wheeler sobre a natureza e o significado da informação no Universo é muito relevante para o problema mente-cérebro. Ele argumenta que não tem lógica afirmar que o sentido, ou informação semântica, emerge de átomos irracionais ou processos quânticos, e é igualmente implausível que o sentido possa emergir de neurônios irracionais. Como o físico Roger Penrose comenta, "precisamos, com efeito, de uma teoria da consciência para explicar a física que realmente percebemos acontecer no mundo".[28] Do mesmo modo, precisamos de uma teoria da consciência para explicar a relação entre funções neurais e processos mentais. Mas é improvável que uma teoria convincente da consciência, baseada na experiência, seja formulada por físicos ou neurocientistas que estejam estudando apenas processos físicos. Qualquer teoria abrangente da consciência deveria ser baseada, antes de mais nada, em observações rigorosas da mais ampla gama possível dos próprios estados da consciência e não apenas nos correlatos comportamentais ou neurais de processos mentais comuns.

Hoje a maioria dos biólogos acredita que, no decorrer de milhões de anos de evolução, a consciência emergiu inteiramente de processos físicos como um traço adaptativo que ajudava os organismos a sobreviver e procriar. Nesse caso, deveria ser possível compreender a consciência simplesmente investigando os processos neurais dos quais ela emerge. Antes de pular para esta conclusão, no entanto, é importante observar a sequência por meio da qual as ciências naturais se desenvolveram. Primeiro vieram as inovações das ciências físicas com as descobertas de Copérnico, Kepler, Galileu e Newton, depois vieram as grandes descobertas biológicas de Darwin e Mendel nos campos da evolução e da genética, e finalmente vieram as ciências cognitivas, começando com o trabalho de pioneiros como William James, Sigmund Freud e Carl Jung. A sequência desta evolução do conhecimento humano é clara — da física à biologia e depois à psicologia

— e os cientistas acreditam amplamente que a evolução do cosmos ocorreu exatamente nessa ordem: de objetos físicos inanimados a organismos vivos e depois a sujeitos conscientes. Isto é mera coincidência? Ou pode ser que nossa visão da evolução do Universo como um todo seja um reflexo ou uma projeção da evolução da pesquisa científica europeia sobre o mundo natural durante a era moderna?

Em retrospecto, não parece inevitável que os primeiros grandes cientistas tivessem de ser astrônomos ou físicos. Podiam ter sido biólogos ou cientistas cognitivos. As descobertas de Darwin e Mendel não se apoiaram em avanços anteriores na física, e as teorias mais inovadoras de James e Freud não se apoiaram significativamente em descobertas da física ou biologia. Se os pioneiros da revolução científica tivessem sido biólogos, não é concebível que hoje a ciência pudesse estar baseada antes num modelo orgânico que mecânico do Universo? E se tivessem sido psicólogos, poderiam hoje os cientistas deixar de adotar uma visão radicalmente diferente do papel da consciência no mundo natural?

Essas especulações hipotéticas não podem ser respondidas, mas pelo menos deviam nos encorajar a questionar a presumida coincidência da analogia entre a evolução da ciência e a visão científica da evolução do Universo. É claro que os processos cognitivos específicos dos organismos vivos surgem em função de seus cérebros e sistemas nervosos, mas os cientistas ainda não conseguiram descobrir as causas necessárias e suficientes de qualquer tipo de consciência. E ainda não conseguem sequer detectar a presença da consciência em alguma coisa. Isto implica que, se há dimensões da consciência no mundo natural que influenciam o curso da evolução, os cientistas não têm meios de medi-las ou sequer saber de sua existência. A crença, portanto, de que a consciência surgiu apenas de processos físicos não é validada pela evidência científica. Na realidade é uma suposição materialista, um simples reflexo das limitações dos métodos de pesquisa científica, que só são capazes de medir processos físicos.

Alguns físicos contemporâneos vão inclusive mais longe no desafio a suposições que viraram lugar comum sobre a história do Universo. Aplicando os princípios da física quântica ao conjunto da natureza, Stephen Hawking, da Universidade de Cambridge, e Thomas Hertog, da Organização Europeia para a Pesquisa Nuclear (CERN — European Organization for Nuclear Research), propuseram que não há absolutamente história objetiva do Universo como se ele existisse independentemente de todos os sistemas de medida e modos conceituais de pesquisa.[29] Em vez disso, há muitas histórias possíveis, entre as quais os cientistas selecionam uma ou mais baseadas em seus métodos específicos de pesquisa. Desde a aurora da ciência moderna, os físicos vêm tentando compreender a evolução do Universo "do menor para o maior", começando com as condições iniciais. Hoje o começo do Universo é concebido em termos do Big Bang. Mas Hawking e Hertog desafiam toda essa abordagem declarando que, assim como a superfície de uma esfera, nosso Universo não tem ponto de partida definível, nem estado inicial definido. E, se não podemos conhecer o estado inicial do Universo, não podemos adotar uma abordagem *bottom-up,** avançando desde o "começo". A única alternativa é adotar uma abordagem *top-down,*** partindo de observações atuais e recuando. Como fazer isso, porém, depende inteiramente das perguntas que formulamos e dos métodos de pesquisa que adotamos no presente.

Quando aplicamos os princípios da física quântica ao Universo inteiro, como Wheeler e Zeilinger também defendem, o conjunto da natureza existe num estado de superposição quântica que consiste de uma série infinita de possibilidades. Segundo Hawking, cada versão possível de um Universo único existe simultaneamente nessa superposição quântica. Quando uma pessoa opta por fazer uma medida, seleciona deste feixe de possibilidades um subconjunto de histórias que compartilham os traços específicos medidos. A história do Universo como ela o concebe deriva-se desse subconjunto de histórias. Em outras palavras, ela escolhe seu passado.

Segundo os importantes físicos mencionados neste capítulo, torna-se cada vez mais evidente que uma compreensão da natureza e do papel da consciência no mundo natural é indispensável para a compreensão do universo físico. Nem os físicos, nem os biólogos, nem os psicólogos sabem quando a consciência se originou no curso da evolução ou quando emergiu pela primeira vez na formação de um feto humano. Portanto, assim como

---

* Isto é, uma abordagem que propõe uma evolução hierárquica de baixo para cima ou do menor para o maior. (N. do T.)

** Uma abordagem de cima para baixo ou do maior para o menor. (N. do T.)

é impossível explicar a história do Universo com uma abordagem "bottom up", sem saber quais eram as condições iniciais, é impossível explicar as origens da consciência com uma abordagem "bottom up" sem conhecer suas causas necessárias e suficientes. Seguindo a mesma lógica de Hawking e seus colegas, devíamos estudar as origens da consciência "top down", começando com a natureza da consciência observada no presente momento. Tem sido essa a abordagem de contemplativos do Oriente e do Ocidente através dos séculos, mas é uma abordagem que continua inexplorada pela comunidade científica.

[PRÁTICA] 21

REPOUSANDO EM CONSCIÊNCIA INTEMPORAL

Como sempre, comece sua sessão de meditação acomodando o corpo, a fala e a mente em seus estados naturais. Assim que tiver adquirido, com base na experiência, algum discernimento sobre a natureza vazia dos objetos que aparecem à sua mente, da própria mente e da dualidade entre aparências objetivas e sua percepção subjetiva, simplesmente faça a percepção repousar sem apreender nenhum objeto ou sujeito. Esta fase da prática é às vezes chamada de "não meditação", pois você não está meditando sobre nada. Simplesmente coloque a percepção no espaço diante de você e mantenha uma atenção plena e decidida, sem tomar nada como objeto meditativo.

Nesta prática de "não fazer", talvez você experimente uma profunda calma interior. Além disso, talvez ultrapasse sua psique e mesmo transcenda a consciência substrato, visto que a percepção se acomoda em seu fundamento último, conhecido como consciência primordial (*jñana*). Neste momento você pode compreender de forma não dual um vazio estável, luminoso, que é a natureza mesma da percepção, além de todas as elaborações conceituais. As aparências e a mente vão se fundir, de modo que não há mais nenhuma noção de "dentro" e "fora", e você experimentará uma sensação extremamente intensa de equanimidade, às vezes chamada de o "gosto único" de tudo da realidade.

O brilho deste vazio é ininterrupto, claro, imaculado, calmante e resplandecente. É chamado de "natureza luminosa" da percepção intacta e sua essência é a indivisibilidade do puro vazio, não estabelecido como nada, com seu brilho ininterrupto, resplandecente, intenso.[1] Para algumas pessoas, podem ser necessários anos de dedicação à prática meditativa para que tal percepção ocorra. Mas para outros ela pode surgir muito depressa. Tudo depende de nosso grau de maturidade espiritual.

Quando levar sua sessão de meditação a um fecho, sem ficar agarrado a nada, contemple todas as aparências claras e vazias como aparições ou aparências de um sonho. Isto ajudará a romper as barreiras entre sua experiência meditativa e o modo como você encara o mundo entre as sessões. Assim, todas as aparências de pensamentos e do mundo sensorial podem surgir como auxílio à meditação. Não importam os pensamentos que surjam, direcione toda a sua atenção para eles e descobrirá que desaparecem sem deixar traço, como a neblina no calor do sol. Reconheça que esses pensamentos não têm uma realidade que lhes seja própria e não será mais incomodado por eles. Durante todas as suas atividades, jamais deixe a percepção escorregar para o hábito anterior de se apegar às coisas, mas mantenha a atenção plena, tão persistente e firme quanto a correnteza de um rio largo.

[TEORIA]

O ESPAÇO LUMINOSO DA PERCEPÇÃO INTACTA

O REINO DOS CÉUS

Sobretudo desde a ascensão do movimento protestante, a Igreja cristã desenvolveu a tendência de caracterizar os seres humanos como míseros pecadores, donos de uma natureza tão corrupta que só podem obter a salvação por meio da graça não merecida de Deus. Não obstante os defensores dessa melancólica visão da natureza humana encontrem fontes bíblicas para suas crenças, é importante levar em conta outros trechos da escritura que apresentam uma perspectiva mais edificante. O Livro do Gênesis, por exemplo, declara: "E Deus criou o homem à sua imagem; à imagem de Deus o criou; macho e fêmea os criou", e esta semelhança entre Deus e o homem se repete no Novo Testamento, que afirma que não apenas Jesus, mas todos os homens refletiam "a imagem e glória de Deus".[1]

Os cristãos que enfatizam a natureza depravada do homem também defendem a crença de que a salvação é garantida para os que aceitam Jesus como seu salvador, recebem o batismo e aderem às crenças de sua igreja. Porém, tal certeza na salvação própria e na danação de todos que não conseguem corresponder a esses critérios pode ser posta em questão quando nos lembramos da advertência de Jesus: "Nem todo aquele que me diz 'Senhor, Senhor' entrará no Reino dos Céus, mas sim aquele que faz a vontade de meu Pai que está nos céus".[2] Perguntaram a Jesus qual era o mais importante de todos os mandamentos de Deus: "O mais importante", respondeu Jesus, "é este: 'Ouve, oh Israel, o Senhor nosso Deus, o Senhor é único. Ama o Senhor teu Deus com todo o teu coração, com toda a tua alma, com todo o teu entendimento e com toda a tua força'. O segundo é este: 'Ama o teu próximo como a ti mesmo'. Não há mandamento maior que estes".[3] Segundo Santo Agostinho, há uma relação íntima entre esses dois mandamentos. Amar a Deus não é simplesmente um profundo senso de reverência, devoção e gratidão, mas também um desejo ardente de união com ele. E amar o próximo como a si mesmo é a expressão de um senso de unidade com todos aqueles que são capazes de compartilhar o amor a Deus.[4]

O compromisso de buscar a unidade com Deus com toda a alma, todo o entendimento e toda a força seguindo a vontade de Deus está de acordo com o comando de Jesus: "Sede então perfeitos, como vosso Pai no céu é perfeito".[5] Essa imposição sugere que existe uma dimensão da existência humana que transcende as muitas limitações e corrupções da alma humana. Jesus frequentemente se refere a esta pureza divina como o reino de Deus ou o reino dos céus, declarando que ele existe não no mundo objetivo, mas em cada um de nós.[6] Esta perfeição interior se mantém obscurecida desde que nos agarramos a nosso senso normal de identidade pessoal, ou psique, e a todos os nossos pensamentos e aspirações mundanos. Para descobrir o reino de Deus, devemos abrir mão do sentimento habitual de nossa identidade, abandonando a identificação com nossos corpos e mentes, pois só deste modo poderemos ser "nascidos de novo" e enxergar nossa natureza mais profunda.[7]

São Paulo expressou o próprio renascimento espiritual na declaração: "Fui crucificado com Cristo. Eu vivo, contudo já não sou eu que vivo, mas é Cristo que vive em mim".[8] Embora Paulo continuasse separado de Cristo em termos de existência corpórea, em termos de sua percepção toda separação havia desaparecido. Quando olha para dentro, não vê Cristo como um objeto de percepção. Ele se referia a algo mais direto e imediato, que pertencia ao fundamento último de sua percepção. Este fundamento unificador de todas as unidades e comunidades, o fundamento de tudo, só é compreendido quando ultrapassamos a mente ordinária.[9] O teólogo cristão Martin Laird comenta: "Percebemos que aquilo que contempla este vasto e harmonioso todo é também o todo. Vemos que os pensamentos e sensações que nos atormentavam, embaçavam nossa visão, seduziam-nos, distraíam--nos não têm substância. São também uma manifestação da vastidão em que aparecem. Penso que São Paulo teria simplesmente chamado isto de paz de Cristo, uma percepção do fato batismal de estar em Cristo".[10]

Muitas referências de Jesus ao reino dos céus eram feitas sob a forma de parábolas. Ele o comparava a um grão de mostarda que é plantado num campo. Embora seja a menor das sementes, transforma-se, quando cresce, na maior das hortaliças e vira uma árvore, de sorte que os pássaros do céu vêm se empoleirar em seus galhos. Usando uma metáfora semelhante de crescimento, comparava o reino dos céus ao fermento misturado a uma grande quantidade de farinha até que a massa toda fica fermentada.[11] Essas parábolas sugerem que a perfeição interior desse reino já está presente de um modo sutil mesmo quando nos agarramos a nossos pensamentos e sentimento usual de identidade. À medida que renunciamos ao senso habitual do eu e nos dedicamos a buscar nossa natureza mais profunda, ela gradualmente satura todo o nosso ser e se revela como um refúgio interior. Assim, o reino dos céus é como um tesouro escondido no campo de nosso sentimento habitual de identidade pessoal. Depois que é descoberto, o que busca a verdade desiste de bom grado do campo em troca do tesouro de valor inestimável, assim como quem descobre uma pérola de grande valor fica disposto a vender tudo que possui para adquiri-la.[12]

Numerosos trechos do Novo Testamento também se referem a Cristo como a luz do mundo e a luz da vida.[13] Nos últimos dois milênios, a metáfora da luz é talvez a mais comumente usada por cristãos contemplativos para caracterizar suas mais profundas percepções espirituais. Embora a luz interior do reino dos céus seja invisível para a mente discursiva comum, ela se manifesta com claridade cada vez maior para os que cultivam uma vida de virtude e veem despertadas suas faculdades contemplativas. São Gregório de Nissa chamou-a de "escuridão luminosa", São Diádoco refere-se a ela como "a luz da mente", e São João da Cruz diz de Deus: "Sois a luz divina de meu intelecto através da qual posso olhar para Vós".[14] Segundo Evagrius, um Pai do Deserto e seguidor de Orígenes, já mencionado, a descoberta dessa dimensão luminosa da percepção traz um extraordinário atributo de tranquilidade que persiste inclusive em meio às atividades mundanas da vida diária.[15]

São Gregório Palamas descreve eloquentemente essa percepção contemplativa:

> É, na verdade, incompreensível como a deificação, se está encerrada nas fronteiras da natureza, pode levar a pessoa deificada para fora ou para além de si mesma... Através da graça, Deus em Sua inteireza penetra os santos em sua inteireza e os santos em sua inteireza penetram Deus inteiramente, trocando o todo Dele por eles próprios e obtendo só a Ele como recompensa da ascensão em direção a Ele; pois Ele os abraça como a alma abraça o corpo, capacitando-os a estar Nele como Seus próprios membros... O intelecto, ficando livre das preocupações mundanas, é capaz de agir com pleno vigor e consegue perceber a inefável bondade de Deus. Então, conforme a medida de seu progresso, comunica sua alegria também ao corpo e esta alegria que passa a encher tanto a alma quanto o corpo é um verdadeiro e novo chamamento para a vida incorruptível.[16]

A tradição contemplativa cristã entrou em franco declínio com o advento da reforma protestante e a revolução científica. Um de seus últimos grandes defensores durante a renascença italiana foi Nicolau de Cusa (1401-64). Nicolau nasceu e foi educado durante a juventude na Alemanha, mas recebeu educação superior na Itália, obtendo um doutorado em direito canônico da Universidade de Pádua, em 1423. A partir de 1437, serviu muitas vezes como legado papal do papa Eugênio IV junto à igreja oriental baseada em Constantinopla, e se desincumbiu da função com tanta habilidade que o papa o nomeou cardeal.

Rejeitando a escolástica da era medieval, Nicolau ofereceu uma importante contribuição aos campos do direito, teologia, filosofia, matemática, astronomia e misticismo, o que lhe rendeu a reputação de ser um dos maiores gênios e sábios do século XV. Contribuiu com a matemática, desenvolvendo os conceitos do infinitesimal e do movimento relativo, e seus escritos foram essenciais para a descoberta do cálculo feita por Leibniz e Newton, assim como para a obra mais tardia de Cantor sobre a infinidade. Muito antes de Copérnico, ele afirmou que a Terra quase esférica não era o centro do Universo, que girava sobre seu eixo em volta do Sol e que as estrelas eram outros mundos. Também sustentou que os corpos celestes não eram estritamente esféricos, nem as órbitas, circulares. A diferença entre teoria e aparência, disse ele, é explicada pelo movimento relativo. Copérnico e Galileu tomaram conhecimento de seus escritos, assim como Kepler, que o chamou de "divinamente inspirado" no parágrafo inicial de sua primeira obra publicada.

Quando voltava de uma de suas missões a Constantinopla, onde tentava impedir as futuras Guerras Santas, Nicolau teve uma experiência mística que o levou a escrever extensamente sobre filosofia e a vida contemplativa, profundamente inspirado pelos escritos de Santo Agostinho e dos adeptos mais tardios do neoplatonismo. Ele encarava o conhecimento humano como uma atividade coletiva e unificadora, que consistia de três estágios. O primeiro e mais primitivo é o conhecimento que adquirimos através dos sentidos físicos. O conhecimento sensorial, ele acreditava, integra as muitas aparências que se apresentam aos cinco sentidos físicos numa representação unificada do mundo ao redor. O segundo é a razão, a faculdade com a qual geramos ideias abstratas, universais. Esse conhecimento está enredado em molduras conceituais, que implicam em dualidades como "único" e "muitos", "existência e não existência". Como tal, ele nos proporciona um conhecimento inadequado da realidade, sem jamais alcançar uma unidade perfeita. O terceiro e último estágio do conhecimento envolve uma espécie de entendimento que transcende a razão e a lógica. É uma espécie de intuição mística pela qual podemos ver através de todas as diferenças e da multiplicidade que são concebidas pela mente racional. É só com esta faculdade que podemos chegar a conhecer a Deus como unidade perfeita, na qual todas as diferenças são reconciliadas na vida infinita, na qual todos os opostos convergem ou "coincidem".

Para alcançar em termos de experiência esta unidade divina, a "face de Deus", ele escreveu: "Cabe a mim entrar na nuvem, admitir a coincidência de opostos, acima de tudo a capacidade de raciocinar, e procurar a verdade ali, onde a impossibilidade me desafia. E, acima da razão, acima inclusive de cada momento da mais alta elevação intelectual, quando eu tiver chegado àquilo que é desconhecido de todos os intelectos e que cada intelecto julga ser o mais distante da verdade, aí estais vós, meu Deus, que sois necessidade absoluta".[17] Quem quer que veja a face de Deus vê todas as coisas abertamente, sem que nada permaneça escondido. Tal conhecimento é alcançado com "visão absoluta", divina, sem a qual não pode haver "visão estreita", humana. Esta visão contemplativa da realidade com o olho de Deus é possibilitada por um tipo de visão que encerra em si mesma todos os modos de ver. "Na luz de Deus está todo o nosso conhecimento, de sorte que não somos nós que sabemos, mas é Deus que sabe em nós".[18] O portão do "muro do paraíso", que nos deixa de fora do reino de Deus que há lá dentro, Nicolau afirma, é "guardado pelo mais elevado espírito da razão e, a não ser que ele seja subjugado, o caminho para lá não ficará aberto".[19]

Como muitos contemplativos antes dele, Nicolau de Cusa nos trouxe um caminho para procurarmos Deus dentro de nós mesmos: o caminho da remoção de limites. No decorrer desta exploração interior "você não encontra nada em você mesmo parecido com Deus, mas certamente confirma que Deus está acima de tudo como a causa, o começo e a luz da vida de sua alma intelectiva... Você se alegrará de ter encontrado Deus além de toda a sua interioridade como a fonte do bem, da qual brota tudo que você tem. Você se volta para Deus entrando cada dia mais profundamente dentro de si mesmo e renunciando a tudo que se encontra fora, de modo a se ver naquela trilha na qual Deus é encontrado para que possa, depois, compreender a Deus em verdade".[20]

Nicolau também sugeriu que essa visão divina pode ser obtida se voltarmos de forma completa o olhar para o mundo exterior como "trilha maravilhosa para buscar e encontrar Deus".[21] Isto pode ser alcançado pela investigação da natureza e condições dos elementos, como o fogo, e de outros objetos materiais, como bosques, pedras e sementes. Como afirmavam os pitagóricos, encontraríamos, ao fazer isso, formas geométricas em cada um deles, reduzindo-os assim às potências fundamentais que os produzem. Tivessem os pioneiros da revolução científica incluído esta busca de conhecimento ao lado da abordagem racional baseada nas observações sensoriais, toda a evolução das ciências naturais poderia ter tomado um curso muito mais equilibrado, integrando métodos subjetivos e objetivos de pesquisa.

Se muitas das percepções matemáticas e astronômicas de Nicolau foram silenciosamente absorvidas pela ciência moderna, a abordagem tríplice que ele fez do conhecimento tem sido rejeitada pelos estudiosos modernos e seus escritos contemplativos foram praticamente ignorados. Embora o cristianismo moderno tenha em sua maior parte se afastado dessa trilha da pesquisa contemplativa, há muitos paralelos notáveis entre os *insights* de Nicolau e os dos contemplativos budistas, aos quais voltamos agora.

MENTE BRILHANTE

Embora os ensinamentos de Buda enfatizem fortemente a realidade do sofrimento, com uma análise meticulosa das atribulações mentais como o desejo, a hostilidade e a delusão, que são suas causas fundamentais, há também muitas referências ao que ele chamou de "mente brilhante". É uma dimensão da consciência singularmente flexível e adaptável, uma vez desenvolvida. Na mente ordinária, ela é contaminada por atribulações mentais, mas estas não são intrínsecas à sua natureza. São antes encaradas como obscurecimentos temporários ou "aleatórios" e, quando os véus das atribulações são removidos, essa percepção luminosa se manifesta em toda a sua glória.[22]

O Buda sugeriu, além disso, que o afeto é uma qualidade da mente brilhante e que esta dimensão da percepção nos inspira a desenvolver nossas mentes e procurar libertação. Comparou corrupções mentais a impurezas do ouro, sugerindo que, assim como o ouro não manifesta a radiância que lhe é intrínseca quando misturado com impurezas, a radiância intrínseca da mente não é visível quando ela está velada por atribulações. O processo de desenvolvimento meditativo é, portanto, comparado ao ouro refinado.[23] A descoberta desta natureza luminosa da mente é crucial para o desvelamento dos recursos ocultos da consciência na trilha budista, assim como a descoberta do reino dos céus é central para a contemplação cristã.

Comentadores budistas theravada identificam a mente brilhante com a *bhavanga* ou base do vir a ser, discutida no Capítulo 12, que se manifesta naturalmente no sono sem sonhos e na morte.[24] Durante o estado de vigília, a consciência comum ilumina todas as aparências, sensoriais e mentais, mas pode ser obscurecida ou apagada devido a dano nos sentidos físicos ou no cérebro. Contudo, a luminosidade inata da *bhavanga* permanece, seja ou não obscurecida por influências mentais ou físicas.[25]

É certamente uma interpretação razoável, mas além disso, o Buda falava de um estado supremo de consciência vivenciado por aqueles que alcançam o nirvana, que ele chamou de "consciência sem características", pois é indetectável por todos os modos habituais de percepção. Pode ser conhecida de forma não dual apenas por si mesma. Persiste mesmo após um *arhat* (alguém que atingiu o nirvana) ter morrido e esta dimensão incondicionada, intemporal de consciência está imbuída de imutável beatitude. Neste inimaginável, ininterrupto, radiante estado de percepção, a pessoa está completamente livre da encarnação física: a mente e o corpo ordinários foram transcendidos e desaparecem, sem deixar traços.[26] O Buda declarou que a consciência de um *arhat* que morreu "não tem suporte", pois não tem base física, mas isto não significa que não exista. Na realidade, ele comparava tal consciência a um raio de sol que nunca entra em contato com qualquer objeto físico e cuja luz, portanto, não "pousa" em parte alguma.[27] Tal consciência transcende todas as dualidades, incluindo a do bem e do mal.[28]

O Buda sugeriu que a mente brilhante se transforma nesta consciência que não se manifesta e seus ensinamentos sustentam a noção de que ela seria o "útero" dos *arhats*.[29] Como mencionado anteriormente, os budistas theravada a equiparam à base do vir a ser, que é tão sutil que passa praticamente despercebida na vida de uma pessoa comum. Mas esta base, como uma semente de mostarda, se converte, quando é cultivada e desenvolvida, na maior das hortaliças. Ou traçando outro paralelo com as parábolas de Jesus, esta base naturalmente pura do vir a ser pode ser comparada ao fermento que se mistura numa grande quantidade de farinha até que toda a massa fique fermentada.

Em última análise, porém, como a *bhavanga* muda de momento a momento, é difícil ver como ela poderia parar de mudar e se tornar uma consciência imóvel, incondicionada, que não se manifesta. Além disso, se essa consciência é eterna ou está além da mudança, já tem de estar presente antes que o *arhat* morra. Não poderia ser criada de repente no momento da morte dele ou dela, pois é não nascida. Na realidade, já tem de estar presente, embora de forma não manifesta, antes que a pessoa atinja o nirvana, o que indica que tem de estar dentro de todo ser senciente, independentemente do quanto possa estar velada por atribulações mentais.

De fato o Buda enfatizou a importância de uma dimensão da existência que é não nascida, que não ganhou forma, que é não criada e não condicionada, sem a qual não haveria possibilidade de libertação do ciclo de renascimento num mundo que é nascido, que ganhou forma, que é criado e condicionado.[30] Embora a mente brilhante possa ser identificada com a *bhavanga* num nível relativo, sua natureza última é revelada apenas quando se descobriu plenamente a consciência não manifestante da libertação perfeita. Ela estava lá o tempo todo, como um tesouro escondido no campo da mente ordinária. Assim que é descoberta, ficamos felizes em desistir desse campo — para perecer espiritualmente e renascermos — em troca do tesouro inestimável, assim como alguém que descobriu uma pérola de grande valor está disposto a vender tudo que tem para obtê-la. A despeito de todas as importantes diferenças doutrinárias entre o cristianismo e o budismo, as semelhanças entre o reino dos céus e a mente brilhante são impressionantes.

NATUREZA DE BUDA

O tema da mente brilhante figura com destaque no primitivo budismo, mas é discutido muito mais plenamente nos discursos mahayana atribuídos a Buda. Aí ele é mencionado como natureza de buda (*buddha-dhatu*) ou útero dos *tathagatas* (*tathagata-garbha*). O termo *tathagata*, que significa "alguém que alcançou a realidade suprema", é sinônimo de buda, literalmente, "alguém que despertou". Em seres comuns, a natureza de buda se manifesta quando experienciamos a nós mesmos, passando pelo ciclo de nascimento e morte, com a mente extremamente velada por atribulações mentais como desejo, hostilidade e delusão. É esta dimensão de nossa existência que leva à desilusão com a existência mundana e nos incita a procurar a iluminação perfeita, não apenas para o nosso bem, mas para o bem-estar de todos os seres. Tal aspiração é conhecida como espírito do despertar (*bodhichitta*), motivação primária de um bodhisattva ou de alguém que está comprometido com a realização deste elevado ideal. Nesse ponto de nossa evolução espiritual, a mente brilhante ou natureza de buda se manifesta como este espírito de despertar, que revela sua verdadeira natureza como afeto e compaixão.[31] Quando a natureza de buda é plenamente purificada de todas as atribulações e obscurecimentos, ela se manifesta como mente onisciente de iluminação perfeita ou mente de um buda.[32]

Um bodhisattva cultiva um estado de espírito de afeto e compaixão por todos os seres sencientes, amando cada um como a ele próprio. Assim, na visão budista, os "próximos" de uma pessoa, que ela deve amar como a si mesma, incluem não apenas toda a humanidade, mas todos os seres sencientes, isto é, todos os seres que anseiam por prazer e por se libertarem do sofrimento. O bodhisattva se esforça com todo o seu coração, com toda a sua alma e com todo o seu entendimento para alcançar a perfeita iluminação de um buda, pois só atingindo a perfeição da sabedoria e compaixão podemos servir mais efetivamente às necessidades de todos os seres, guiando-os pelo caminho da libertação do sofrimento e do despertar espiritual. O anseio pela perfeição, portanto, não visa simplesmente satisfazer as próprias aspirações, mas servir aos mais profundos anseios de todos os seres. Nas palavras frequentemente citadas de Shantideva, um bodhisattva indiano do século XVII: "Enquanto durar o espaço, enquanto durarem os seres sencientes, possa eu durar para o alívio do sofrimento do mundo".[33] Aos olhos de muitos budistas dos dias atuais, Jesus como Cristo Vivo é um notável exemplo de um ser iluminado que continua a se manifestar no mundo para guiar todos os seres para a salvação e o despertar espirituais.[34]

A natureza de buda não tem começo nem fim, e é alegre, imutável e a verdadeira identidade de cada ser senciente. Embora intrinsecamente pura, é obscurecida por atribulações mentais, levando-nos ao equívoco acerca de nossa natureza, que identificamos com nossas faltas e limitações. Esta mente brilhante está particularmente velada por cinco obscurecimentos: ânsia sensual e desejo, má-fé, negligência e torpor, agitação, dúvida.[35] É a mesma lista de cinco obstáculos para atingir a primeira estabilização meditativa apresentada no Capítulo 10. Mas note aqui que eles também obscurecem a mente brilhante que nos inspira a procurar o nirvana e a iluminação.[36]

O verso inicial do *Dhammapada*, um dos mais célebres dentre as primitivas escrituras budistas, declara: "Todos os fenômenos são precedidos pela mente, emanam da mente e consistem da mente".[37] Segundo a tradição mahayana, a mente que precede todos os fenômenos é a natureza buda, pois tudo emerge desta percepção intrinsecamente pura, que é a natureza essencial de tudo que existe.[38] Ela é a única natureza de todos os seres sencientes e do Universo inteiro, sendo indivisível do espaço absoluto dos fenômenos (*dharmadhatu*), do qual as dualidades relativas de espaço e tempo, massa e energia, mente e matéria emergem.

Como é o fundamento último da realidade, a natureza de buda possui dentro de si a causa tanto do bem quanto do mal e, como um ator, assume uma variedade de feições.[39] É permanente, estável e imutável, estando assim além do nascimento e da morte. Nós, contudo, seres comuns, como não conseguimos reconhecer esta dimensão de nossa percepção, agarramo-nos às aparências de nascimento e morte porque nos identificamos com nossos corpos e mentes transitórios. Mas nossa verdadeira natureza não é diferente da consciência onisciente do Buda, para sempre livre de todas as atribulações e obscurecimentos, imbuída da perfeição de todas as virtudes. Embora esta mente brilhante seja pura por natureza, deve ser separada das impurezas das atribulações mentais, assim como o ouro tem de ser refinado para revelar sua pureza de ouro.[40]

Em última análise, a natureza de buda, indivisível do espaço absoluto dos fenômenos, transcende todas as dualidades, incluindo a do bem e do mal. Os ensinamentos budistas parciais sobre a impermanência, o sofrimento e o não eu podem ser compreendidos por percepção direta se prestarmos cuidadosa atenção ao surgimento e passagem dos eventos mentais e físicos. Os ensinamentos supremos sobre a natureza vazia de todos os fenômenos podem primeiro ser compreendidos com o recurso do raciocínio, que depois leva ao *insight* direto, perceptual. Os ensinamentos transcendentes sobre a natureza de buda inicialmente só podem ser compreendidos com a fé, que por meio da prática diligente acaba amadurecendo como apreensão direta, não dual.[41] Esses discursos do Buda falam diretamente a nossa natureza mais íntima, e é a partir das profundezas intuitivas de nossa mente brilhante que podemos adotar tais ensinamentos, mesmo sem evidência empírica ou argumentos lógicos para sustentá-los. As palavras são ditas da mente do Buda para nossa natureza de buda, que é indistinguível da mente do Buda, sendo portanto expressões do nosso verdadeiro eu interpelando a si mesmo.

A GRANDE PERFEIÇÃO

Os ensinamentos mahayana sobre o vazio e a natureza de buda foram cuidadosamente integrados à tradição da Grande Perfeição do budismo, que é encarada por muitos budistas tibetanos como o ponto mais alto da teoria e da prática budistas. Segundo registros budistas, Prahevajra, o contemplativo budista que primeiro ensinou a Grande Perfeição, nasceu como uma encarnação divina por meio da concepção imaculada de uma mulher de linhagem real, numa região que fica a 13 meses de jornada a oeste de Bodh Gaya (onde o Buda alcançou a iluminação). Rapidamente reconhecido como prodígio espiritual, foi convidado, quando ainda criança de 7 anos, a se encontrar com quinhentos sábios religiosos na corte do rei. Embora os sábios fossem profundamente céticos, depois de o terem questionado demoradamente sobre uma ampla gama de assuntos espirituais, devotaram--lhe grande respeito por seu profundo discernimento.

Quando atingiu a idade adulta, Prahevajra se manteve em *samadhi* por 32 anos, durante os quais nem o sopro de uma corneta no ouvido ou cutucadas com um bambu conseguiram tirá-lo da meditação. Quando emergiu desse período de contemplação solitária, revelou os ensinamentos da Grande Perfeição. No fim de uma vida excepcionalmente longa, transmitiu seus últimos ensinamentos, intitulados *The Tree Statements that Strike the Vital Point* [*As Três Declarações que Atingem o Ponto Vital*],[42] a um discípulo íntimo chamado Mañjushrimitra. Partiu então deste mundo, segundo os relatos budistas, com o corpo se dissolvendo numa esfera de luz.[43] Há uma série de paralelismos notáveis entre o relato de sua vida e a vida de Jesus, e de fato Jesus e Prahevajra viveram na mesma época.

A prática da Grande Perfeição está baseada na percepção de que tudo no Universo, incluindo o próprio nirvana, é vazio de uma natureza inerente.

Embora tudo pareça existir em si mesmo, nenhuma aparência tem de fato existência fora da natureza de buda, que é indivisível do espaço absoluto dos fenômenos. Todos os fenômenos são como os reflexos dos planetas e estrelas na água ou como os arco-íris no céu. Assim como tais reflexos não têm existência fora da água, e os arco-íris não têm existência fora do céu, todos os fenômenos são manifestações do espaço absoluto dos fenômenos, que é primordialmente puro e está igualmente presente em todos os aspectos da realidade.

Na Grande Perfeição, a natureza de buda é conhecida como consciência primordial, que é o "brilho natural" do espaço absoluto dos fenômenos manifestando-se sob o aspecto de limpidez e claridade, como a aurora rompendo e o sol nascendo. Düdjom Lingpa explica essa suprema dimensão de consciência como se segue:

> Ela não é um espaço vago, como uma incessante escuridão que nada conhece. Todas as aparências estão naturalmente presentes, sem brotar ou chegar ao fim. Assim como o calor está naturalmente presente na natureza do fogo, a umidade está presente na natureza da água, e o frescor está presente na natureza do vento. Devido à força incessante na natureza da consciência primordial há conhecimento total e percepção total de todos os fenômenos, sem que ela jamais se funda com objetos ou neles penetre. A consciência primordial é autogeradora, naturalmente clara, livre de obscurecimento exterior e interior; é a infinitude do espaço, que penetra tudo, radiante, clara, livre de contaminação.[44]

Perceber a consciência primordial, que é a mente do Buda, é perceber nossa própria natureza, nossa própria "mente brilhante", conhecida nesta tradição como "clara percepção". Essa percepção intacta jamais se torna boa ou má, pois transcende todas as dualidades, todos os constructos conceituais, como o espaço imutável, primordialmente puro, penetrante, absoluto da realidade em sua totalidade. Este último fundamento transcende o tempo como nós o conhecemos, pois está associado ao "quarto tempo", uma dimensão que transcende o passado, o presente e o futuro.[45] Há três facetas indivisíveis da Grande Perfeição: consciência primordial (*jñana*), o espaço absoluto dos fenômenos e a energia da consciência primordial (*jñana-vayu*).

Esta terceira faceta é a força vital que permeia o Universo inteiro, manifestando-se mais explicitamente em todas as coisas vivas, incluindo plantas, enquanto a percepção de todos os seres sencientes se deriva da consciência primordial. Todas as outras formas de matéria e energia (termal, eletromagnética e assim por diante) são derivadas desta energia primordial, assim como todos os tipos de consciência animal e humana são derivados da consciência primordial. Todas as manifestações relativas de espaço-tempo no Universo são expressões do espaço absoluto dos fenômenos.

Nicolau de Cusa retratou Deus como uma unidade absoluta, transcendendo todos os opostos, que ficou "contraída" nas múltiplas emanações do mundo. Em sua visão, o potencial infinito do divino, que é a natureza essencial de todas as coisas, permeia, portanto, o Universo inteiro e nada existe fora de Deus ou diferente dele. Do mesmo modo, segundo a tradição da Grande Perfeição, o Universo inteiro consiste de manifestações do espaço absoluto dos fenômenos, indivisível da consciência primordial. E assim como os reflexos dos planetas e estrelas no oceano não existem isolados do oceano e os arco-íris no céu não têm existência isolados do céu, nada existe isolado desse último fundamento. O Dalai-Lama comenta a este respeito:

> Qualquer dado estado de consciência é permeado pela luz clara da consciência primordial. Por mais sólido que possa ser o gelo, ele nunca perde sua verdadeira natureza, que é a água. Do mesmo modo, mesmo no caso de conceitos muito óbvios, o "lugar" deles, por assim dizer, seu último local de descanso, não ultrapassa a extensão da percepção primordial. Surgem dentro da extensão da percepção primordial e é onde se dissolvem.[46]

Düdjom Lingpa explica que, embora o espaço absoluto dos fenômenos, inseparável da luz clara da percepção primordial, esteja presente nos fluxos mentais de todos os seres sencientes, ele se torna fortemente contraído ou "congelado" pela apreensão dualista. Quando nós, como observadores-participantes do nosso mundo, nos apegamos a objetos como inerentemente reais e distintos de nossa percepção, eles aparecem como externos, firmes e sólidos. Isto, ele diz, "é como água em seu estado natural, líquido, congelando sob um vento frio. É devido ao apego dualista a sujeitos e objetos que o fundamento, que é naturalmente livre, se congela nas aparências de coisas".[47]

Débeis precursores dessas três facetas da Grande Perfeição são encontrados nas experiências mais primitivas do substrato, da consciência substrato e da força vital (*jiva*). O substrato é como uma manifestação relativa do espaço absoluto dos fenômenos; a consciência substrato tem semelhanças com a consciência primordial e é frequentemente tomada por este estado de percepção infinitamente mais profundo. E a força vital é um débil reflexo da energia da consciência primordial. Esses três fenômenos correlacionados se manifestam distintamente, e o substrato aparece como o objeto da consciência substrato, e a força vital permeia o substrato. Mas na experiência da Grande Perfeição, o espaço absoluto dos fenômenos, a consciência primordial e sua energia são indistinguíveis, transcendendo todas as categorias conceituais.

Um relativismo similar e aparentado pode ser encontrado entre níveis de realização. Da perspectiva de um *arhat*, um yogue que executa a *samatha* e depois descansa de forma complacente na consciência substrata caiu num excesso de quietude. Pois essa pessoa não está procurando ativamente seu bem-estar supremo, purificando por completo a mente de todas as atribulações para que a liberdade perfeita do nirvana possa ser realizada. Do mesmo modo, de uma perspectiva mahayana, um *arhat* que descansa complacentemente no nirvana caiu num excesso de quietude. Pois essa pessoa não está se comprometendo com o bem-estar de todos os outros seres sencientes ao se esforçar para purificar por completo a mente de todos os obscurecimentos sutis para que a perfeita iluminação de um Buda possa ser realizada.

Lembremos que, na antiga literatura budista, a mente brilhante é caracterizada como o útero dos *arhats*, ou aqueles que atingiram o nirvana, e na literatura mahayana esta mente é chamada de útero dos *tathagatas* ou budas. A fonte da realização do nirvana e da iluminação perfeita é a Grande Perfeição. Um *arhat* percebe o nirvana como vazio, o que é em geral equiparado ao espaço absoluto dos fenômenos. Essa realidade suprema é absolutamente quieta, inativa, cheia de beatitude e imutável, e é assim que o nirvana é caracterizado nos primeiros ensinamentos do Buda. O nirvana final de um *arhat* envolve uma percepção não dual da quietude não conceitual, primordial, do espaço absoluto dos fenômenos. Mas parece que tal ser não realiza

213

plenamente a perfeita luminosidade da consciência onisciente, primordial, ou o potencial criativo da energia da consciência primordial. Quem alcança o perfeito despertar espiritual de um buda realiza plenamente todos os três aspectos da Grande Perfeição.

A sequência de meditações na Grande Perfeição começa com uma percepção inicial, parcial do vazio, como a primeira experiência de ter um sonho lúcido, em que a pessoa sabe que nada que aparece à sua mente existe em si, independentemente da sua percepção. Com base nesse primeiro *insight*, ela continua investigando a natureza de todos os tipos de fenômenos até perceber que todos estão vazios da natureza que lhes seria própria. A culminância desta linha de pesquisa é o reconhecimento do "gosto único de grande vazio", a percepção de que tudo surge naturalmente da extensão do espaço absoluto dos fenômenos e não existe isolado desta suprema base. Ao adquirir tal entendimento, a pessoa assimila completamente esta consciência até não conseguir mais separar-se dela, seja durante a meditação, seja entre sessões de meditação. Nesse ponto se diz que ela adquiriu "a confiança de entendimento". Compreendeu a visão da Grande Perfeição e, quando está no vértice dessa iluminação, ela transcende qualquer preferência pela realidade suprema sobre o mundo fenomenal. Tudo é visto como de "gosto único", tudo imbuído da pureza e equanimidade primordiais.[48]

A partir do momento em que identificamos essa mente brilhante como a mente do Buda, nossa consciência é vista como nada mais que uma expressão dessa consciência primordial. Anteriormente, era só devido ao fato de nos agarrarmos ao senso habitual de nós mesmos que a consciência primordial assumia o aspecto de nossa consciência pessoal, como uma pilha de pedras sendo confundida por um homem. Düdjom Lingpa explica:

A transformação disso em consciência primordial é como reconhecer um espantalho pelo que ele é em lugar de vê-lo como um homem. Assim, a percepção correta do modo de ser da consciência transforma-a na consciência primordial. Não é que a consciência deva desaparecer no espaço absoluto e a consciência primordial deva surgir de algum outro lugar. Saiba, de fato, que isso apenas parece ser assim devido às funções de apreensão de si mesmo e à condição de identidade. A consciência é o que faz o primeiro movimento de conhecimento emergir no aspecto do objeto, assim como diferentes imagens de planetas e estrelas emergem no oceano. O que surge é agarrado com firmeza pela consciência conceitual; ela está restringida pela reificação e assim ficamos iludidos. O conhecimento das razões disso nos leva à consciência primordial.[49]

Nossas mentes nunca estiveram separadas da consciência primordial do Buda, mas parece que estão separadas porque apreendemos nossas percepções, emoções e pensamentos como propriedade nossa. Na realidade, eles não têm identidade, pois não há nada na mente que torne isto ou aquilo intrinsecamente "eu" ou "meu". Mas quando vemos as aparências com nossa consciência habitual, elas parecem estar separadas de nós, surgindo sob o aspecto de objetos, que então reificamos ou apreendemos como inerentemente reais e independentes. Assim, nos confundimos, e a verdadeira natureza de nossa percepção é obscurecida. Percebendo como surge essa delusão, chegamos à compreensão da consciência primordial.

A Grande Perfeição descreve esta realidade suprema com diversas parábolas, algumas fazendo lembrar as parábolas de Jesus sobre o reino dos céus. Aquele que ignora sua natureza de buda é como um reino sem rei, mas quem se identifica com sua percepção intacta, este é como uma pessoa pobre, sem posses ou *status*, sendo coroada rei e gozando de todos os privilégios da realeza. Aquele que ignora sua verdadeira identidade é como uma pessoa atormentada por uma doença, enquanto bem debaixo de sua cama há um remédio capaz de curar completamente a terrível moléstia. Tal ignorância é também comparada à extrema pobreza de alguém morrendo de fome, embora tenha sempre dormido num travesseiro cheio de ouro.[50] De acordo com a Grande Perfeição, a diferença básica entre budas e seres não iluminados é que os primeiros sabem quem são, enquanto os segundos não. Analogamente, a raiz do sofrimento é apreender aquilo que não é "eu" e "meu" como sendo "eu" e "meu", sem conseguir reconhecer quem realmente somos.

A culminância da trilha da Grande Perfeição é a realização do "corpo de arco-íris", em que, na morte, o corpo presumivelmente se dissolve em luz cintilante e multicolorida. Se a teoria da reencarnação vai além da imaginação científica, a afirmação budista do corpo de arco-íris transcende, para muita gente no mundo moderno, todos os limites da credulidade. Se tais asserções, supostamente baseadas em numerosos relatos de testemunhas oculares, fossem verídicas, elas golpeariam pela raiz muitos dos pressupostos científicos mais essenciais sobre a natureza da mente e da matéria. Desde o advento da disciplina acadêmica da psicologia, os cientistas têm presumido que a mente nada mais é que uma função do cérebro, sendo toda a sua influência sobre o mundo material exercida por meio de funções cerebrais. Como os escolásticos medievais exigiam autoridade ideológica sobre o conjunto da realidade, quando Galileu pediu que fosse concedida, aos filósofos naturais como ele, autorização para fazerem suas descobertas com base em observações empíricas de fenômenos físicos, objetivos, encontrou uma resistência feroz. Segundo os escolásticos, os únicos tipos de observações empiricamente sadias eram as que se ajustavam à sua visão teológica universal do mundo. Se Galileu ou alguém mais reivindicasse estar observando coisas incompatíveis com as suposições escolásticas, as observações seriam rejeitadas de imediato.

Do mesmo modo, os materialistas científicos insistem hoje que só os cientistas têm métodos viáveis de pesquisa e conhecimento autorizado do conjunto da realidade; qualquer reivindicação de coisas inexplicáveis estarem sendo observadas, de um ponto de vista materialista, elas são julgadas inválidas e não merecedoras de consideração séria. Os contemplativos desafiam a hegemonia ideológica do materialismo assim como Galileu desafiou a hegemonia da escolástica, e a resistência a admitir métodos alternativos de pesquisa é hoje tão obstinada quanto no século XVII. A discussão que se segue sobre o corpo de arco-íris apresenta os pontos de vista dos budistas tibetanos sobre o potencial dos níveis avançados de prática contemplativa para transformar não só a mente, mas também o corpo de um modo inconcebível para a maioria dos cientistas contemporâneos. Se essas afirmações budistas são verdadeiras, ou não, é coisa a ser determinada pela experiência — pondo em prática as meditações correspondentes —, não por um apelo às ilusões de conhecimento sobre a natureza e às limitações da consciência.

Prahevajra supostamente manifestou o corpo de arco-íris quando deixou este mundo, e sua forma física se dissolveu numa esfera de luz. A mente dessa criatura, que tinha alcançado a iluminação perfeita, já se dissolvera na consciência primordial e, na morte, os constituintes materiais do corpo tornam a se dissolver no espaço absoluto dos fenômenos, enquanto a força vital se dissolve na energia da consciência primordial. Em raros casos, esta completa transferência para o fundamento absoluto tem lugar enquanto a pessoa ainda está viva. A mente de alguém que alcançou a "grande transferência do corpo de arco-íris" se estende infinitamente para a consciência primordial, que tudo penetra, como água se fundindo com água ou espaço se fundindo com espaço. Todos os átomos do corpo desaparecem no espaço absoluto dos fenômenos, mas a pessoa ainda retém a aparência de um corpo físico, que pode ser visto e tocado por outros. Neste ponto, não há corpo ou mente que possa morrer — tais seres iluminados simplesmente manifestam e colocam a aparência de seus corpos a serviço de outros, mas não estão mais sujeitos ao nascimento ou à morte.

Padmasambhava e Vimalamitra, dois grandes contemplativos do século VIII que desempenharam importante papel na chegada do budismo ao Tibete, teriam manifestado a grande transferência do corpo de arco-íris. Entre os lamas mais tardios que disseram ter alcançado essa transformação, estão Chetsün Senge Wangchuk (séculos XI a XII), Nyenwen Tingdzin Zangpo e Chetsün Senge Shora, mas tais relatos são muito raros. Mais comum é a realização do "grande corpo de arco-íris", manifestada por Prahevajra, em que o corpo desaparece na morte como um arco-íris desaparecendo no céu. Ainda mais comum, segundo relatos tibetanos, é a realização do "pequeno corpo de arco-íris". Quando isto ocorre, temos a percepção luminosa do fundamento absoluto emanando as cores do arco-íris deste espaço absoluto, e o corpo material do contemplativo diminui de tamanho até finalmente desaparecer sem deixar atrás de si qualquer traço do corpo ou mente. Ou então, quando a luminosidade do fundamento surge na morte, os corpos materiais de alguns iniciados diminuem de tamanho por um período de até sete dias, deixando finalmente para trás apenas o resíduo dos cabelos e unhas.[51]

Dizem que 13 discípulos de Düdjom Lingpa manifestaram, ao morrer, o corpo de arco-íris, indicando que mestre extraordinariamente eficiente ele deve ter sido. Mais recentemente, em junho de 2000, tive o privilégio de servir como intérprete de Penor Rinpoche, ex-chefe da ordem nyingma do budismo tibetano, e nessa ocasião ele comentou que, durante sua vida, tivera pessoalmente conhecimento de seis contemplativos tibetanos que haviam manifestado o corpo de arco-íris ao morrer. Todas essas manifestações ocorreram no Tibete. Durante a última década, fui informado de vários iniciados tibetanos cujos corpos diminuíram de tamanho, não tendo mais de 60 ou 90 centímetros de comprimento no momento da morte, embora todas as proporções do corpo permanecessem as mesmas. Entre eles se incluem o último panchen lama, um lama chamado Geshe Lamrimpa que viveu no monastério Drepung, em Lhasa, e outro lama que viveu no monastério Dzamthang, no Tibete oriental. Um quarto lama, que manifestou esse estágio do corpo de arco-íris fora do Tibete, foi Tulku Urgyen Rinpoche, que viveu em Katmandu, no Nepal.[52] Em todos esses casos, testemunhas oculares relataram que, na morte, os corpos dos lamas se reduziram ao tamanho de uma criança pequena, mas conservaram as proporções e os traços de um adulto.

A descrição dos budistas tibetanos da grande transferência do corpo de arco-íris não deixa de remeter aos relatos do Novo Testamento sobre a ressurreição de Jesus. Está escrito que, três dias após sua morte, Maria Madalena e a mãe dele, Maria, encontraram o túmulo vazio, com a pedra rolada para o lado. Pouco depois Jesus apareceu a Maria Madalena, e ela relatou o fato aos apóstolos restantes, que reagiram com franca descrença. Mais tarde, no entanto, o ressuscitado Jesus apareceu de repente aos apóstolos, deixando que tocassem suas mãos e pés e comendo com eles para que soubessem que não estavam vendo um fantasma. Por fim, depois de conduzir os discípulos para os arredores de Betânia, ele ergueu as mãos, abençoou-os e ascendeu ao céu.[53]

Um cristão que se interessa pela possível relação entre a ressurreição de Jesus e os relatos budistas do corpo de arco-íris é David Steindl-Rast, um monge beneditino que comentou: "Se pudéssemos definir como fato antropológico que aquilo que está descrito na ressurreição de Jesus não aconteceu só para alguns, mas está acontecendo hoje, nossa visão do potencial humano ficaria sob uma luz completamente diferente".[54] O irmão Davi pediu ao colega Francis Tiso, um homem ordenado padre católico romano que tinha estudado a linguagem e cultura tibetanas, para investigar o assunto. O padre Tiso ficou sabendo do relato recente de um lama do Tibete oriental chamado Khenpo Achö, cujo corpo desapareceu após sua morte em 1998. Ele então viajou para a aldeia do Tibete onde Khenpo Achö tinha morrido e gravou entrevistas com testemunhas oculares de sua morte. Tiso relatou: "Todos mencionaram sua fidelidade aos votos, a vida de pureza e como costumava falar da importância de se cultivar a compaixão. Tinha a capacidade de ensinar mesmo os tipos mais rudes e selvagens a serem um pouco mais amáveis, um pouco mais conscientes. Estar na presença desse homem modificava as pessoas".[55]

Quando a respiração de Khenpo Achö parou, uma testemunha relatou que a carne ficou rosada, outra disse que se tornou incrivelmente branca e todos disseram que começou a brilhar. O corpo foi então envolvido num manto amarelo e, à medida que os dias se passavam, seus companheiros disseram que podiam ver através do manto que os ossos e o corpo estavam encolhendo. Depois de sete dias, o tecido amarelo em que o corpo fora envolvido foi removido e descobriram que o corpo tinha desaparecido inteiramente. Desse modo ele manifestou o "pequeno corpo de arco-íris", e a dissolução no espaço absoluto dos fenômenos foi completa.

Embora a ressurreição de Jesus seja considerada única pelos cristãos, as semelhanças com os relatos budistas tibetanos da manifestação do corpo de arco-íris são surpreendentes. Talvez jamais saibamos se a ressurreição cristã pode ser compreendida em termos budistas, mas é possível submeter as afirmações budistas com relação ao corpo de arco-íris ao teste da experiência. A tradição da Grande Perfeição do budismo representa um passo a passo para a purificação que culmina nesta transmutação radical do corpo e mente. A tradição tem conservado a vitalidade desde a época de Prahevajra; suas reivindicações sobre a natureza humana e nossa relação com o Universo representam um extraordinário desafio a muitos pressupostos religiosos e científicos que hoje limitam a imaginação humana.

[PRÁTICA]

MEDITAÇÃO EM AÇÃO

Entre sessões de meditação, sem apegos, encare todas as aparências como claras e vazias, como aparições ou as aparências de um sonho. Isto ajudará a derrubar as barreiras entre sua experiência meditativa e o modo como você encara o mundo entre as sessões. Deste modo, todas as aparências de pensamentos e do mundo sensorial podem surgir como auxiliares da meditação. Não importam os pensamentos que surjam, dirija toda a sua atenção para eles e você descobrirá que desaparecerão sem deixar vestígio, como fiapos de neblina no calor do sol. Sabendo que esses pensamentos não têm realidade intrínseca própria, você não será mais incomodado por eles. Durante todas as suas atividades, jamais deixe a percepção escapulir para o hábito anterior de se apegar às coisas, mas mantenha a atenção plena, contínua e decidida como um grande rio rolando.

Levando-se em consideração a conduta física, mova-se devagar e com serenidade, de maneira firme e resoluta. Quando andar, mova-se com decisão, mas dando cada passo de um modo descontraído. Quando acordar, levante-se devagar, não de maneira abrupta e, quando comer, mastigue e engula atentamente. Quando estiver conversando com outros, fale de maneira amável e pausada, evitando a tagarelice sem sentido. Ajuste sua fala para que você expresse a verdade, falando de modo agradável e ponderado, sem perturbar a mente dos outros. Evite o autoelogio e a pretensão motivados pelo desejo de fama e *status*. Não importa o que aconteça, deixe a mente ficar calma, controlada e aberta, sem sucumbir a vacilações emocionais.

Como a vida é curta e preciosa, não tem sentido correr atrás de coisas como *status* elevado, poder ou riqueza. Quando você estiver se empenhando em meditação, poderá ocasionalmente experimentar um sentimento tranquilizador de felicidade sem precedentes, um senso intacto de clareza ou períodos de profunda serenidade interior. Não encare nenhuma dessas experiências como realizações supremas, mas deixe-as apenas rolar, sem apegar-se a elas, sem esperar que retornem ou temer que não o façam. Assim que tiver reconhecido a natureza de tais experiências meditativas, deixando-as rolar na condição que lhes é própria, sem vínculo, desejo, rejeição ou afirmação, elas desaparecerão completamente e a consciência primordial da percepção se tornará manifesta.[1]

[TEORIA]

O UNIVERSO COMO UM TODO

SIMETRIA PERFEITA

A revolução científica dos séculos XVI e XVII, que começou com grandes avanços nos campos da astronomia e da física, foi iniciada por cristãos como Copérnico, Galileu e Newton, que acreditavam que o Universo fora criado vários milhares de anos atrás e logo terminaria com a Segunda Vinda de Jesus. O Universo, como eles o concebiam, baseados numa leitura literal da Bíblia, fora criado em sua forma presente antes do surgimento da humanidade. Nos últimos quatro séculos, a crença nesse relato levou gerações de cientistas a adotar uma postura filosófica de realismo metafísico. Desse ponto de vista, um deus absolutamente objetivo criou um Universo absolutamente objetivo, físico, e a tarefa do cientista era tentar compreender o mundo da própria perspectiva de Deus, com independência ante as limitações da mente e dos sentidos humanos.

Avanços subsequentes na astronomia e na biologia desacreditaram qualquer interpretação literal da história do Gênesis tendo em vista a idade do Universo e a evolução da espécie humana. A segunda revolução nas ciências físicas, que começou no início do século XX, com o desenvolvimento da física quântica e a teoria da relatividade, desafiou os pressupostos do realismo metafísico. E quanto à consciência? Na física clássica se presume que a consciência humana não desempenha papel significativo na formação do Universo como nós o experienciamos. Hoje a maioria dos cientistas acredita que a consciência humana é simplesmente uma função natural ou propriedade do cérebro. Muitos cristãos, seguindo a orientação de Descartes, acreditam que a alma humana é inserida no feto durante a concepção por meios divinos. De um modo ou de outro, a emergência da consciência no Universo é vista como desempenhando um papel insignificante no esquema maior das coisas.

Um número crescente de físicos contemporâneos, contudo, está começando a desafiar este pressuposto. O cosmólogo Andre Linde, de Stanford, por exemplo, ressalta:

> A suposição-padrão é que a consciência, assim como o espaço-tempo antes da invenção da relatividade geral, desempenha um papel secundário, subserviente, sendo apenas uma função da matéria e uma ferramenta para a descrição do mundo material realmente existente. Mas não vamos esquecer que nosso conhecimento do mundo começa não com a matéria, mas com percepções... Estamos substituindo a realidade de nossas sensações pela teoria, que funciona tão bem, de um mundo material que existe independentemente. E a teoria é tão bem-sucedida que quase nunca pensamos em suas possíveis limitações.[1]

Ele então formula a hipótese de que a consciência, como o espaço-tempo, poderia ter características próprias, independentes da matéria, e que negligenciar isto levará a uma descrição do Universo que é fundamentalmente incompleta e enganosa. "É possível", ele pergunta, "introduzir um 'espaço de elementos de consciência' e investigar se a consciência poderia existir por si mesma, mesmo na ausência de matéria, assim como ondas gravitacionais, agitações de espaço, podem existir na ausência de prótons e elétrons?"[2] Ele formula a hipótese de que, com o posterior desenvolvimento da ciência, se descobrirá que o estudo do Universo e o estudo da consciência estão indissoluvelmente ligados e que não será possível um progresso definitivo em um sem progresso no outro.

Uma das mais provocativas aplicações da física moderna ao papel da consciência no Universo é encontrada no campo da cosmologia quântica. Em 1967, os físicos John Wheeler e Bryce DeWitt adaptaram a equação básica da física quântica, conhecida como equação de onda Schrödinger, ao Universo inteiro. Esta universalização sem precedentes da teoria quântica capacita os físicos a calcular que eventos são prováveis e que eventos não são. Uma das características notáveis dessa equação é que ela não depende do tempo, o que indica que um universo absolutamente objetivo, independente de qualquer observador, não se altera com o tempo. Os físicos chamam isto de problema do tempo congelado ou simplesmente problema do tempo.[3] Linde explica: "O Universo só se torna vivo (dependente do tempo) quando o dividimos em duas partes: um observador e o resto do Universo. Então a função de onda do resto do Universo depende do tempo medido pelo observador. Em outras palavras, a evolução só é possível com relação ao observador. Sem um observador, o Universo é morto".[4] Em sua teoria de um "Universo que se observa a si mesmo", John Wheeler substitui a palavra "observador" pela palavra "participante", sugerindo que estamos indissoluvelmente envolvidos na determinação da natureza do Universo como nós o percebemos.

Seguindo uma linha similar de pensamento, Stephen Hawking argumentou, como mencionado no Capítulo 18, que o observador-participante desempenha um papel-chave para determinar não apenas a natureza atual do nosso Universo, mas também sua história como nós a compreendemos. Muitos físicos acreditam que o Universo começou num vácuo perfeitamente simétrico mas instável, no qual todas as forças da natureza eram indiferenciadas. A energia potencial do estado inicial era como estar no topo de uma colina, e a energia potencial do verdadeiro vácuo era como estar na base da colina. A diferença de energia levou à criação de fótons, partículas e antipartículas e ao reaquecimento do Universo com temperatura muito elevada. Quando se expandiu mais, o Universo atravessou várias transições de fase, quebrando a simetria, o que levou à diferenciação da energia em força gravitacional, fraca, eletromagnética e forças fortes. Vemos que o vácuo final tem muito menos simetria que o vácuo original, de alta temperatura, assim

224

como o gelo é menos simétrico que a água em estado líquido. Enquanto o Universo esfriava, transitando do estado do "vácuo fundido" para o atual "vácuo congelado", a simetria inicial foi quebrada de vários modos.

Segundo Alan Guth, cosmólogo do MIT, a teoria de um Universo inflacionário deixa aberta a possibilidade de que o Big Bang tenha sido não um evento singular, mas algo mais parecido com o processo biológico da divisão celular. Segundo esse ponto de vista, o Universo é um processo que talvez nunca tenha começado e que quase certamente jamais terminará. Neste caso, estamos habitando um Universo que se reproduz a si mesmo eternamente, tendo nosso Universo se originado de um anterior. Do mesmo modo, segundo Andre Linde, nosso Universo é apenas um dos incontáveis universos autorreprodutores ou "bolhas", em cada um dos quais as condições iniciais diferem e diversos tipos de partículas elementares interagem de diferentes maneiras. O Universo inteiro pode ser equiparado a um aglomerado de bolhas atadas umas às outras, com cada universo emergindo de seu próprio Big Bang, envolvendo uma flutuação do vácuo seguida pela inflação. Esta visão do mundo que vemos à nossa volta é, como colocou o físico Steven Weinberg, "só um reflexo imperfeito de uma realidade mais profunda e mais bonita".[5]

EQUILÍBRIO PERFEITO

No espírito de Pitágoras, Franklin Merrell-Wolff descreveu sua prática como uma combinação de filosofia, matemática e yoga. Embora transcendesse a dualidade da consciência sujeito-objeto durante sua primeira investigação, descrita no Capítulo 10, por um período de aproximadamente 33 dias, ficou enredado numa tensão não resolvida que o impediu de conhecer um estado ainda mais elevado de consciência. Essa tensão existiu no contraste entre dois estados de consciência. O primeiro foi sua experiência do transcendente, que trouxe com ela um senso sublime de alegria, paz, repouso, liberdade e conhecimento. O segundo foi sua percepção do vazio do mundo comum. Ele vivenciou nitidamente a diferença entre estar livre da encarnação física e ter sua consciência atada a um corpo, e foi sutilmente atraído para uma tal liberdade. Contudo, superou esta ligação à desencarnação com sua aceitação do voto bodhisattva como expresso no budismo mahayana: o compromisso de submeter-se compassivamente ao renascimento físico no mundo — mesmo depois de ter atingido o nirvana — para aliviar o sofrimento de outros. Para continuar prestando seu serviço altruísta ao mundo, Wolff resistiu à forte inclinação de se retirar para a beatitude transcendente da consciência não dual.

Sua segunda compreensão resolveu a tensão entre consciência não dual e o mundo fenomenal. Essa compreensão resultou num senso de perfeito equilíbrio entre níveis relativos e supremos de consciência, sem que se ligasse a qualquer um deles. Nesse estado de percepção intacta, ele não valorizou mais a percepção transcendente, não dual, sobre a experiência do mundo fenomenal, pois reconheceu que, em última instância, não havia diferença entre as duas. Wolff chamou tal entendimento de "alta indiferença", uma completa resolução da tensão entre todos os opostos, muito de acordo com os escritos de Nicolau de Cusa, que examinaremos a seguir. Isto envolvia a completa transcendência de todas as distinções, inclusive entre o transcendente e o imanente. Nesse ponto, todo senso de identidade pessoal fora abandonado, tanto sob a ótica do sentimento mais baixo de um ego quanto do sentimento mais elevado de um eu transcendente.

Durante esse despertar, que durou várias horas, Wolff vivenciou um sentimento de identidade tanto com um "Espaço ilimitado e abstrato" primordial quanto com uma "consciência autocrítica de sujeito-objeto" que tinha uma "espécie de presença destacada dentro desse Espaço".[6] Isto acarretou um deslocamento de consciência da identidade individual para um fundamento de consciência que dá origem ao mundo manifesto. Aqui ele se identificava com um substrato universal no qual sentiu que conhecia os objetos do mundo pelo fato de ter se unificado com eles, o que trouxe um extraordinário estado de beatitude. A semelhança entre sua experiência e as reflexões filosóficas e escritos dos contemplativos cristãos neoplatônicos é impressionante e sugere uma convergência em torno de verdades universais que transcendem qualquer tempo, lugar ou ideologia.

COSMOLOGIAS CONVERGENTES

Daniel C. Matt, um dos mais importantes estudiosos contemporâneos do misticismo judeu, comenta que, se a hipótese científica dos universos múltiplos que emergem um atrás do outro estiver correta, as palavras de abertura do Gênesis deviam ser traduzidas não como "no princípio", mas "num princípio, Deus criou o céu e a terra". Isto realmente representa uma versão mais literal do original hebreu, *Be-Reshit*: "num princípio".[7] Segundo a tradição mística judaica, a cabala, "Deus" é um nome que damos à unidade de todas as coisas. Um nome para Deus é Ain Soph, que significa literalmente "não há fim", sugerindo a natureza infinita de Deus. Mas um termo ainda mais profundo é Ayin, que se refere a um divino nada que anima todas as coisas, mas não é contido por nenhuma delas. Todo o universo físico emerge deste nada e nada mais é que este nada, que está cheio de energia divina. Essa energia permeia todas as coisas, mas está escondida nelas pois, se não estivesse oculta, não poderia haver existência individual e tudo voltaria a se dissolver na unidade ou na perfeita simetria do nada. O começo de nosso Universo, dizem os místicos judeus, envolveu uma "contração", um retraimento pelo qual Deus permitiu que o universo físico emergisse. O vácuo criado por essa contração tornou-se o útero da criação, mas ele não estava realmente vazio, pois retinha um traço da luz de Deus. Como resultado, eles acreditam que existem centelhas divinas em tudo, e o desafio espiritual é atiçar as centelhas, para restaurar o mundo para Deus, para tomar consciência de que tudo que vivenciamos é parte da unidade de Deus. Devotando--nos à prática espiritual, despertamos as centelhas e assim consertamos as simetrias rompidas do cosmos.

A visão de Nicolau de Cusa das origens e evolução do Universo era notavelmente semelhante à dos místicos judeus. Observando como, numa circunferência levada ao infinito, a linha reta e a linha curva convergem, ele afirmou que, no infinito de Deus, todos os opostos desaparecem e todas as distinções se dissipam em nada. Concordando com antigos escritos neoplatônicos, Nicolau sustentava que Deus é uma unidade absoluta, que transcende todos os opostos, mas fica "contraído" nas múltiplas emanações do mundo. Expressando uma visão notavelmente semelhante à de Orígenes, ele escreveu: "*Theos*, que é o começo do qual tudo brota, o meio no qual nos movemos e o fim para o qual tudo torna a fluir, é tudo".[8] O Universo, portanto, está permeado com o infinito potencial do divino, que é a natureza essencial de todas as coisas. Discutindo o assunto, Nicolau declarou: "Não há nada fora de vós, mas todas as coisas em vós não são senão vós. Vós me ensinais, Senhor, como a alteridade, que não está em vós, não existe em si mesma, nem pode existir".[9]

Retornando às tradições contemplativas da Índia, encontramos de novo semelhanças impressionantes com as cosmologias contemplativas do judaísmo e do cristianismo. De acordo com a escola Advaita Vedanta do hinduísmo, discutida no Capítulo 10, em última análise, a única realidade é Deus (Brahman), desprovido de características concebíveis. Esta dimensão última do divino se manifesta como Deus com características, e a criação ocorre através de uma série de manifestações ilusórias, insubstanciais. Do mesmo modo, do único Verdadeiro Eu emanam os inumeráveis egos individuais de todos os seres conscientes. As diferenciações entre essas manifestações são ilusórias. Os egos individuais são, portanto, vistos como meras "aparências" ou "reflexos" do Eu, como o sol refletido em ondulações na água. Do mesmo modo, Deus desprovido de características, que é consciência pura, aparece como os muitos objetos de nossa experiência. O Eu, não sendo diferente do Universo, não pode penetrá-lo em sentido literal, mas metaforicamente o faz, assim como o sol "penetra" na água ao ser percebido em seu reflexo. O fato de pessoas comuns não perceberem a natureza divina, ilusória, de todas as aparências se deve a imperfeições de suas mentes, não nas aparências. É isto a ignorância na mente de seres vivos especificamente, cada qual se agarrando à sua identidade distinta, independente, pessoal, que vela a percepção natural de Deus. Quando tal ignorância é dispersada através da prática espiritual, a pessoa reconhece sua própria natureza como idêntica a Deus.[10]

A tradição da Grande Perfeição do budismo apresenta uma visão da cosmologia que tem muito em comum com as visões contemplativas precedentes. Segundo esta tradição, o Buda Primordial, conhecido como Samantabhadra, não é senão a suprema unidade do espaço absoluto dos fenômenos, da consciência primordial e da energia primordial. Este espaço luminoso da consciência faz com que o mundo fenomenal apareça e não é senão a natureza de nossa própria mente, que é pura luz.

Contemplativos dessa tradição declaram que a natureza essencial de cada ser senciente e do Universo como um todo é espaço infinito, luminoso, dotado de todas as qualidades da perfeição. Mas a realidade de todos os fenômenos que surgem como desdobramentos da percepção que tudo permeia é obscurecida pela ignorância. Como consequência, a consciência primordial, que transcende por inteiro todas as palavras e conceitos — incluindo as próprias noções de existência e não existência, um e muitos, sujeito e objeto —, é reduzida, em termos de experiência, ao substrato, assim como a consciência substrato. Desse estado de consciência surge o senso do ego ou "eu", que é apreendido como estando "aqui", de modo que o mundo objetivo parece estar "lá", definindo assim o aparecimento do espaço.

Para relacionar isto à evolução do Universo, é dito que a ignorância inicialmente obscurece o brilho interior da consciência inata, primordial, que se tem do espaço absoluto dos fenômenos, o que causa uma transferência externa de sua radiância. À medida que o processo evolutivo continua, a unidade da consciência primordial acaba se diferenciando em cinco facetas distintas de percepção, que por sua vez emanam como os cinco elementos físicos de espaço, movimento, calor, fluidez e solidez, e cada um destes elementos está presente em todos os outros. A prática espiritual nessa tradição está voltada para dispensar o senso ilusório de si mesmo como ser independente, sondando a natureza de sua própria consciência primordial e manifestando plenamente a sabedoria, compaixão e energia criativa que estão implícitas nesta suprema dimensão da realidade.[11]

Como resultado de direcionar a atenção para fora, para o espaço cósmico, os cientistas investigaram conceitualmente as origens e evolução do Universo desde o Big Bang. Mas, como a consciência é invisível para todos os modos tecnológicos de observação e medida, sua visão do cosmos é limitada às manifestações físicas. Voltando a atenção para dentro, para o espaço profundo da consciência, os contemplativos investigaram experiencialmente as origens e evolução do Universo desde sua fonte divina, imbuída de consciência e potencial criativo infinitos. Tanto cientistas quanto contemplativos passaram a considerar nosso mundo presente como reflexo de uma perfeição maior que se encontra temporariamente oculta de nossa vista. Para os cientistas, essa hipótese continua sendo uma provocante abstração conceitual, mas, para os contemplativos, a percepção em termos de experiência da natureza dessa grande perfeição é o próprio sentido da vida.

25

O QUE NOS TORNAREMOS?

Este livro começou com a pergunta: quem sou eu? — a ela voltamos agora mais uma vez. Até onde levamos a vida irracionalmente, apenas reagindo a situações sem nenhum cuidado crítico, podemos de fato ser equiparados a robôs, que reagem a estímulos com base em programas neuroquímicos e genéticos. Até onde seguimos nossos instintos mais grosseiros, podemos ser encarados simplesmente como animais, levando a vida sob a influência dos genes, instintos e emoções, sendo todas as nossas ações orientadas para a sobrevivência, a procriação e a busca de prazeres mundanos. No grande esquema das coisas, a existência humana parece infinitesimalmente insignificante quando levamos em conta que habitamos um planeta num sistema solar dentro de uma galáxia com 100 bilhões de estrelas dentro de um universo conhecido que inclui de 50 a 100 bilhões de galáxias. Quando refletimos sobre nossa existência finita como organismos biológicos, a imensidade do Universo é esmagadora.

Importantes físicos citados neste livro, contudo, sugeriram que nosso papel no cosmos pode não ser tão insignificante quanto parece. A evolução do Universo, como nós o conhecemos e vivenciamos, desde o Big Bang até os dias de hoje não tem uma natureza objetiva, independente. Na realidade, escolhemos o tipo de mundo em que habitamos como observadores-participantes. Se isto é verdade com relação ao passado e ao presente, é ainda mais verdadeiro com relação ao nosso futuro. Nós o estamos criando a cada pensamento e ação.

O judaísmo e o cristianismo insistem que na existência humana há mais do que pode ser compreendido com os métodos da física e da biologia. Os humanos são criados à imagem de Deus e têm a capacidade de evoluir espiritualmente como reflexos cada vez mais perfeitos de nosso criador. Com um espírito semelhante, o budismo declara que todos os seres sencientes, não apenas os humanos, estão imbuídos de uma natureza de buda e cada um tem a capacidade de realizar a perfeita iluminação de um buda.

Com uma população que cresce velozmente, a exploração voraz dos recursos naturais da Terra e o consumismo insaciável, a humanidade está, de forma rápida e radical, alterando a biosfera de um modo que a vem tornando cada vez menos capaz de conduzir à sobrevivência e ao florescimento humanos. *Estamos numa trajetória de autodestruição e, como o genoma humano só muda metade de um por cento a cada milhão de anos, é impossível evoluirmos com rapidez biológica suficiente para nos adaptarmos ao ambiente que estamos moldando. Em benefício de nossa própria sobrevivência, sem falar de nosso florescimento como espécie, temos agora de evoluir espiritualmente através do cultivo de maior sabedoria e discernimento sobre nossa natureza e nossa relação com o mundo ao redor.*

As meditações explicadas neste livro, culminando na Grande Perfeição, podem ser praticadas por qualquer um, independentemente de suas crenças. O propósito de apresentar essas teorias e práticas não é converter pessoas ao budismo ou a qualquer outra fé religiosa, mas sugerir que podem ser seguidas por qualquer um como meio de adquirir um maior discernimento, com base na experiência, sobre a natureza da mente e sua relação com o resto do mundo. Ao praticá-las, é possível descobrir que nosso modo de vida fica mais em harmonia com quem está à volta, que a mente fica mais equilibrada e pacífica, e que tomamos conhecimento de uma consciência crescente dos recursos interiores de nossa mente.

Os *insights* que obtemos com essas práticas podem então ser integrados às nossas crenças, sejam elas cristãs, judaicas, muçulmanas, hindus, taoistas, budistas, agnósticas ou ligadas a qualquer outra visão de mundo. A maioria das grandes tradições contemplativas do mundo entrou em declínio com o surgimento da modernidade, mas talvez agora tenha chegado o momento de pessoas com diferentes tradições espirituais efetuarem um renascimento de suas heranças contemplativas. Explorando práticas contemplativas, os cientistas também podem ampliar os horizontes de suas disciplinas — da física à neurociência — e realizar assim a primeira grande revolução nas ciências da mente. As implicações de tal revolução não podem deixar de ser de largo alcance, desafiando muitos pressupostos atuais da física e da biologia.

Cada vez que um de nós opta por se devotar à prática contemplativa, mudamos nosso mundo, moldamos nosso futuro, ajudamos a efetuar uma renovação da compreensão e do sentido na sociedade de hoje. Por meio dessa prática, podemos redescobrir verdades universais sobre nossa identidade, nosso potencial para a generosidade, a natureza da genuína felicidade e o papel da consciência no Universo. Essas verdades têm sido reveladas durante toda a história pelas grandes tradições de sabedoria da civilização humana, incluindo religião, filosofia e ciência. Estamos agora prontos para o maior renascimento que o mundo já viu, integrando pela primeira vez as percepções antigas e modernas do Oriente e Ocidente. O tempo é oportuno para a humanidade dar o próximo passo em sua evolução espiritual a fim de que possamos enfrentar com êxito os desafios do mundo de hoje e florescer no mundo que virá.

NOTAS

PARTE I
MEDITAÇÃO: ONDE COMEÇOU
E COMO CHEGOU AQUI

1. QUEM SOU EU?

1. D. M. Strong, trad., *The Udāna, or the Solemn Utterances of the Buddha* (Oxford, Pali Text Society, 1994), 68-9.

2. AS ORIGENS DA CONTEMPLAÇÃO

1. Josef Pieper, *Happiness and Contemplation*, trad. Richard e Clara Winston (Chicago, Henry Regnery Co., 1966), 73.
2. *Baudhāyana Sulbasūtra*, in T. A. Sarasvati Amma, *Geometry in Ancient and Medieval India* (Nova Délhi, Motilal Banarsidass, 1979), 14-5.
3. *Metaphysics*, XIII, 6, 1080b16.
4. H. St. J. Thackeray, R. Marcus, A. Wikgren e L. H. Feldman, trad., *Josephus* (Loeb Classical Library) (Londres, Heinemann, 1956).
5. Mateus 3, 1-10.
6. Mateus 11, 11.
7. Mateus 4, 17.
8. Mateus 11, 13-14; Mateus 17, 12-14; Mateus 17, 10-13; Lucas 1, 17.
9. Reis 2, 2, 11.

10. Ver Thomas Merton, *Cassian and the Fathers: Initiation Into the Monastic Tradition* (Kalamazoo, Mich., Cistercian Publications, 2005).

11. *Anguttara Nikāya* III,65; *Kalama Sutta: The Buddha's Charter of Free Inquiry*, trad. Soma Thera (Kandy, Sri Lanka, Buddhist Publication Society, 1981).

12. Bhikkhu Nānamoli, *The Life of the Buddha According to the Pali Canon* (Kandy, Sri Lanka, Buddhist Publication Society, 1992), 10-29.

3. A EXTERNALIZAÇÃO CIENTÍFICA DA MEDITAÇÃO

1. Dava Sobel, *Galileo's Daughter: A Historical Memoir of Science, Faith, and Love* (Nova York, Penguin, 2000), 326.

2. René Descartes, *Discourse on the Method of Rightly Conducting One's Reason and Seeking the Truth in the Sciences*, trad. Ian Maclean (Nova York, Oxford University Press, 2006).

3. René Descartes, *Discourse on Method and The Meditations* (Londres, Penguin, 1968), 122.

4. René Descartes, *A Discourse on Method; Meditations on the First Philosophy; Principles of Philosophy*, trad. John Veitch (Londres, Everyman, 1994), 1,66.

5. *Ibid.*, 2,4.

6. Antonio Damasio, *The Feeling of What Happens: Body and Emotion in the Making of Consciousness* (Nova York, Harcourt, 1999), 321.

7. William James, "A Plea for Psychology as a Science", *Philosophical Review 1* (1892), 146.

8. William James, *Some Problems of Philosophy: A Beginning of an Introduction to Philosophy* (Londres, Longmans, Green, 1911), 22-4.

9. William James, *The Principles of Psychology* (Nova York, Dover, 1950), I,1.

10. *Ibid.*, I,185, 197-98.

11. Cf. Kurt Danziger, "The History of Introspection Reconsidered", *Journal of the History of the Behavioral Sciences* 16 (1980), 241-62.

12. Phillip H. Wiebe, "Religious Experience, Cognitive Science, and the Future of Religion", in *The Oxford Handbook of Religion and Science*, org. Philip Clayton e Zachary Simpson (Nova York, Oxford University Press, 2006), 505.

13. John B. Watson, "Psychology as a Behaviorist Views It", *Psychological Review* 20 (1913), 158, 166.

14. Cf. Patricia Churchland e Terence J. Sejenowski, "Neural Representation and Neural Computation", in *Mind and Cognition: A Reader*, org. William G. Lycan (Oxford, Blackwell, 1990), 227.

15. B. F. Skinner, *Science and Human Behavior* (Nova York, Macmillan, 1953).

16. John B. Watson, *Behaviorism* (1913; reedição, Nova York, Norton, 1970).

17. Christof Koch, *The Quest for Consciousness: A Neurobiological Approach* (Englewood, Colo., Roberts and Co., 2004), 18-9.

18. Damasio, *The Feeling of What Happens*, 73, 169, 309, 311, 322-23.

19. Damasio, *The Feeling of What Happens*, 322.

4. ESTUDOS CIENTÍFICOS DA MEDITAÇÃO

1. Sharon Begley, *Train Your Mind, Change Your Brain: How a New Science Reveals Our Extraordinary Potential to Transform Ourselves* (Nova York, Ballantine, 2007).

2. Herbert Benson, *The Relaxation Response* (Nova York, Avon, 1976).

3. C. R. MacLean, *et al.*, "Effects of the Transcendental Meditation Program on Adaptive Mechanisms: Changes in Hormone Levels and Responses to Stress After Four Months of Practice", *Psychoneuroendocrinology*, 22, nº 4 (maio 1997), 277-95.

4. R. Bonadonna, "Meditation's Impact on Chronic Illness", *Holistic Nursing Practice* 17, nº 6 (nov.-dez. 2003), 309-19.

5. Anne Bruce e Betty Davies, "Mindfulness in Hospice Care: Practicing Meditation-in-Action", *Qualitative Health Research* 15, nº 10 (2005), 1329-1344. Ver também Bruce A. Davies, "Mindfulness in Hospice Care: Practicing Meditation-in-Action", *Qualitative Health Research* 15, nº 10 (dez. 2005), 1329-1344; T. A. Richards, D. Oman, J. Hedberg, C. E. Thoresen e J. Bowden, "A Qualitative Examination of a Spiritually-Based Intervention and Self-Management in the Workplace", *Nursing Science Quarterly* 19, nº 3 (julho 2006), 231-39; Denise Barham, "The Last 48 Hours of Life: A Case Study of Symptom Control for a Patient Taking a Buddhist Approach to Dying", *International Journal of Palliative Nursing* 9, nº 6 (junho 2003), 245; Maria Wasner, Christine Longaker, Martin Johannes Fegg e Gian Domenico Borasio, "Effects of Spiritual Care Training for Palliative Care Professionals", *Palliative Medicine* 19 (2005), 99-104.

6. S. Bishop, "What Do We Really Know About Mindfulness-Based Stress Reduction?", *Psychosomatic Medicine* 64 (2002), 71.

7. Daniel Goleman, org., *Healing Emotions: Conversations with the Dalai Lama on Mindfulness, Emotions and Health* (Boston, Shambhala, 1997).

8. Zindel V. Segal, *et al.*, *Mindfulness-Based Cognitive Therapy for Depression: A New Approach to Preventing Relapse* (Nova York, Guilford, 2002); Zindel V. Segal, *et al.*, "Mindfulness-Based Cognitive Therapy: Theoretical Rationale and Empirical Status", in *Mindfulness and Acceptance: Expanding the Cognitive-Behavioral Tradition*, org. S. C. Hayes *et al.* (Nova York, Guilford, 2004); John D. Teasdale *et al.*, "Prevention of Relapse/Recurrence in Major Depression by Mindfulness-Based Cognitive Therapy", *Journal of Consulting and Clinical Psychology* 68, n⁰ 4 (ago. 2000), 615-23; M. Speca *et al.*, "A Randomized Wait-List Controlled Clinical Trial: The Effect of a Mindfulness Meditation-Based Stress Reduction Program on Mood and Symptoms of Stress in Cancer Outpatients", *Psychosomatic Medicine* 62, n⁰ 5 (set.-out. 2000), 613-22; G. Bogart, "The Use of Meditation in Psychotherapy: A Review of the Literature", *American Journal of Psychotherapy* 45, n⁰ 3 (julho 1991), 383-412.

9. Ver http://www.investigatingthemind.org/.

10. Richard J. Davidson *et al.*, "Alterations in Brain and Immune Function Produced by Mindfulness Meditation", *Psychosomatic Medicine* 65, n⁰ 4 (julho-ago.2003), 564-70.

11. Antoine Lutz, Laurence L. Greischar, Nancy B. Rawlings, Matthieu Ricard e Richard J. Davidson, "Long-Term Meditators Self-Induce High-Amplitude Gamma Synchrony During Mental Practice", *Proceedings of the National Academy of Science* 101, n⁰ 46 (16 nov. 2004), 16369-16373.

12. Ver http://lazar-meditation-research.info/lazar.html.

13. S. W. Lazar, C. E. Kerr, R. H. Wasserman, J. R. Gray, D. N. Greve, M. T. Treadway, M. Mc-Garvey, B. T. Quinn, J. A. Dusek, H. Benson, S. L. Rauch, C. I. Moore e B. Fischl, "Meditation Experience Is Associated with Increased Cortical Thickness", *Neuroreport* 16 (2005), 893-97.

14. M. R. Rueda, M. K. Rothbart, B. D. McCandliss, L. Saccomanno e M. I. Posner, *Proceedings of the National Academy of Science USA* 102 (2005), 14931-14936; Karla Homboe e Mark H. Johnson, "Educating Executive Attention", *Proceedings of the National Academy of Science* 102, n⁰ 41 (11 out. 2005), 14479-14480.

15. Amishi P. Jha, Jason Krompinger e Michael J. Baime, "Mindfulness Training Modifies Subsystems of Attention", *Cognitive, Affective and Behavioral Neuroscience* 7, n⁰ 2 (2007), 109-19; Heleen A. Slagter, Antoine Lutz, Lawrence L. Greischar, Andrew D. Francis, Sander Nieuwenhuls, James M. Davis e Richard

J. Davidson, "Mental Training Affects Distribution of Limited Brain Resources", *Public Library of Science Biology* 5, nº 6 (junho 2007), 1-8; Yi-Yuan Tang, Yinghua Ma, Junhong Wang, Yaxin Fan, Shigang Feng, Qilin Lu, Qingbao Yu, Danni Sui, Mary K. Rothbart, Ming Fan e Michael I. Posner, "Short-Term Meditation Training Improves Attention and Self-Regulation", *PNAS Early Edition* (16 agosto 2007); www.pnas.org/cgi/doi/10.1073/pnas.0707678104.

16. Paul Ekman, Richard J. Davidson, Matthieu Ricard e B. Alan Wallace, "Buddhist and Psychological Perspectives on Emotions and Well-Being", *Current Directions in Psychology* 14, nº 2 (2005), 59-63; B. Alan Wallace e Shauna Shapiro, "Mental Balance and Well-Being: Building Bridges Between Buddhism and Western Psychology", *American Psychologist* 161, nº 7 (out. 2006), 690-701; http://www.sbinstitute.com/mentalbalance.pdf.

17. Daniel Goleman, org., *Destructive Emotions: A Scientific Dialogue with the Dalai Lama* (Nova York, Bantam Doubleday, 2002).

18. Paul Ekman, *Emotions Revealed: Recognizing Faces and Feelings to Improve Communication and Emotional Life* (Nova York, Times Books, 2003), 39-40.

19. Katherine Ellison, "Mastering Your Own Mind", *Psychology Today* (out. 2006); http://www.psychologytoday.com (clique em "Mastering Your Own Mind").

20. Louis Sahagun, "The Dalai Lama Has It — but Just What Is 'It'?", *Los Angeles Times*, 9 dez., 2006, B2.

21. The Dalai Lama, *Freedom in Exile: The Autobiography of the Dalai Lama* (Nova York, Harper-Collins, 1990).

6. TEORIA: RECOBRANDO NOSSOS SENTIDOS

1. Saint Maximus the Confessor, Scholia on *The Divine Names*, PG 4, 208 C. Citado em Martin Laird, *Into the Silent Land: A Guide to the Practice of Christian Contemplation* (Nova York, Oxford University Press, 2006), 37. Ver João 4,28. "Deus é espírito". Citado em Olivier Clément, *The Roots of Christian Mysticism*, trad. T. Berkeley (Londres, New City Press, 1993), 33. A palavra grega traduzida como "espírito" é *pneuma*, que pode também significar "sopro".

2. Martin Laird, *Into the Silent Land: A Guide to the Practice of Christian Contemplation* (Nova York, Oxford University Press, 2006), 34-45.

3. Saint Symeon the New Theologian, "The Three Methods of Prayer", in *The Philokalia: The Complete Text*, trad. G. E. H. Palmer, Philip Sherrard e Kallistos Ware (Londres, Faber and Faber, 1995), IV, 67-75.

4. Saint Gregory Palamas, "In Defense of Those Who Devoutly Practice a Life of Stillness", in *The Philokalia: The Complete Text*, trad. G. E. H. Palmer, Philip Sherrard e Kallistos Ware (Londres, Faber and Faber, 1995), IV, 337.

5. *Ibid.*

6. Saint John of the Cross, *The Spiritual Canticle*, in *The Collected Works of St. John of the Cross*, trad. K. Kavanaugh e R. Rodriguez (Washington, D.C., Institute of Carmelite Studies, 1979), Red A., str. 38.

7. PRÁTICA: A UNIÃO DE QUIETUDE E MOVIMENTO

1. Padmasambhava, *Natural Liberation: Padmasambhava's Teachings on the Six Bardos*, comentário de Gyatrul Rinpoche, trad. B. Alan Wallace (Boston, Wisdom, 1998), 90-92.

8. TEORIA: CONHECENDO E CURANDO A MENTE

1. Romanos, 1, 28-32.

2. Romanos 2, 6; 2, 8; 3, 10; 3, 22.

3. P. T. Raju, *Structural Depths of Indian Thought* (Albany, State University of New York Press, 1985), cap. 3.

4. Sigmund Freud, *Civilization and Its Discontents*, trad. e org. James Strachey (Nova York, Norton, 1961), 33.

5. *Ibid.*, 24-5.

6. *Ibid.*, 33.

7. Daniel M. Wegner, *The Illusion of Conscious Will* (Cambridge, Mass., MIT Press, 2003).

8. Hakwan C. Lau, Robert D. Rogers e Richard E. Passingham, "Manipulating the Experienced Onset of Intention After Action Execution", *Journal of Cognitive Neuroscience* 19, nº 1 (jan. 2007), 81-90.

9. Andrew F. Leuchter *et al.*, "Changes in Brain Function of Depressed Subjects During Treatment with Placebo", *American Journal of Psychiatry* 159 (2002), 122-29.

10. John Burnaby, *Amor Dei: A Study of the Religion of St. Augustine* (1938; reedição, Norwich, Inglaterra, Canterbury Press, 1991), 57.

11. *The Dhammapada*, org. Nikunja Vihari Banerjee (Nova Délhi, Munshiram Manoharlal Publishers, 1989), I,1.

12. Sermon 8, "On the Third Commandment", citado em Martin Laird, *Into the Silent Land: A Guide to the Practice of Christian Contemplation* (Nova York, Oxford University Press, 2006), 52.

13. Evagrius, *The Praktikos*, cap. 50, in *The Praktikos and Chapters on Prayer*, trad. J. Bamberger (Kalamazoo, Mich., Cistercian Publications, 1981), 29-30.

14. *Ibid.*, cap. 54, 31.

15. Kallistos Ware, "Ways of Prayer and Contemplation: I. Eastern", in *Christian Spirituality: Origins to the Twelfth Century*, org. Bernard McGinn e John Meyendorff (Nova York, Crossroad, 1985), 398.

16. Thomas Keating, *Open Mind, Open Heart: The Contemplative Dimension of the Gospel* (Nova York, Crossroad, 2001), 93-107.

17. Laird, *Into the Silent Land*, 63.

18. *Sutta Nipāta* 47.10, citado em Collett Cox, "Mindfulness and Memory: The Scope of *Smnti* from Early Buddhism to the Sarvāstivādin Abhidharma", in *In the Mirror or Memory: Reflections on Mindfulness and Remembrance in Indian and Tibetan Buddhism*, org. Janet Gyatso (Albany, State University of New York Press, 1992), 71.

19. *Sutta Nipāta* 47.8, citado em Cox, "Mindfulness and Memory", 71.

20. Karma Chagmé, *A Spacious Path to Freedom: Practical Instructions on the Union of Mahāmudrā and Atiyoga*, comentário de Gyatrul Rinpoche, trad. B. Alan Wallace (Ithaca, N.Y., Snow Lion, 1998), 80.

21. Panchen Lozang Chökyi Gyaltsen, seção "Sems gnas pa'i thabs" de seu *dGe Idan bKa' brgyud rin po che'i bka' srol phyag rgya chen po' i rtsa ba rgyas par bshad pa yang gsal sgron me,* citado em B. Alan Wallace, *Balancing the Mind: A Tibetan Buddhist Approach to Refining Attention* (Ithaca, N.Y., Snow Lion, 2005), 174; cf. Panchen Lozang Chökyi Gyaltsen, *The Great Seal of Voidness*, in *The Mahamudra Eliminating the Darkness of Ignorance*, trad. Alex Berzin (Dharamsala: Library of Tibetan Works and Archives, 1978); Geshe Rabten, *Echoes of Voidness*, trad. e org. Stephen Batchelor (Londres, Wisdom, 1986), 113-28; Sua Santidade o Dalai Lama e Alex Berzin, *The Gelug/Kagyü Tradition of Mahamudra* (Ithaca, N.Y., Snow Lion, 1997).

22. Düdjom Lingpa, *The Vajra Essence: From the Matrix of Pure Appearances and Primordial Consciousness, a Tantra on the Self-Originating Nature of Existence,* trad. B. Alan Wallace (Alameda, Calif., Mirror of Wisdom, 2004), 19.

23. *Ibid.*

24. *Ibid.*, 20.

25. *Ibid.*, 26-7.

26. Burnaby, *Amor Dei*, 47-8.

27. Laird, *Into the Silent Land*, 41.

28. Maurice Walshe, *The Long Discourses of the Buddha: A Translation of the Dīgha Nikāya* (Somerville, Mass., Wisdom, 1995), 245.

29. René Descartes, *A Discourse on Method; Meditations on the First Philosophy; Principles of Philosophy*, trad. John Veitch (Londres, Everyman, 1994), part IV.

30. Mark Epstein, *Thoughts Without a Thinker: Psychotherapy from a Buddhist Perspective* (Nova York, Basic Books, 1995).

31. D. K. Nauriyal, org., *Buddhist Thought and Applied Psychology: Transcending the Boundaries* (Londres, Routledge-Curzon, 2006); Mark Unno, org., *Buddhism and Psychotherapy Across Cultures: Essays on Theories and Practices* (Boston, Wisdom, 2006).

32. Scott R. Bishop *et al.*, "Mindfulness: A Proposed Operational Definition", *Clinical Psychology: Science and Practice* 11, nº 3 (outono 2004), 232.

33. *Samyutta-Nikāya* V, 197-98; *Sutta Nipāta* 48.9.

34. *Milindapañha* 37-38; cf. Rupert M. L. Gethin, *The Buddhist Path to Awakening* (Oxford, Oneworld, 2001), 36-44.

35. Buddhaghosa, *The Path of Purification*, trad. Ñanamoli Bhikkhu (Kandy, Sri Lanka, Buddhist Publication Society, 1979), XIV, 141.

36. *Dīgha Nikāya* III, 269 and *Anguttara Nikāya* V, 30.

37. *Anguttara Nikāya* IV, 385, *Anguttara Nikāya* IV, 339, e *Anguttara Nikāya* V, 107, assim como *Theragāthā* 359 e 446, todos se referem à influência controladora da atenção plena sobre a mente.

38. Papañcasūdanī (comentário ao *Majjhima Nikāya*) I, 292, 243; PS- purānatīkā (comentário ao *Majjhima Nikāya*) I, 363, citado em Anālayo, *Satipatthāna: The Direct Path to Realization* (Birmingham, Inglaterra, Windhorse, 2006), 235.

39. *Sutta Nipāta* 47.35; Sāntideva, *A Guide to the Bodhisattva Way of Life*, trad. Vesna A. Wallace e B. Alan Wallace (Ithaca, N.Y., Snow Lion, 1997), V, 108.

40. Buddhaghosa, *The Path of Purification*, IV, 172.

41. *Dantabhumi Sūtta* (*Majjhima Nikāya* 125).

42. Evan Thompson, *Mind in Life: Biology, Phenomenology, and the Sciences of Mind* (Cambridge, Mass., Belknap Press, 2007).

43. Christof Koch, *The Quest for Consciousness: A Neurobiological Approach* (Englewood, Colo., Roberts and Co., 2004), 18-9.

44. William James, *The Principles of Psychology* (1890; reedição, Nova York, Dover, 1950), I, 190.

10. TEORIA: EXPLORANDO A NATUREZA DA CONSCIÊNCIA

1. Heychios, *On Watchfulness and Holiness*, cap. 14, in *The Philokalia*, trad. G. Palmer, P. Sherrard e K. Ware (Londres, Faber and Faber, 1979), I, vs. 5.

2. *Ibid.*, vs. 132; Heychios, *On Watchfulness*, cap. 7, in *The Philokalia*, I, 163.

3. Saint Symeon the New Theologian, "The Three Methods of Prayer", in *The Philokalia: The Complete Text*, trad. G. E. H. Palmer, Philip Sherrard e Kallistos Ware (Londres, Faber and Faber, 1995), IV, 72.

4. Sister Benedicta Ward, *The Sayings of the Desert Fathers: The Alphabetical Collection*, 2ª ed. (Londres, Oxford University Press, 1981), 139.

5. Saint Gregory Palamas, "In Defense of Those Who Devoutly Practice a Life of Stillness", in *The Philokalia: The Complete Text*, trad. G. E. H. Palmer, Philip Sherrard e Kallistos Ware (Londres, Faber and Faber, 1995), IV, 334.

6. Saint Gregory Palamas, *The Triads*, org. John Meyendorff, trad. Nicholas Gendle (Nova York, Paulist Press, 1983), I, ii, 3.

7. Teófano citado em Igumen Chariton of Valamo, *The Art of Prayer*, trad. E. Kadloubovsky e E. Palmer (Londres, Faber and Faber, 1966), 183.

8. Martin Laird, *Into the Silent Land: a Guide to the Practice of Christian Contemplation* (Nova York, Oxford University Press, 2006), 92.

9. William James, "Does Consciousness Exist?" in *The Writings of William James*, org. John J. McDermott (1904, reedição, Chicago, University of Chicago Press, 1977), 177-78; "The Notion of Consciousness", in *The Writings of William James*, 184-94.

10. William James, "A Plea for Psychology as a Science", *Philosophical Review* 1 (1892), 146.

11. William James, *Some Problems of Philosophy: A Beginning of an Introduction to Philosophy* (Londres, Longmans, Green, 1911), 22-4.

12. Citado em Dava Sobel, *Galileo's Daughter: A Historical Memoir of Science, Faith, and Love* (Nova York, Penguin, 2000), 326.

13. Daniel Dennett, *Content and Consciousness* (Nova York, Routledge & Kegan Paul, 1969), 40.

14. *Ibid.*, 21-2.

15. Imants Baruss, *Science as Spiritual Practice* (Charlottesville, Va., Imprint Academic, 2007), 93-117.

16. Bina Gupta, *The Desinterested Witness: A Fragment of Advaita Vedānta Phenomenology* (Evanston, Ill., Northwestern University Press, 1998), 3-4.

17. http://www.om-guru.com/html/saints/wolff.html.

18. Ron Leonard, *The Transcendent Philosophy of Franklin Merrell-Wolff* (Albany, State University of New York Press, 1999), 49.

19. Franklin Merrell-Wolff, *Mathematics, Philosophy, and Yoga: A Lecture Series Presented at the Los Olivos Conference Room in Phoenix, Arizona in* 1966 (Fênix, Ariz., Phoenix Philosophical Press, 1995), 50-1.

20. Franklin Merrell-Wolff, *Franklin Merrell-Wolff's Experience and Philosophy* (Albany, State University of New York Press, 2003), 265.

21. *Ibid.*, 269.

22. *Anguttara Nikāya* V.60.

23. *Majjhima Nikāya* 77.

24. Padmasambhava, *Natural Liberation: Padmasambhava's Teachings on the Six Bardos*, comentário de Gyatrul Rinpoche, trad. B. Alan Wallace (Boston, Wisdom, 1998), 107.

25. Shabkar Tsokdrug Rangdröl, *The Flight of the Garuda*, in *The Flight of the Garuda*, trad. Erik Pema Kunsang, 4ª ed. (Katmandu, Rangjung Yeshe Publications, 1993), 21-2.

26. Karma Chagmé, *A Spacious Path to Freedom: Practical Instructions on the Union of Mahāmudrā and Atiyoga*, comentário de Gyatrul Rinpoche, trad. B. Alan Wallace (Ithaca, N.Y., Snow Lion, 1998), 80.

27. A citação é da seção "Sems gnas pa'i thabs" de *dGe Idan bKa' brgyud rin po che'i bka' srol phyag rgya chen po'i rtsa ba rgyas par bshad pa yang gsal sgron me* de Panchen Lozang Chökyi Gyaltsen. *Phyag rgya chen po'i rtsa ba* (Asian Classics Input Project, Source CD, Release A, S5939F.ACT, 1993).

28. Sobel, *Galileo's Daughter*, 32-3.

29. Saint Augustine, *The Literal Meaning of Genesis*, trad. John Hammond Taylor (Nova York, Newman Press, 1982), xii, 26, 53.

30. Bhikkhu Sujato, *A History of Mindfulness: How Insight Worsted Tranquility in the Satipatthana Sutta* (Taipé, The Corporate Body of the Buddha Educational Foundation, 2005), 140.

31. *Sutta Nipāta Sagāthā Vagga*, verso 269, *Anguttara Nikāya* (4)449-51.

32. *Majjhima Nikāya*, I,301.

33. *Majjhima Nikāya* I,122; I,214; *The Dhammapada*, org. Nikunja Vihari Banerjee (Nova Délhi, Munshiram Manoharlal Publishers, 1989), 326.

34. Buddhaghosa, *The Path of Purification*, trad. Ñanamoli Bhikkhu (Kandy, Sri Lanka, Buddhist Publication Society, 1979), 126.

35. *Samyutta Nikāya* IV, 263.

36. *Majjhima Nikāya* I,463; *Dīgha Nikāya* I, 75.

37. *Anguttara Nikāya* III,63; *Majjhima Nikāya* I, 323.

38. *Dīgha Nikāya* II, 313; *Samyutta Nikāya* V, 10.

39. Asanga, *Abhidharmasamuccaya*, org. Pralhad Pradhan (Santiniketan, Visva-Bharati, 1950), 75,21; Tsong-kha-pa, *The Great Treatise on the Stages of the Path to Enlightenment* (Ithaca, N.Y., Snow Lion, 2002), 3,25, 95; B. Alan Wallace, *Balancing the Mind: A Tibetan Buddhist Approach to Refining Attention* (Ithaca, N. Y., Snow Lion, 2005), 214.

11. PRÁTICA: SONDANDO A NATUREZA DO OBSERVADOR

1. Padmasambhava, *Natural Liberation: Padmasambhava's Teachings on the Six Bardos*, comentário de Gyatrul Rinpoche, trad. B. Alan Wallace (Boston, Wisdom, 1998), 105.

12. TEORIA: O ESTADO BÁSICO DA CONSCIÊNCIA

1. *Samyutta Nikāya* V, 152; *Majjhima Nikāya* I, 360.

2. John R. Searle, *Consciousness and Language* (Cambridge, Cambridge University Press, 2002), 35.

3. Peter Harvey, *The Selfless Mind: Personality, Consciousness and Nirvana in Early Buddhism* (Surrey, Curzon Press, 1995), 173.

4. *Kathāvatthu* 615; *Milindapañha*, 299-300.

5. Esta é a visão da escola Mahāsānghika, descrita em A. Bareau, *Les Sectes Bouddhiques du Petit Véhicule* (Paris, EFEO, 1955), 72.

6. Asanga, *Abhidharmasamuccaya*, org. Pralhad Pradhan (Santiniketan, Visva-Bharati, 1950), 4-10.

7. Tao Jiang, *Yogācāra Buddhism and Modern Psychology on the Subliminal Mind*, Society for Asian and Comparative Philosophy Monographs, nº 21 (Honolulu, University of Hawaii Press, 2006); http://www.uhpress.hawaii.edu/books/jiang-intro.pdf.

8. B. Alan Wallace, *The Attention Revolution: Unlocking the Power of the Focused Mind* (Boston, Wisdom, 2006), 155-65.

9. Düdjom Lingpa, *The Vajra Essence: From the Matrix of Pure Appearances and Primordial Consciousness, a Tantra on the Self-Originating Nature of Existence*, trad. B. Alan Wallace (Alameda, Calif., Mirror of Wisdom, 2004), 252-53.

10. *Ibid.*, 92.

11. Ver a seção "Sems gnas pa'i thabs" de seu *dGe Idan bKa' brgyud rin po che'i bka' srol phyag rgya chen po'i rtsa ba rgyas par bshad pa yang gsal sgron me* [*Phyag rgya chen po'i rtsa ba*] (Asian Classics Input Project, Source CD, Release A, S5939F.ACT, 1993).

12. Düdjom Lingpa, *The Vajra Essence*, 30, 364-65.

13. B. Alan Wallace, "Vacuum States of Consciousness: A Tibetan Buddhist View", in *Buddhist Thought and Applied Psychology: Transcending the Boundaries*, org. D. K. Nauriyal (Londres, Routledge-Curzon, 2006), 112-21.

14. A natureza e o papel do *jiva* são explicados por Pundarīka em *The Stainless Light* (*Vimalaprabhā*), comentário básico da *Kālacakratantra*.

15. Düdjom Lingpa, *The Vajra Essence*, 252.

16. Arthur Zajonc, org., *The New Physics and Cosmology: Dialogues with the Dalai Lama* (Nova York, Oxford University Press, 2004), 92; Sua Santidade o Dalai-Lama, *The Universe in a Single Atom: The Convergence of Science and Spirituality* (Nova York, Morgan Road, 2005).

17. B. Alan Wallace, *Hidden Dimensions: The Unification of Physics and Consciousness* (Nova York, Columbia University Press, 2007), 50-69.

18. B. Alan Wallace, *Contemplative Science: Where Buddhism and Neuroscience Converge* (Nova York, Columbia University Press), 14-9.

19. William James, *Essays in Religion and Morality* (Cambridge, Mass., Harvard University Press, 1989), 85-6.

14. TEORIA: CONSCIÊNCIA SEM COMEÇO OU FIM

1. Plato, *Phaedo*, in *The Collected Dialogues of Plato*, org. Edith Hamilton e Huntington Cairns, trad. Hugh Tredennick, Bollingen Series LXXI (Princeton, Princeton University Press, 1961), 80-2.

2. *Ibid.*, 81 a.

3. *Ibid.*, 81 c-d.

4. *Brhadāranyaka Upanisad* IV, 4,2; K. Werner, "Indian Concepts of Human Personality in Relation to the Doctrine of the Soul", *Journal of the Royal Asiatic Society* 1 (1988), 73-97, 82-3.

5. *Dīgha Nikāya* II,334.

6. *Dīgha Nikāya* I,77, *Dīgha Nikāya* II,62-63; *The Dhammapada*, org. Nikunja Vihari Banerjee (Nova Délhi, Munshiram Manoharlal Publishers, 1989), 37;

Theragāthā 355; Peter Harvey, "The Mind-Body Relationship in Pali Buddhism — a Philosophical Investigation", *Asian Philosophy* 3 (1) (1993), 29-41.

7. Buddhaghosa, *The Path of Purification*, trad. Ñanamoli Bhikkhu (Kandy, Sri Lanka, Buddhist Publication Society, 1979), XVII.

8. *Samyutta Nikāya* IV, 399-400.

9. *Anguttara Nikāya* II, 134.

10. *Dīgha Nikāya* I, 83; *Majjhima Nikāya* I,261-62.

11. Harvey, *The Selfless Mind*, 103.

12. A Pesquisa Harris, julho 17-21, 1998.

13. Mateus 22, 23.

14. João 3, 3.

15. Mateus 11, 11-15; 17, 10-13.

16. Orígenes, de Principiis; http://www.iep.utm.edu/o/origen.htm.

17. Cf. 1ª Coríntios 15,28.

18. Saint Augustine, *The Free Choice of the Will* (391), trad. Francis E. Tourscher (Filadélfia, The Peter Reilly Co.,1937), livro III, caps. 20-1.

19. *Ibid.*, 379.

20. Gershom Scholem, org., *Zohar, The Book of Splendor: Basic Readings from the Kabbalah* (Nova York, Schocken, 1995).

21. *Majjhima Nikāya* I, 265-66.

22. *Anguttara Nikāya* II, 183, V, 336.

23. Yuho Yokoi, *Zen Master Dogen: An Introduction with Selected Writings* (Nova York, Weatherhill, 1976).

24. Para uma fascinante e bem pesquisada discussão sobre a falta de abertura da comunidade científica à evidência empírica que desafia seus pressupostos materialistas, ver Deborah Blum, *Ghost Hunters: William James and the Search for Scientific Proof of Life After Death* (Nova York, Penguin, 2006).

25. Para uma lista parcial de seus artigos publicados em jornais científicos, ver http://www.healthsystem.virginia.edu/internet/personalitystudies/publications.cfm.

26. Ian Stevenson, M.D., *Reincarnation and Biology: A Contribution to the Etiology of Birthmarks and Birth Defects* (Nova York, Praeger, 1997); Ian Stevenson, M.D., *Where Reincarnation and Biology Intersect* (Nova York, Praeger, 1997); Jim Tucker, *Life Before Life: A Scientific Investigation of Children's Memories of Previous Lives* (Nova York, St. Martin's Press, 2005); Edward F. Kelly, Emily Williams Kelly, Adam Crabtree, Alan Gauld, Michael Grosso e Bruce Greyson,

Irreducible Mind: Toward a Psychology for the 21ˢᵗ Century (Lanham, Md., Rowman & Littlefield, 2007), 232-36.

27. Stevenson, *Reincarnation and Biology*, 1, 455-67.

28. Stevenson, *Reincarnation and Biology*, 1, 933-34.

29. Stevenson, *Reincarnation and Biology*, 2, 2083-2092.

30. Karma Thinley, *History of 16 Karmapas* (Boston, Shambhala, 2001).

31. Poonam Sharma e Jim B. Tucker, "Cases of the Reincarnation Type with Memories from the Intermission Between Lives", *Journal of Near-Death Studies* 23 (2) (inverno 2004), 116.

32. Para um relato completo desta ocorrência, ver Michael Sabom, *Light and Death: One Doctor's Fascinating Account of Near-Death Experiences* (Grand Rapids, Mich., Zondervan, 1998). Ver também o documentário do National Geographic Channel *I Came Back from the Dead*, que foi ao ar em 29 de julho de 2008.

33. Harald Atmanspacher e Hans Primas, "The Hidden Side of Wolfgang Pauli", *Journal of Consciousness Studies* 3 (1996), 112-26.

34. Buddhaghosa, *The Path of Purification*, XIII,13-120.

35. Pa-Auk Tawya Sayadaw, *Knowing and Seeing* (Kuala Lumpur, Malásia, WAVE Publications, 2003), 229-33; Geshe Gedün Lodrö, *Walking Through Walls: A Presentation of Tibetan Meditation*, trad. e org. por Jeffrey Hopkins (Ithaca, N. Y., Snow Lion, 1992), 287-88.

36. Conversação particular com Yangthang Rinpoche em Ojai, Califórnia, 4 de dezembro de 2006.

37. Carrie Peyton Dahlberg, "Meditation Study Aims to Leap Over Mental Barriers", *Sacramento Bee*, 29 de novembro de 2004; http://www.sacbee.com/content/news/story/11608921p-12498535c.html; http://www.sbinstitute.com/Shamathatalk.html.

38. Stephen LaBerge e Howard Rheingold, *Exploring the World of Lucid Dreaming* (Nova York, Ballantine, 1990).

39. Plato, *The Republic*, trad. R. E. Allen (New Haven, Yale University Press, 2006), livro X, http://classics.mit.edu/Plato/republic.11.x.html.

40. B. Alan Wallace, *Genuine Happiness: Meditation as the Path to Fulfillment* (Hoboken, N. J., Wiley, 2005), caps. 12 e 13; Stephen LaBerge, "Lucid Dreaming and the Yoga of the Dream State: A Psychophysiological Perspective", em *Buddhism and Science: Breaking New Ground*, org. B. Alan Wallace (Nova York, Columbia University Press, 2003), 233-58.

41. Stevenson, *Where Reincarnation and Biology Intersect*, cap. 6.

42. L. A. Finelli, P. Achermann e A. Borbély, "Individual Fingerprints in Human Sleep EEG Topography". *Neuropsychopharmacology* 25 (2001): S57-S62; L. De Gennaro, M. Ferrara, F. Vecchio, G. Curcio e M. Bertini, "An Electroencephalographic Fingerprint of Human Sleep", *NeuroImage* 26 (2005), 114-22; J. Buckelmüller, H. P. Landolt, H. H. Stassen e P. Achermann, "Trait-like Individual Differences in the Human Sleep Electroencephalogram", *Neuroscience* 138 (2006), 351-56; G. Tinguely, L. A. Finelli, H. P. Landolt, A. A. Borbély e P. Achermann, "Funcional EEG Topography in Sleep and Waking: State-Dependent and State--Independent Features", *NeuroImage* 32 (2006), 283-92.

15. PRÁTICA: REPOUSANDO NA SERENIDADE DA PERCEPÇÃO

1. Padmasambhava, *Natural Liberation: Padmasambhava's Teachings on the Six Bardos*, comentário de Gyatrul Rinpoche, trad. B. Alan Wallace (Boston, Wisdom, 1998), 105-9.

16. TEORIA: UNIVERSOS DE CETICISMO

1. http://www.msnbc.msn.com/id/18825863/.
2. Sharon Begley, "Know Thyself — Man, Rat or Bot", *Newsweek*, 23 de abril de 2007, http://www.msnbc.msn.com/id/18108859/site/newsweek/.
3. Robin Marantz Henig, "The Real Transformers", *New York Times*, 29 de julho de 2007, http://www.nytimes.com/2007/07/29/magazine/29robots-t.html?_r=1&adxnnl=1&oref=slogin&adxnnl=1185711249-XL9nqJdFDjGpK4ck3u-voxQ.
4. *Ibid.*
5. *Anguttara Nikāya* III,65.
6. B. F. Skinner, *About Behaviorism* (Nova York, Knopf, 1974), 31.
7. *Ibid.*, 207-08.
8. Skinner, *About Behaviorism*, 30.
9. Skinner, *About Behaviorism*, 216.
10. Daniel C. Dennett, "The Fantasy of First-Person Science" (versão escrita de um debate com David Chalmers, realizado na Northwestern University, Evaston, Ill., em 15 de fevereiro de 2001, suplementado por um debate por e-mail com Alvin Goldman) (Third Draft, 1º de março de 2001); http://ase.tufts.edu/cogs-

tud/papers/chalmersdeb3dft.htm; Daniel C. Dennett, *Consciousness Explained* (Boston; Little, Brown, 1991).

11. Daniel C. Dennett, *Breaking the Spell: Religion as a Natural Phenomenon* (Nova York, Viking, 2006), 306.

12. John R. Searle, *The Rediscovery of the Mind* (Cambridge, Mass., MIT Press, 1994), 95.

13. *Ibid.*, 20.

14. Searle, *The Rediscovery of the Mind*, 142-43.

15. Searle, *The Rediscovery of the Mind*, 97, 99, 144.

16. Skinner, *About Behaviorism*, 211.

17. Victor A. F. Lamme, "Towards a True Neural Stance on Consciousness", *TRENDS in Cognitive Sciences* 10, nº 11 (nov. 2006), 494.

18. Martin Buber, *Between Man and Man*, trad. Ronald Gregor Smith (Nova York, Macmillan, 1948), 184.

19. Lee Silver, "Life 2,0", *Newsweek International*, 4 de junho de 2007, http://www.msnbc.msn.com/id/18882828/site/newsweek/.

20. Eric. R. Kandel, *In Search of Memory: The Emergence of a New Science of Mind* (Nova York, Norton, 2007), 376.

21. Allison L. Foote e Jonathan D. Crystal, "Metacognition in the Rat", *Current Biology* 17 (20 de março de 2007), 551-55.

22. Sharon Begley, "Know Thyself — Man, Rat or Bot", *Newsweek*, 23 de abril de 2007; http:/www.msnbc.msn.com/id/18108859/site/newsweek/.

23. Richard P. Feynman, *The Character of Physical Law* (Cambridge, Mass., MIT Press, 1965), 127, 148, 158.

17. PRÁTICA: O VAZIO DA MENTE

1. Padmasambhava, *Natural Liberation: Padmasambhava's Teachings on the Six Bardos*, comentário de Gyatrul Rinpoche, trad. B. Alan Wallace (Boston, Wisdom, 1998), 116-20.

18. TEORIA: OS MUNDOS PARTICIPATIVOS DO BUDISMO

1. *Patisambhidāmagga* II, 232, *Papañcasdanūdani* I, 242 (comentário a *Majjhima Nikāya*).

2. *Samyutta Nikāya* IV, 400.

3. Analayo Bhikkhu, *Satipatthāna: The Direct Path to Realization* (Birmingham, Inglaterra, Windhorse, 2006); Gen Lamrimpa, *Realizing Emptiness: Madhyamaka Insight Meditation*, trad. B. Alan Wallace (Ithaca, N.Y., Snow Lion, 2002); Thupten Jinpa, *Self, Reality and Reason in Tibetan Philosophy: Tsongkhapa's Quest for the Middle Way* (Londres, Routledge-Curzon, 2002).

4. *Samyutta Nikāya* I, 135; *Milindapañhā*, 25.

5. *Samyutta Nikāya*, I, 14; *Itivuttaka* 53.

6. *Sutta Nipāta* 937; *Majjhima Nikāya* III, 31.

7. *Samyutta Nikāya* II, 19; *Samyutta Nikāya* II, 22; cf. Jay L. Garfield, trad. *The Fundamental Wisdom of the Middle Way: Nāgārjuna's Mūlamadhyamakakārikā* (Nova York, Oxford University Press, 1995), I, XVII.

8. B. Alan Wallace, *Buddhism with an Attitude: The Tibetan Seven-Point Mind-Training* (Ithaca, N.Y., Snow Lion, 2001).

9. *Upasīvamānavapucchā* da *Pārāyana*, VI, 1069-1076; Luis O. Gomez, "Proto-Mādhyamika in the Pāli Canon", *Philosophy East and West* 26, nº 2 (abril 1976), 137-65.

10. *Vajracchedikā Prajñāpāramitā Sūtra*, http://www.plumvillage.org/DharmaDoors/Sutras/chantingbook/Diamond_Sutra.htm.

11. *Vajracchedikā Prajñāpāramitā Sūtra*, 32.

12. Dudjom Rinpoche, *The Illumination of Primordial Wisdom: An Instruction Manual on the Utterly Pure Stage of Perfection of The Powerful and Ferocious Dorje Drolö, Subduer of Demons,* in Gyatrul Rinpoche, *Meditation, Transformation, and Dream Yoga*, trad. B. Alan Wallace e Sangye Khandro (Ithaca, N.Y., Snow Lion, 2002), 136.

13. *Ibid.*, 136-37.

14. Karma Chagmé, *A Spacious Path to Freedom: Practical Instructions on the Union of Mahāmudrā and Atiyoga*, comentário de Gyatrul Rinpoche, trad. B. Alan Wallace (Ithaca, N.Y., Snow Lion, 1998), 91-2.

15. Düdjom Lingpa, *The Vajra Essence: From the Matrix of Pure Appearances and Primordial Consciousness, a Tantra on the Self-Originating Nature of Existence*, trad. B. Alan Wallace (Alameda, Calif., Mirror of Wisdom, 2004), 18-9.

16. *Ibid.*, 44.

19. PRÁTICA: O VAZIO DA MATÉRIA

1. Düdjom Lingpa, *The Vajra Essence: From the Matrix of Pure Appearances and Primordial Consciousness, a Tantra on the Self-Originating Nature of Existence*, trad. B. Alan Wallace (Alameda, Calif., Mirror of Wisdom, 2004), 41-6.

20. TEORIA: OS MUNDOS PARTICIPATIVOS
DA FILOSOFIA E DA CIÊNCIA

1. Hilary Putnam, *Realism with a Human Face*, org. James Conant (Cambridge, Mass., Harvard University Press, 1990), 30.
2. Charles Taylor, *Sources of the Self: The Making of the Modern Identity* (Cambridge, Mass., Harvard University Press, 1989), 33-4.
3. George Berkeley, *Three Dialogues Between Hylas and Philonous*, org. Colin M. Turbayne (1713; reedição, Londres, Macmillan, 1988).
4. Anālayo Bhikkhu, *Satipatthāna: The Direct Path to Realization* (Birmingham, Windhorse, 2006), 44-45; *Majjhima Nikāya* II, 211; *Samyutta Nikāya* IV, 139.
5. Immanuel Kant, *Metaphysical Foundations of Natural Science*, trad. James Ellington (1786; reedição, Indianápolis, Bobbs-Merrill, 1970), 8.
6. William James, *Essays in Radical Empiricism* (1912; reedição, Nova York, Longmans, Green, 1947).
7. B. Alan Wallace, *Hidden Dimensions: The Unification of Physics and Consciousness* (Nova York, Columbia University Press, 2007), 50-69.
8. Bas C. van Fraassen, "The World of Empiricism", in *Physics and Our View of the World*, org. Jan Hilgevoort (Nova York, Cambridge University Press, 1994), 114-34; http://webware.princeton.edu/vanfraas/mss/World92.htm.
9. Taylor, *Sources of the Self*, 33-4.
10. Taylor, *Sources of the Self*, 213.
11. Taylor, *Sources of the Self*, 18.
12. Taylor, *Sources of the Self*, 21.
13. Hilary Putnam, "The Chosen People"; http://bostonreview.net/BR29.1/putnam.html.
14. Hilary Putnam, *Mind, Language and Reality* (Cambridge, Cambridge University Press, 1975), 295-97.
15. Putnam, *Realism with a Human Face*, 28.
16. *Dīgha Nikāya* I,12-29; Anālayo Bhikkhu, *Satipatthāna*, 45.

17. John Polkinghorne, *Exploring Reality: The Intertwining of Science and Religion* (New Haven, Yale University Press, 2005).

18. Albert Einstein, "Autobiographical Notes", in ref. 27. In *Albert Einstein: Philosopher-Scientist*, org. P. A. Schlipp (Evanston, Ill., Library of Living Philosophers, 1949), 81.

19. Wallace, *Hidden Dimensions*, 16-26.

20. Paul C. W. Davies, "An Overview of the Contributions of John Archibald Wheeler", in *Science and Ultimate Reality: Quantum Theory, Cosmology and Complexity, Honoring John Wheeler's 90th Birthday*, org. John D. Barrow, Paul C. W. Davies e Charles L. Harper Jr. (Cambridge, Cambridge University Press, 2004), 7.

21. Henning Genz, *Nothingness: The Science of Empty Space* (Cambridge, Mass., Perseus, 1999), 312.

22. *Ibid.*, 26.

23. Caslav Brukner e Anton Zeilinger, "Information and Fundamental Elements of the Structure of Quantum Theory", in *Time, Quantum and Information*, org. Lutz Castell e Otfried Ischebeck (Berlim, Springer Verlag, 2003), 352.

24. Anton Zeilinger, "Why the Quantum? 'It' from 'Bit'? A Participatory Universe? Three Far-Reaching Challenges from John Archibald Wheeler and Their Relation to Experiment", in *Science and Ultimate Reality: Quantum Theory, Cosmology and Complexity, Honoring John Wheeler's 90th Birthday*, org. John D. Barrow, Paul C. W. Davies e Charles L. Harper Jr. (Cambridge, Cambridge University Press, 2004), 218-19; cf. Carl Friedrich von Weizsäcker, *The Unity of Nature*, trad. Francis J. Zucker (Nova York: Farrar, Straus & Giroux, 1980), 406.

25. B. Alan Wallace, *Choosing Reality: A Buddhist View of Physics and the Mind* (Ithaca, N.Y., Snow Lion, 1996); Wallace, *Hidden Dimensions*, cap. 7; L. Q. English, "On the 'Emptiness' of Particles in Condensed-Matter Physics", in *Foundations of Science* 12 (29 de setembro de 2006), 155-71; Christian Thomas Kohl, "Buddhism and Quantum Physics: A Strange Parallel of Two Concepts of Reality", *Contemporary Buddhism* 8, nº 1 (maio 2007), 69-82; http://ctkohl.googlepages.com.

26. Lisa Randall, *Warped Passages: Unraveling the Mysteries of the Universe's Hidden Dimensions* (Nova York, Harper Perennial, 2006).

27. Davies, "An Overview of the Contributions of John Archibald Wheeler", 8, 22; Bruce Rosenblum and Fred Kuttner, *Quantum Enigma: Physics Encounters Consciousness* (Nova York, Oxford University Press, 2006); Henry Stapp, *Mindful Universe: Quantum Mechanics and the Participating Observer* (Berlim, Spring-

er, 2007); Harald Atmanspacher, "Quantum Approaches to Consciousness", in *The Stanford Encyclopedia of Philosophy*, org. Edward N. Zalta (Stanford, Stanford University Press, 2004); http://plato.stanford.edu/archives/win2004/entries/qt-consciousness/.

28. Mark Buchanan, "Many Worlds: See Me Here, See Me There", *Nature* 448 (5 de julho de 2007), 15-7; http://www.nature.com/nature/journal/v448/n7149/full/448015a.html.

29. Stephen W. Hawking e Thomas Hertog, "Populating the Landscape: A Top-Dow Approach", *Physical Review* 3, nº 73 (2006), 123527; Martin Bojowald, "Unique or Not Unique?" *Nature* 442 (31 de agosto de 2006), 988-90.

21. PRÁTICA: REPOUSANDO EM CONSCIÊNCIA INTEMPORAL

1. Padmasambhava, *Natural Liberation: Padmasambhava's Teachings on the Six Bardos*, comentário de Gyatrul Rinpoche, trad. B. Alan Wallace (Boston, Wisdom, 1998), 120-22.

22. TEORIA: O ESPAÇO LUMINOSO DA PERCEPÇÃO INTACTA

1. Genesis 1,26; 1ª Coríntios 11,7; 2ª Coríntios 4,4; Colossenses 1,15.
2. Mateus 7,21.
3. Deuteronômio 11,13; Josué 22,5; Mateus 22,37; Marcos 12,30; Lucas 10,26-28.
4. John Burnaby, *Amor Dei: A Study of the Religion of St. Augustine* (1938, reedição, Norwich, Canterbury Press, 1991), 104.
5. Mateus 5,48.
6. Lucas 17,20-21.
7. Mateus 16,25-26; Lucas 17,33; João 3,3.
8. Gálatas 2,19.
9. Martin Laird, *Into the Silent Land: A Guide to the Practice of Christian Contemplation* (Nova York, Oxford University Press, 2006), 11.
10. *Ibid.*, 93.
11. Mateus 13,31-33.
12. Mateus 13,44-46.
13. João 8,12; João 9,5; João 12,46.

14. Saint John of the Cross, *The Living Flame of Love*, I,26, in *The Collected Works of St. John of the Cross*, trad. K. Kavanaugh e R. Rodriguez (Washington, D.C., Institute of Carmelite Studies, 1979), 589. Citado em Laird, *Into the Silent Land*, 67-68.

15. Evagrius, *The Praktikos*, in *The Praktikos and Chapters on Prayer*, trad. J. Bamberger (Kalamazoo, Mich., Cistercian Publications, 1981), caps. 34, 54.

16. Saint Gregory Palamas, "The Declaration of the Holy Mountain in Defense of Those Who Devoutly Practice a Life of Stillness", in *The Philokalia: The Complete Text*, trad. G.E.H. Palmer, Philip Sherrard e Kallistos Ware (Londres, Faber and Faber, 1995), IV, 421,423-24.

17. *Ibid.*, 251.

18. Nicholas of Cusa, *On Seeking God* (*De quaerendo Deum*, 1445), in *Nicholas of Cusa: Selected Spiritual Writings*, trad. H. Lawrence Bond (Nova York , Paulist Press, 1997), 225.

19. Nicholas of Cusa, *On the Vision of God* (*De visione Dei*, 1453), in *Nicholas of Cusa: Selected Spiritual Writings*, trad. H. Lawrence Bond (Nova York, Paulist Press, 1997), 252.

20. Nicholas of Cusa, *On Seeking God*, 231.

21. *Ibid.*, 229.

22. *Anguttara Nikāya* I,8-11.

23. *Samyutta Nikāya* V,92-93; *Anguttara Nikāya* I,61, I,253-55.

24. *Manorathapūranī* I, 60 (comentário à *Anguttara Nikāya*) e *Atthasālinī* 140 (comentário à *Dhammasanganī*) identificam a mente luminosa com a *bhavanga*.

25. *The Milindapañhā: Being Dialogues Between King Milinda and the Buddhist Sage Nāgasena*, org. V. Trenckner (Oxford, Pali Text Society, 1997), 299-300; *Milinda's Questions*, trad. I. B. Horner (Londres, Luzac, 1969).

26. *Dīgha Nikāya* I, 223; *Udāna* 80.

27. *Samyutta Nikāya* I,122, II,103, III,53-54, III,124.

28. *The Dhammapada*, org. Nikunja Vihari Banerjee (Nova Délhi, Munshiram Manoharlal Publishers, 1989), 39, 267, 412; *Sutta Nipāta* 547, 790, 900.

29. *Samyutta-Nikāya* III,54.

30. *Udāna* 8,3.

31. *Astasāhasrikā Perfection of Wisdom Sūtra*; Peter Harvey, *The Selfless Mind: Personality, Consciousness and Nirvana in Early Buddhism* (Surrey, Curzon Press, 1995), 175.

32. *Anūnatva-apūrnatva-nirdesa*; http://www.webspawner.com/users/tathagatagarbha11b/index.html.

33. Sāntideva, *A Guide to the Bodhisattva Way of Life*, trad. Vesna A. Wallace e B. Alan Wallace (Ithaca, N.Y., Snow Lion, 1997), X, 55.

34. Thich Nhat Hanh, *Living Buddha, Living Christ* (Nova York, Riverhead, 1997); Sua Santidade o Dalai Lama, *The Good Heart: A Buddhist Perspective on the Teachings of Jesus*, trad. Geshe Thupten Jinpa (Boston, Wisdom, 1996).

35. *Angulimāla Sūtra*, trad. Stephen Hodge; http://www.webspawner.com/users/tathagatagarbha16/index.html.

36. D. M. Paul, *The Buddhist Feminine Ideal — Queen Srimāla and the Tathāgatagarbha* (Missoula, Mont., Scholar's Press, 1980), cap. 13.

37. *The Dhammapada*, I,1.

38. *Angulimāla Sūtra*.

39. *Lankāvatāra Sūtra*, 220; Harvey, *The Selfless Mind*, 176.

40. *Ratnagotra-vibhāga*, vs. 47.

41. *Mahāyāna Mahāparinirvānasūtra*, trad. Kosho Yamamoto, rev. Tony Page (Londres, Nirvana Publications, 1999-2000), cap. 12; *Anūnatva-apūrnatva-nirdesa*.

42. Sua Santidade o Dalai Lama, *Dzogchen: The Heart Essence of the Great Perfection*, trad. Geshe Thupten Jinpa e Richard Barron (Ithaca, N.Y., Snow Lion, 2000).

43. Erik Pema Kunsang, trad., *Wellsprings of the Great Perfection: The Lives and Insights of the Early Masters* (Boudhanath, Nepal, Rangjung Yeshe Publications, 2006).

44. Düdjom Lingpa, *The Vajra Essence: From the Matrix of Pure Appearances and Primordial Consciousness, a Tantra on the Self-Originating Nature of Existence*, trad. B. Alan Wallace (Alameda, Calif., Mirror of Wisdom, 2004), 251.

45. Padmasambhava, *Natural Liberation: Padmasambhava's Teachings on the Six Bardos*, comentário de Gyatrul Rinpoche, trad. B. Alan Wallace (Boston, Wisdom, 1998), 62.

46. Sua Santidade o Dalai Lama, *Dzogchen*, 48-49.

47. Düdjom Lingpa, *The Vajra Essence*, 255.

48. Düdjom Lingpa, *The Vajra Essence* , 244-45.

49. Düdjom Lingpa, *The Vajra Essence*, 251-52.

50. Düdjom Lingpa, *The Vajra Essence*, 115-17.

51. Düdjom Lingpa, *The Vajra Essence*, 321-22.

52. Tulku Urgyen Rinpoche, *Blazing Splendor: The Memoirs of Tulku Urgyen Rinpoche* (Berkeley, Calif., North Atlantic Books, 2005).

53. Marcos 16,9-20; Mateus 28,8-20; Lucas 24,7-53.

54. Gail B. Holland, "The Rainbow Body", *IONS: Noetic Sciences Review* 59 (março-maio 2002); 33.

55. *Ibid.*, 34.

23. PRÁTICA: MEDITAÇÃO EM AÇÃO

1. Düdjom Lingpa, *The Vajra Essence: From the Matrix of Pure Appearances and Primordial Consciousness, a Tantra on the Self-Originating Nature of Existence*, trad. B. Alan Wallace (Alameda, Calif., Mirror of Wisdom, 2004), 220-27.

24. TEORIA: O UNIVERSO COMO UM TODO

1. Andrei Linde, "Inflation, Quantum Cosmology and the Anthropic Principle", in *Science and Ultimate Reality: Quantum Theory, Cosmology and Complexity, Honoring John Wheeler's 90th Birthday*, org. John D. Barrow, Paul C. W. Davies e Charles L. Harper Jr. (Cambridge, Cambridge University Press, 2004), 450-51.

2. *Ibid.*, 451.

3. Paul Davies, *About Time: Einstein's Unfinished Revolution* (Nova York, Simon & Schuster, 1995); Paul Davies, "That Mysterious Flow", *Scientific American* 16, nº 1 (2006), 6-11.

4. Andre Linde, "Choose Your Own Universe", in *Spiritual Information: 100 Perspectives on Science and Religion*, org. Charles L. Harper Jr. (West Conshohocken, Penn., Templeton Foundation Press 2005), 139.

5. Jim Holt, "Where Protons Will Play", *New York Times*, 14 de janeiro de 2007.

6. Franklin Merrell-Wolff, *Franklin Merrell-Wolff's Experience and Philosophy* (Albany, State University of New York Press, 2003), 284.

7. Daniel C. Matt, "Kabbalah and Contemporary Cosmology: Discovering the Resonances", in *Science, Religion and the Human Experience*, org. James Proctor (Nova York, Oxford University Press, 2005), 129-42.

8. Nicholas of Cusa, *On Seeking God* (*De quaerendo Deum*, 1445) in *Nicholas of Cusa: Selected Spiritual Writings*, trad. H. Lawrence Bond (Nova York, Paulist Press, 1997), 223.

9. Nicholas of Cusa, *On the Vision of God* (*De visione Dei*, 1453) in *Nicholas of Cusa: Selected Spiritual Writings*, trad. H. Lawrence Bond (Nova York, Paulist Press, 1997), 261.

10. Karl H. Potter, org., *Encyclopedia of Indian Philosophies: Advaita Vedanta up to Samkara and His Pupils* (Nova Délhi, Motilal Banarsidass, 1981), 81-7.

11. Düdjom Lingpa, *The Vajra Essence: From the Matrix of Pure Appearances and Primordial Consciousness, a Tantra on the Self-Originating Nature of Existence*,

trad. B. Alan Wallace (Alameda, Calif., Mirror of Wisdom, 2004), 80-87; B. Alan Wallace, *Contemplative Science: Where Buddhism and Neuroscience Converge* (Nova York, Columbia University Press, 2007), 101-04.

BIBLIOGRAFIA

Amma, T. A. Sarasvati, *Geometry in Ancient and Medieval India*. Motilal Banarsidass, Nova Délhi, 1979.

Anālayo Bhikkhu, *Satipatthāna: The Direct Path to Realization*. Windhorse, Birmingham, Inglaterra, 2006.

Asanga, *Abhidharmasamuccaya*, org. Pralhad Pradhan. Visva-Bharati, Santiniketan, 1950.

Atmanspacher, Harald, "Quantum Approaches to Consciousness". In Zalta, Edward N. (org.) *The Stanford Encyclopedia of Philosophy*. Stanford University Press, Stanford, 2004; http://plato.stanford.edu/archives/win2004/entries/qt-consciouness/.

Atmanspacher, Harald and Hans Primas, "The Hidden Side of Wolfgang Pauli". *Journal of Consciousness Studies* 3 (1996), 112-26.

Saint Augustine, *The Free Choice of the Will* (391), trad. Francis E. Tourscher. Peter Reilly Co., Filadélfia, 1937.

_____, *The Literal Meaning of Genesis*, trad. John Hammond Taylor. Newman Press, Nova York, 1982.

Banerjee, Nikunja Vihari (org.), *The Dhammapada*. Munshiram Manoharlal Publishers, Nova Délhi, 1989.

Bareau, A., *Les Sectes Bouddhiques du Petit Véhicule*, EFEO, Paris, 1955.

Barham, Denise, "The Last 48 Hours of Life: A Case Study of Symptom Control for a Patient Taking a Buddhist Approach to Dying". *International Journal of Palliative Nursing* 9, nº 6 (junho de 2003), 245.

Baruss, Imants, *Science as Spiritual Practice*. Imprint Academic, Charlottesville, Va., 2007.

Begley, Sharon, "Know Thyself — Man, Rat or Bot". *Newsweek*, 23 de abril de 2007; http://www.newsweek.com/id/35401.

_____, *Train Your Mind, Change Your Brain: How a New Science Reveals Our Extraordinary Potential to Transform Ourselves*. Nova York, Ballantine, 2007.

Benson, Herbert, *The Relaxation Response*. Nova York, Avon, 1976.

Berkeley, George, *Three Dialogues Between Hylas and Philonous* (1713), Turbayne, Colin M. (org.). Macmillan, Londres, 1988.

Bishop, Scott R., "What Do We Really Know About Mindfulness-Based Stress Reduction?". *Psychosomatic Medicine* 64 (2002), 71-84.

Bishop, Scott R., *et al.*, "Mindfulness: A Proposed Operational Definition". *Clinical Psychology: Science and Practice* 11, nº 3 (outono 2004), 230-41.

Bitbol, Michel, "Materialism, Stances, and Open-Mindedness". In Monton, Bradley (org.). *Images of Empiricism: Essays on Science and Stances, with a Reply from Bas van Fraassen*, Oxford University Press, Oxford, 2007.

Blum, Deborah, *Ghost Hunters: William James and the Search for Scientific Proof of Life After Death*. Penguin, Nova York, 2006.

Bogart, G., "The Use of Meditation in Psychotherapy: A Review of the Literature". *American Journal of Psychotherapy* 45, nº 3 (julho de 1991), 383-412.

Bojowald, Martin, "Unique or Not Unique?". *Nature* 442 (31 de agosto de 2006), 988-90.

Bonadonna, R., "Meditation's Impact on Chronic Illness", *Holistic Nursing Practice* 17, nº 6 (novembro-dezembro 2003), 309-19.

Bruce, Anne e Betty Davies, "Mindfulness in Hospice Care: Practicing Meditation-in-Action". *Qualitative Health Research* 15, nº 10 (2005), 1329-344.

Brukner, Caslav e Anton Zeilinger, "Information and Fundamental Elements of the Structure of Quantum Theory". In Castell, Lutz e Ischebeck, Otfried (org.) *Time, Quantum and Information*. Springer Verlag, Berlim, 2003, 323-55.

Buber, Martin, *Between Man and Man*, trad. Ronald Gregor Smith. Macmillan, Nova York, 1948.

Buchanan, Mark, "Many Worlds: See Me Here, See Me There", *Nature* 448 (5 de julho de 2007), 15-7; http://www.nature.com/nature/journal/v448/n7149/full/448015a.html.

Buckelmüller, J., H. P. Landolt, H. H. Stassen e P. Achermann, "Trait-like Individual Differences in the Human Sleep Electroencephalogram", *Neuroscience* 138 (2006), 351-56.

Buddhadāsa Bhikkhu, *Mindfulness with Breathing: A Manual for Serious Beginners*, trad. Santikaro Bhikkhu. Wisdom, Boston, 1996.

Buddhaghosa, *The Path of Purification*, trad. Ñānamoli Bhikkhu. Buddhist Publication Society, Kandy, Sri Lanka, 1979.

Burnaby, John, *Amor Dei: A Study of the Religion of St. Augustine*, 1938; reedição, Canterbury Press, Norwich, Inglaterra, 1991.

Chariton of Valamo, Igumen, *The Art of Prayer*, trad. E. Kadloubovsky e E. Palmer. Faber and Faber, Londres, 1966.

Churchland, Patricia e Terence J. Sejenowski, "Neural Representation and Neural Computation". In Lycan, William G. (org.) *Mind and Cognition: A Reader*. Blackwell, Oxford, 1990, 224-52.

Clément, Olivier, *The Roots of Christian Mysticism*, trad. T. Berkeley. New City Press, Londres, 1993.

Cox, Collett, "Mindfulness and Memory: The Scope of *Smrti* from Early Buddhism to the Sarvāstivādin Abhidharma". In Gyatso, Janet (org.), *In the Mirror or Memory: Reflections on Mindfulness and Remembrance in Indian and Tibetan Buddhism*. State University of New York Press, Albany, 1992.

Dahlberg, Carrie Peyton, "Meditation Study Aims to Leap Over Mental Barriers", *Sacramento Bee*, 29 de novembro de 2004; http://www.sacbee.com/content/news/story/11608921p-12498535c.html.

Sua Santidade o Dalai-Lama, *Freedom in Exile: The Autobiography of the Dalai Lama*. HarperCollins, Nova York, 1990.

_____, *The Good Heart: A Buddhist Perspective on the Teachings of Jesus*, trad. Geshe Thupten Jinpa. Wisdom, Boston, 1996.

_____, *Dzogchen: The Heart Essence of the Great Perfection*, trad. Geshe Thupten Jinpa e Richard Barron. Snow Lion, Ithaca, N.Y., 2000.

_____, *The Universe in a Single Atom: The Convergence of Science and Spirituality*. Morgan Road, Nova York, 2005.

Sua Santidade o Dalai-Lama e Alex Berzin, *The Gelug/Kagyü Tradition of Mahamudra*. Snow Lion, Ithaca, N.Y., 1997.

Sua Santidade o Dalai-Lama, Dzong-ka-ba e Jeffrey Hopkins, *Yoga Tantra: Paths to Magical Feats*. Snow Lion, Ithaca, N.Y., 2005.

Damasio, Antonio, *The Feeling of What Happens: Body and Emotion in the Making of Consciousness*. Harcourt, Nova York, 1999.

Danziger, Kurt, "The History of Introspection Reconsidered". *Journal of the History of the Behavioral Sciences* 16 (1980), 241-62.

Davidson, Richard J., *et al.*, "Alterations in Brain and Immune Function Produced by Mindfulness Meditation". *Psychosomatic Medicine* 65, nº 4 (julho-agosto 2003), 564-70.

Davies, Bruce A., "Mindfulness in Hospice Care: Practicing Meditation-in-Action". *Qualitative Health Research* 15, nº 10 (dezembro de 2005), 1329-344.

Davies, Paul C. W., *About Time: Einstein's Unfinished Revolution*. Simon & Schuster, Nova York, 1995.

_____, "An Overview of the Contributions of John Archibald Wheeler". In Barrow, John D.; Davies, Paul C. W. e Harper Jr., Charles L. (org.) *Science and Ultimate Reality: Quantum Theory, Cosmology and Complexity, Honoring John Wheeler's 90th Birthday*. Cambridge University Press, Cambridge, 2004, 3-26.

_____, "That Mysterious Flow", *Scientific American* 16, nº 1 (2006), 6-11.

De Gennaro, L., M. Ferrara, F. Vecchio, G. Curcio e M. Bertini, "An Electroencephalographic Fingerprint of Human Sleep". *NeuroImage* 26 (2005), 114-22.

Dennett, Daniel C., *Content and Consciousness*. Routledge & Kegan Paul, Nova York, 1969.

_____, *Consciousness Explained*. Little, Brown, Boston, 1991.

_____, "The Fantasy of First-Person Science" (versão escrita de um debate com David Chalmers realizado na Northwestern University, Evanston, Ill., em 15 de fevereiro de 2001, suplementado por um debate por e-mail com Alvin Goldman); Third Draft, 1º de março de 2001; http://ase.tufts.edu/cogstud/papers/chalmersdeb3dft.htm.

_____, *Breaking the Spell: Religion as a Natural Phenomenon*. Viking, Nova York, 2006.

Descartes, René, *A Discourse on Method; Meditations on the First Philosophy; Principles of Philosophy*, trad. John Veitch. Everyman, Londres, 1994.

_____, *Discourse on the Method of Rightly Conducting One's Reason and Seeking the Truth in the Sciences*, trad. Ian Maclean. Oxford University Press, Nova York, 2006.

Düdjom Lingpa, *The Vajra Essence: From the Matrix of Pure Appearances and Primordial Consciousness, a Tantra on the Self-Originating Nature of Existence*, trad. B. Alan Wallace. Mirror of Wisdom, Alameda, Calif., 2004.

Dudjom Rinpoche, *The Illumination of Primordial Wisdom: An Instruction Manual on the Utterly Pure Stage of Perfection of the Powerful and Ferocious Dorje Drolö, Subduer of Demons*. In Rinpoche, Gyatrul *Meditation, Transformation, and Dream Yoga*, trad. B. Alan Wallace e Sangye Khandro. Snow Lion, Ithaca, N.Y., 2002, 133-42.

Einstein, Albert, "Autobiographical Notes". In Schlipp, P. A. (org.) *Albert Einstein: Philosopher-Scientist*. Library of Living Philosophers, Evanston, Ill., 1949, 2-95.

Ekman, Paul, *Emotions Revealed: Recognizing Faces and Feelings to Improve Communication and Emotional Life*. Times Books, Nova York, 2003.

Ekman, Paul, Richard J. Davidson, Matthieu Ricard e B. Alan Wallace, "Buddhist and Psychological Perspectives on Emotions and Well-Being". *Current Directions in Psychology* 14, nº 2 (2005), 59-63.

Ellison, Katherine, "Mastering Your Own Mind", *Psychology Today* (outubro 2006); http://www.psychologytoday.com/ e clique em "Mastering Your Own Mind".

English, L. Q., "On the 'Emptiness' of Particles in Condensed-Matter Physics", *Foundations of Science* 12 (29 de setembro de 2006), 155-71.

Epstein, Mark, *Thoughts Without a Thinker: Psychotherapy from a Buddhist Perspective.* Basic Books, Nova York, 1995.

Evagrius, *The Praktikos.* In *The Praktikos and Chapters on Prayer*, trad. J. Bamberger. Cistercian Publications, Kalamazoo, Mich., 1981.

Feynman, Richard P., *The Character of Physical Law.* MIT Press, Cambridge, Mass., 1965.

Finelli, L. A., P. Achermann, e A. Borbély, "Individual Fingerprints in Human Sleep EEG Topography", *Neuropsychopharmacology* 25 (2001), S57-S62.

Finkelstein, David, "Ur Theory and Space-Time Structure". In Castell, Lutz e Ischebeck, Otfried (org.), *Time, Quantum and Information.* Springer Verlag, Berlim, 2003, 399-409.

Foote, Allison L. e Jonathan D. Crystal, "Metacognition in the Rat". *Current Biology* 17 (20 de março de 2007), 551-55.

Freud, Sigmund, *Civilization and Its Discontents*, trad. e ed. James Strachey. Norton, Nova York, 1961.

Garfield, Jay L. (trad.), *The Fundamental Wisdom of the Middle Way: Nāgārjuna's Mūlamadhyamakakārikā.* Oxford University Press, Nova York, 1995.

Gedün Lodrö, Geshe, *Walking Through Walls: A Presentation of Tibetan Meditation*, trad. e ed. Jeffrey Hopkins. Snow Lion, Ithaca, N.Y., 1992.

Genz, Henning, *Nothingness: The Science of Empty Space.* Perseus, Cambridge, Mass., 1999.

Gethin, Rupert M. L., *The Buddhist Path to Awakening.* Oneworld, Oxford, 2001.

Goleman, Daniel (org.) *Healing Emotions: Conversations with the Dalai Lama on Mindfulness, Emotions, and Health.* Shambhala, Boston, 1997.

_____, *Destructive Emotions: A Scientific Dialogue with the Dalai Lama.* Bantam Doubleday, Nova York, 2002.

Gomez, Luis O., "Proto-Mādhyamika in the Pāli Canon", *Philosophy East and West* 26, nº 2 (abril 1976), 137-65.

_____, *The Land of Bliss: The Paradise of the Buddha of Measureless Light.* University of Hawai'i Press, Honolulu, 1996.

Gupta, Bina, *The Disinterested Witness: A Fragment of Advaita Vedanta Phenomenology.* Northwestern University Press, Evanston, Ill., 1998.

Harvey, Peter, "The Mind-Body Relationship in Pāli Buddhism — a Philosophical Investigation". *Asian Philosophy* 3, nº 1 (1993), 29-41.

_____, *The Selfless Mind: Personality, Consciousness and Nirvana in Early Buddhism.* Curzon Press, Surrey, 1995.

Hawking, Stephen W. e Thomas Hertog, "Populating the Landscape: A Top-Down Approach". *Physical Review* 3, nº 73 (2006), 123527.

Henig, Robin Marantz, "The Real Transformers", *New York Times,* 29 de julho de 2007; http://www.nytimes.com/2007/07/29/magazine/29robots-.html?_r=1&adxnnl=1&oref=slogin&adxnnlx=1185711249-XL9nqJdFDjGpK4ck3u-voxQ.

Hilgevoort, Jan. (org.) *Physics and Our View of the World.* Cambridge University Press, Nova York, 1994.

Holland, Gail Bernice, "The Rainbow Body". *IONS: Noetic Sciences Review* 59 (março-maio 2002), 32-5.

Holmes, K. H. e K. Holmes (trad.) *The Changeless Continuity,* 2ª ed., Karma Drub-gyud Darjay Ling, Eskdalemuir, Escócia, 1985.

Holt, Jim, "Where Protons Will Play". *New York Times,* 14 de janeiro de 2007.

Horner, I. B. (trad.) *Milinda's Questions.* Luzac, Londres, 1969.

James, William, *The Principles of Psychology,* 1890; reedição. Dover, Nova York, 1950.

_____, "A Plea for Psychology as a Science", *Philosophical Review* 1 (1892), 146-53.

_____, "Does Consciousness Exist?" (1905). In McDermott, John J. (org.) *The Writings of William James.* University of Chicago Press, Chicago, 1977, 169-83.

_____, *Some Problems of Philosophy: A Beginning of an Introduction to Philosophy.* Longmans, Green, Londres, 1911.

_____, *Essays in Radical Empiricism,* 1912; reedição. Longmans, Green, Nova York, 1947.

_____, *Essays in Religion and Morality.* Harvard University Press, Cambridge, Mass., 1989.

Jamgön Kongtrul Lodrö Tayé, *Myriad Worlds: Buddhist Cosmology in Abhidharma, Kālacakra and Dzog-chen,* trad. e org. do International Translation Committee. Snow Lion, Ithaca, N.Y., 1995.

Jha, Amishi P., Jason Krompinger e Michael J. Baime, "Mindfulness Training Modifies Subsystems of Attention. *Cognitive, Affective, and Behavioral Neuroscience* 7, nº 2 (2007), 109-19.

Jiang, Tao, *Yogācāra Buddhism and Modern Psychology on the Subliminal Mind*. Society for Asian and Comparative Philosophy Monographs, nº 21. University of Hawai'i Press, Honolulu, 2006.

Jinpa, Thupten, *Self, Reality and Reason in Tibetan Philosophy: Tsongkhapa's Quest for the Middle Way*. RoutledgeCurzon, Londres, 2002.

Saint John of the Cross, "The Living Flame of Love", I,26. In *The Collected Works of St. John of the Cross*, trad. K. Kavanaugh e R. Rodriguez. Institute of Carmelite Studies, Washington, D.C., 1979.

Kandel, Eric R., *In Search of Memory: The Emergence of a New Science of Mind*. Norton, Nova York, 2007.

Kant, Immanuel, *Metaphysical Foundations of Natural Science* (1786), trad. James Ellington. Bobbs-Merrill, Indianápolis, 1970.

Karma Chagmé, *A Spacious Path to Freedom: Practical Instructions on the Union of Mahamudra and Atiyoga*, comentário de Gyatrul Rinpoche, trad. B. Alan Wallace. Snow Lion, Ithaca, N.Y., 1998.

Karma Thinley, *History of 16 Karmapas*. Shambhala, Boston, 2001.

Keating, Thomas, *Open Mind, Open Heart: The Contemplative Dimension of the Gospel*. Crossroad, Nova York, 2001.

Kelly, Edward F., Emily Williams Kelly, Adam Crabtree, Alan Gauld, Michael Grosso e Bruce Greyson. *Irreducible Mind: Toward a Psychology for the 21st Century*. Rowman & Littlefield, Lanham, Md., 2007.

Koch, Christof, *The Quest for Consciousness: A Neurobiological Approach*. Roberts, Englewood, Colo., 2004.

Kohl, Christian Thomas, "Buddhism and Quantum Physics: A Strange Parallel of Two Concepts of Reality", *Contemporary Buddhism* 8, nº 1 (maio 2007), 69-82.

Kunsang, Erik Pema, (trad.) *Wellsprings of the Great Perfection: The Lives and Insights of the Early Masters*, Rangjung Yeshe Publications, Boudhanath, Nepal, 2006.

LaBerge, Stephen, "Lucid Dreaming and the Yoga of the Dream State: A Psychophysiological Perspective". In Wallace, B. Alan (org.) *Buddhism and Science: Breaking New Ground*. Columbia University Press, Nova York, 2003, 233-58.

LaBerge, Stephen e Howard Rheingold, *Exploring the World of Lucid Dreaming*. Ballantine, Nova York, 1990.

Laird, Martin, *Into the Silent Land: A Guide to the Practice of Christian Contemplation*. Oxford University Press, Nova York, 2006.

Lamme, Victor A. F., "Towards a True Neural Stance on Consciousness", *TRENDS in Cognitive Sciences* 10, nº 11 (novembro 2006), 494-501.

Lamrimpa, Gen, *Realizing Emptiness: Madhyamaka Insight Meditation*, trad. B. Alan Wallace. Snow Lion, Ithaca, N.Y., 2002.

Lau, Hakwan C., Robert D. Rogers, e Richard E. Passingham, "Manipulating the Experienced Onset of Intention After Action Execution". *Journal of Cognitive Neuroscience*, 19, nº 1 (janeiro 2007), 81-90.

Lazar, Sara. W., C. E. Kerr, R. H. Wasserman, J. R. Gray, D. N. Greve, M. T. Treadway, M. McGarvey, B. T. Quinn, J. A. Dusek, H. Benson, S. L. Rauch, C. I. Moore e B. Fischl, "Meditation Experience Is Associated with Increased Cortical Thickness". *Neuroreport* 16 (2005), 893-97.

Leonard, Ron, *The Transcendent Philosophy of Franklin Merrell-Wolff*. State University of New York Press, Albany, 1999.

Leuchter, Andrew F. *et al.*, "Changes in Brain Function of Depressed Subjects During Treatment with Placebo". *American Journal of Psychiatry* 159 (2002), 122-29.

Linde, Andre, "Inflation, Quantum Cosmology and the Anthropic Principle". In Barrow, John D.; Davies, Paul C. W. e Harper Jr., Charles L. (org.) *Science and Ultimate Reality: Quantum Theory, Cosmology and Complexity, Honoring John Wheeler's 90th Birthday*. Cambridge University Press, Cambridge, 2004, 426-58.

_____, "Choose Your Own Universe". In Harper Jr., Charles L. (org.) *Spiritual Information: 100 Perspectives on Science and Religion*. Templeton Foundation Press, West Conshohocken, Penn., 2005, 137-41.

Lozang Chökyi Gyaltsen, Panchen, *The Great Seal of Voidness*. In *The Mahamudra Eliminating the Darkness of Ignorance*, trad. Alex Berzin. Library of Tibetan Works and Archives, Dharamsala, 1978.

Lutz, Antoine *et al.*, "Long-term Meditators Self-Induce High-Amplitude Gamma Synchrony During Mental Practice". *Proceedings of the National Academy of Science* 101, nº 49 (16 de novembro de 2004), 16369-16373.

MacLean, C. R. *et al.*, "Effects of the Transcendental Meditation Program on Adaptive Mechanisms: Changes in Hormone Leves and Responses to Stress After Four Months of Practice". *Psychoneuroendocrinology* 22, nº 4 (maio 1997), 277-95.

McDermott, Charlene, "Yogic Direct Awareness as Means of Valid Cognition in Dharmakīrti and Rgyal-tshab". In Kiyota, Minoru (org.). *Mahāyāna Meditation: Theory and Practice*. University of Hawai'i Press, Honolulu, 1978, 144-66.

McDermott, John J., (org.), *The Writings of William James*. University of Chicago Press, Chicago, 1977.

Matt, Daniel C., "*Ayin:* The Concept of Nothingness in Jewish Mysticism". In Forman, Robert K. C. (org.). *The Problem of Pure Consciousness: Mysticism and Philosophy*. Oxford University Press, Nova York, 1990.

_____, "Kabbalah and Contemporary Cosmology: Discovering the Resonances". In Proctor, James (org.) *Science, Religion, and the Human Experience*. Oxford University Press, Nova York, 2005, 129-42.

Mensky, Michael B., "Concept of Consciousness in the Context of Quantum Mechanics". *Physics — Uspekhi* 48, nº 4 (2005), 389-409.

Merrell-Wolff, Franklin, *Mathematics, Philosophy, and Yoga: A Lecture Series Presented at the Los Olivos Conference Room in Phoenix, Arizona in 1966*. Phoenix Philosophical Press, Fênix, Ariz., 1995.

_____, *Franklin Merrell-Wolff's Experience and Philosophy*. State University of New York Press, Albany, 2003.

Merton, Thomas, *Cassian and the Fathers: Initiation Into the Monastic Tradition*. Cistercian Publications, Kalamazoo, Mich., 2005.

Ñānamoli, Bikkhu, *The Life of the Buddha According to the Pali Canon*. Buddhist Publication Society, Kandy, Sri Lanka, 1992.

Ñānamoli, Bhikkhu e Bhikkhu Bodhi, (trad.) *The Middle Length Discourses of the Buddha*. Wisdom, Boston, 1995.

Nauriyal, D. K. (org.), *Buddhist Thought and Applied Psychology: Transcending the Boundaries*. Routledge-Curzon, Londres, 2006.

Nicholas of Cusa, *On Seeking God* (*De quaerendo Deum*, 1445). In *Nicholas de Cusa: Selected Spiritual Writings*, trad. H. Lawrence Bond. Paulist Press, Nova York, 1997.

_____, *On the Vision of God* (*De visione Dei*, 1453). In *Nicholas of Cusa: Selected Spiritual Writings*, trad. H. Lawrence Bond. Paulist Press, Nova York, 1997.

Pa-Auk Tawya Sayadaw, *Knowing and Seeing*. WAVE Publications, Kuala Lumpur, Malásia, 2003.

Padmasambhava, *Natural Liberation: Padmasambhava's Teachings on the Six Bardos*, comentário de Gyatrul Rinpoche, trad. B. Alan Wallace. Wisdom, Boston, 1998.

Palamas, Saint Gregory, "In Defense of Those Who Devoutly Practice a Life of Stillness". In *The Philokalia: The Complete Text*, trad. G. E. H. Palmer, Philip Sherrard e Kallistos Ware. Faber and Faber, Londres, 1995, IV,331-42.

_____, "The Declaration of the Holy Mountain in Defense of Those Who Devoutly Practice a Life of Stillness". In *The Philokalia: The Complete Text*, trad. G. E. H. Palmer, Philip Sherrard e Kallistos Ware. Faber and Faber, Londres, 1995, IV, 418-25.

Palmer, G. E. H., Philip Sherrard e Kallistos Ware, trad. *The Philokalia: The Complete Text*, Vol. IV. Faber and Faber, Londres, 1995.

Paul D. M., *The Buddhist Feminine Ideal — Queen Srīmālā and the Tathāgata-garbha.* Montana Scholar's Press, Missoula, 1980.

Pieper, Josef, *Happiness and Contemplation*, trad. Richard e Clara Winston. Henry Regnery, Chicago, 1966.

Plato, *The Collected Dialogues of Plato*, org. Edith Hamilton e Huntington Cairns, trad. Hugh Tredennick, Bollingen Series LXXI. Princeton University Press, Princeton, 1961.

_____, *The Republic*, trad. R. E. Allen. Yale University Press, New Haven, 2006.

Polkinghorne, John, *Exploring Reality: The Intertwining of Science and Religion.* Yale University Press, New Haven, 2005.

Potter, Karl H. (org.), *Encyclopedia of Indian Philosophies: Advaita Vedanta up to Samkara and His Pupils.* Motilal Banarsidass, Nova Délhi, 1981.

Putnam, Hilary, *Mind, Language and Reality.* Cambridge University Press, Cambridge, 1975.

_____, *Realism with a Human Face*, org. James Conant. Harvard University Press, Cambridge, Mass., 1990.

_____, "The Chosen People"; http://bostonreview.net/BR29.1/putnam.html.

Rabten, Geshe, *The Mind and Its Functions*, trad. Stephen Batchelor. Tharpa Choeling, Mt. Pèlerin, France, 1979.

_____, *Echoes of Voidness*, trad e ed. Stephen Batchelor. Wisdom, Londres, 1986.

Raju, P. T., *Structural Depths of Indian Thought.* State University of New York Press, Albany, 1985.

Randall, Lisa, *Warped Passages: Unraveling the Mysteries of the Universe's Hidden Dimensions.* Harper Perennial, Nova York, 2006.

Richards, T. A. *et al.*, "A Qualitative Examination of a Spiritually-Based Intervention and Self-Management in the Workplace", *Nursing Science Quaterly* (julho 2006).

Rosenblum, Bruce e Fred Kuttner, *Quantum Enigma: Physics Encounters Consciousness*. Oxford University Press, Nova York, 2006.

Sahagun, Louis, "The Dalai Lama Has It — but Just What Is 'It'"?. *Los Angeles Times*, 9 de dezembro de 2006, B2.

Sāntideva, *A Guide to the Bodhisattva Way of Life*, trad. Vesna A. Wallace e B. Alan Wallace. Snow Lion, Ithaca, N.Y., 1997.

Scholem, Gershom (org.), *Zohar, The Book of Splendor: Basic Readings from the Kabbalah*. Schocken, Nova York, 1995.

Searle, John R., *Consciousness and Language*. Cambridge University Press, Cambridge, 2002.

_____, *Mind: A Brief Introduction*. Oxford University Press, Nova York, 2004.

Segal, Zindel V. *et al.*, *Mindfulness-Based Cognitive Therapy for Depression: A New Approach to Preventing Relapse*. Guilford, Nova York, 2002.

_____, "Mindfulness-Based Cognitive Therapy: Theoretical Rationale and Empirical Status". In *Mindfulness and Acceptance: Expanding the Cognitive-Behavioral Tradition*, org. S.C. Hayes *et al.* Guilford, Nova York, 2004.

Seife, Charles, *Decoding the Universe: How the New Science of Information Is Explaining Everything in the Cosmos, from Our Brains to Black Holes*. Viking, Nova York, 2006.

Shabkar Tsokdrug Rangdröl, *The Flight of the Garuda*. In *The Flight of the Garuda*, trad. Erik Pema Kunsang. 4ª ed., Rangjung Yeshe Publications, Katmandu, 1993, 13-99.

Sharma, Poonam e Jim B. Tucker, "Cases of the Reincarnation Type with Memories from the Intermission Between Lives". *Journal of Near-Death Studies* 23, nº 2 (inverno 2004), 101-18.

Silver, Lee, "Life 2.0", *Newsweek International*, 4 de junho de 2007; http://www.msnbc.msn.com/id/18882828/site/newsweek.

Skinner, B. F., *Science and Human Behavior*, Macmillan, Nova York, 1953.

_____, "Behaviorism at Fifty". In *Behaviorism and Phenomenology: Contrasting Bases for Modern Psychology*, org. T. W. Wann. University of Chicago Press, Chicago, 1964, 79-108.

_____, *About Behaviorism*. Knopf, Nova York, 1974.

Sobel, Dava, *Galileo's Daughter: A Historical Memoir of Science, Faith, and Love*. Penguin, Nova York , 2000.

Soma Thera, (trad.) *Kalama Sutta: The Buddha's Charter of Free Inquiry*. Buddhist Publication Society, Kandy, Sri Lanka, 1981.

Speca, M et al., "A Randomized Waist-List Controlled Clinical Trial: The Effect of a Mindfulness Meditation-Based Stress Reduction Program on Mood and Symptoms of Stress in Cancer Outpatients". *Psychosomatic Medicine*, 62, nº 5 (setembro-outubro 2000), 613-22.

Stapp, Henry, *Mindful Universe: Quantum Mechanics and the Participating Observer.* Springer, Berlim, 2007.

Stevenson, Ian, M. D., *Where Reincarnation and Biology Intersect.* Praeger, Nova York, 1997.

———, *Reincarnation and Biology: A Contribution to the Etiology of Birthmarks and Birth Defects.* Praeger, Nova York, 1997.

Sujato, Bhikkhu, *A History of Mindfulness: How Insight Worsted Tranquility in the Satipatthana Sutta.* The Corporate Body of the Buddha Educational Foundation, Taipé, 2005.

Saint Symeon the New Theologian, "The Three Methods of Prayer". In *The Philokalia: The Complete Text*, trad. G.E.H. Palmer, Philip Sherrard e Kallistos Ware. Faber and Faber, Londres, 1995, IV, 67-75.

Tang, Yi-Yuan et al., "Short-Term Meditation Training Improves Attention and Self-Regulation", *PNAS Early Edition,* 16 de agosto de 2007; www.pnas.org/cgi/doi/10.1073/pnas.0707678104.

Taylor, Charles, *Sources of the Self: The Making of the Modern Identity.* Harvard University Press, Cambridge, Mass., 1989.

Teasdale, John D. et al., "Prevention of Relapse/Recurrence in Major Depression by Mindfulness-Based Cognitive Therapy". *Journal of Consulting and Clinical Psychology* 68, nº 4 (agosto 2000), 615-23.

Thackeray, H. St. J., R. Marcus, A. Wikgren e L. H. Feldman, (trad.) *Josephus.* Loeb Classical Library, Heinemann, Londres, 1956.

Thich Nhat Hanh, *Living Buddha, Living Christ.* Riverhead, Nova York, 1997.

Thompson, Evan, *Mind in Life: Biology, Phenomenology, and the Sciences of Mind.* Belknap Press, Cambridge, Mass., 2007.

Tinguely, G., L. A. Finelli, H.-P. Landolt, A. A. Borbély e P. Achermann, "Functional EEG Topography in Sleep and Waking: State-Dependent and State-Independent Features", *NeuroImage* 32 (2006), 283-92.

Trenckner, V. (org.), *The Milindapañhā: Being Dialogues Between King Milinda and the Buddhist Sage Nāgasena.* Pali Text Society, Oxford, 1997.

Tucker, Jim, *Life Before Life: A Scientific Investigation of Children's Memories of Previous Lives.* St. Martin's Press, Nova York, 2005.

Unno, Mark (org.), *Buddhism and Psychotherapy Across Cultures: Essays on Theories and Practices*. Wisdom, Boston, 2006.

Urgyen Rinpoche, Tulku, *Blazing Splendor: The Memoirs of Tulku Urgyen Rinpoche*. North Atlantic Books, Berkeley, Calif., 2005.

Van Fraassen, Bas C., *The Scientific Image*. Oxford University Press, Nova York, 1980.

_____, "From Vicious Circle to Infinite Regress and Back Again". In *Proceedings of the 1992 Biennial Meeting of the Philosophy of Science Association*, org. D. Hull, M. Forbes e K. Okruhlick, Vol. 2, 1993 (in *Philosophy of Science*).

_____, "The World of Empiricism". In Hilgevoort, Jan (org.) *Physics and Our View of the World*. Cambridge University Press, Nova York, 1994, 114-34; http://webware.princeton.edu/vanfraas/mss/World92.htm.

_____, *The Empirical Stance*. Yale University Press, New Haven, 2002.

Von Weizsäcker, Carl Friedrich, *The Unity of Nature*, trad. Francis J. Zucker. Farrar, Straus & Giroux, Nova York, 1980.

Wallace, B. Alan, *Choosing Reality: A Buddhist View of Physics and the Mind*. Snow Lion, Ithaca, N.Y., 1996.

_____, *The Taboo of Subjectivity: Toward a New Science of Consciousness*. Oxford University Press, Nova York, 2000.

_____, *Buddhism with an Attitude: The Tibetan Seven-Point Mind-Training*. Snow Lion, Ithaca, N.Y., 2001.

_____, *Balancing the Mind: A Tibetan Buddhist Approach to Refining Attention*. Snow Lion, Ithaca, N.Y., 2005.

_____, *Genuine Happiness: Meditation as the Path to Fulfillment*. Wiley, Hoboken, N.J., 2005.

_____, "Vacuum States of Consciousness: A Tibetan Buddhist View". In Nauriyal, D. K. (org.) *Buddhist Thought and Applied Psychology: Transcending the Boundaries*. Routledge-Curzon, Londres, 2006, 112-21.

_____, *Contemplative Science: Where Buddhism and Neuroscience Converge*. Columbia University Press, Nova York, 2007.

_____, *Hidden Dimensions: The Unification of Physics and Consciousness*. Columbia University Press, Nova York, 2007.

Wallace, B. Alan. (org.), *Buddhism and Science: Breaking New Ground*. Columbia University Press, Nova York, 2003.

Wallace B. Alan e Shauna Shapiro, "Mental Balance and Well-Being: Building Bridges Between Buddhism and Western Psychology", *American Psychologist* 161, nº 7 (outubro 2006), 690-701; http://www.sbinstitute.com/mentalbalance.pdf.

Wallace, B. Alan e Brian Hodel, *Embracing Mind: The Common Ground of Science and Spirituality*. Shambhala, Boston, 2008.

Walshe, Maurice, *The Long Discourses of the Buddha: A Translation of the Dīgha Nikāya*. Wisdom, Somerville, Mass., 1995.

Ward, Sister Benedicta, *The Sayings of the Desert Fathers: The Alphabetical Collection*, 2ª ed., Oxford University Press, Londres, 1981.

Wasner, Maria *et al.*, "Effects of Spiritual Care Training for Palliative Care Professionals", *Palliative Medicine* 19 (2005), 99-104.

Watson, John B., *Behaviorism*, 1913; reedição. Norton, Nova York, 1970.

_____, "Psychology as a Behaviorist Views It", *Psychological Review* 20 (1913), 158-77.

Wegner, Daniel M., *The Illusion of Conscious Will*. MIT Press, Cambridge Mass., 2003.

Werner, K., "Indian Concepts of Human Personality in Relation to the Doctrine of the Soul", *Journal of the Royal Asiatic Society* 1 (1988), 73-97.

Wheeler, John Archibald, "Law Without Law", in *Quantum Theory and Measurement*, org. John Archibald Wheeler e Wojciech Hubert Zurek. Princeton University Press, Princeton, 1983, 182-213.

Wiebe, Phillip H., "Religious Experience, Cognitive Science, and the Future of Religion". In *The Oxford Handbook of Religion and Science*, org. Philip Clayton e Zachary Simpson. Oxford University Press, Nova York, 2006, 503-22.

Yamamoto, Kosho, (trad.) *Mahāyāna Mahāparinirvānasūtra*, Tony Page, rev. Nirvana, Londres, 1999-2000.

Yokoi, Yuho, *Zen Master Dogen: An Introduction with Selected Writings*. Weatherhill, Nova York, 1976.

Zajonc, Arthur (org.), *The New Physics and Cosmology: Dialogues with the Dalai Lama*. Oxford University Press, Nova York, 2004.

Zeilinger, Anton, "Why the Quantum? 'It' from 'Bit'? A Participatory Universe? Three Far-Reaching Challenges from John Archibald Wheeler and Their Relation to Experiment". In Barrow, John D.; Davies, Paul C. W. e Harper Jr., Charles L. (org.), *Science and Ultimate Reality: Quantum Theory, Cosmology and Complexity, Honoring John Wheeler's 90th Birthday*. Cambridge University Press, Cambridge, 2004, 201-20.